读客精神成长文库

100个书单丰富你的灵魂

人间喜剧
幻灭(下)

[法]巴尔扎克 著　傅雷 译

文汇出版社

目 录

第二部　内地大人物在巴黎

25	初试身手	003
26	出版商拜访作家	011
27	出尔反尔的技术	019
28	报纸的威风与屈辱	029
29	戏剧作家的钱庄老板	035
30	新闻记者的洗礼	039
31	上流社会	049
32	浪子	062
33	第五种书店老板	068
34	敲竹杠	074
35	贴现商	079
36	转移阵地	088
37	弄神捣鬼	096
38	生死关头	105
39	一文不名	121

| 40 | 告别 | 128 |

第三部　发明家的苦难

| 引言 | 一个时髦青年的惨痛的忏悔 | 139 |
| 打落水狗 | | 146 |

上编　追偿债务的故事

01	需要解决的问题	151
02	勇气十足的妻子	154
03	未来的犹大	159
04	戈安得弟兄	165
05	第一声霹雳	171
06	造纸业一瞥	179
07	介绍一般的内地诉讼代理人，尤其是柏蒂-格劳	182
08	给付不出款子的出票人义务上一课	188
09	一张五十生丁印花税票的射程和威力不下于一颗炮弹	196

10	所谓局势险恶	202
11	父亲和两个仆人	208
12	两个代理人怎样放火,杜布隆怎样从旁帮助	212
13	控诉的高潮	218
14	为什么羁押债务人在内地是绝无仅有之事	227
15	两桩试验,一桩成功,一桩失败	233
16	利之所在,虎视眈眈	239
17	柏蒂－格劳的对象	244
18	神甫的一句话	249

下编　家庭的晦气星

01	浪子回家	257
02	意想不到的荣誉	263
03	捧场的阴谋	269
04	如此好心,我们一生也能碰上几回	276
05	吕西安把内地的荣誉当真	280
06	隔墙有耳	288

07	吕西安在巴日东府上扬眉吐气	295
08	痛心之极	302
09	诀别	308
10	大路上的奇遇	312
11	一个亲信的故事	317
12	马基雅弗利的信徒专为野心家讲的历史课	321
13	埃斯科巴的信徒讲的道德课	326
14	西班牙人的侧影	332
15	为什么罪犯总要诱人堕落	337
16	斗争到了招架不住的时候	340
17	坐监的影响	345
18	晚了一天	352
19	合伙经营的故事	359
20	结局	366

第二部　内地大人物在巴黎

第二篇　內燃大氣機關

25

初试身手

　　罗斯多跟着他走出来,说道:"哎啊!孩子,别急躁,人本来是我们的工具,你把人看作工具就行啦。你想报复吗?"
　　诗人回答:"非报复不可。"
　　"拿当的作品明天要发行第二版,刚才道利阿给我这本样书,你再去看一遍,赶出一篇稿子来把它打下去。凡尔奴最讨厌拿当,认为拿当走红会妨碍他将来的作品。心胸狭窄的人有一种古怪的想法,仿佛太阳底下容不得两件作品成名。凡尔奴替一家大报工作,准会拿你的稿子去发表。"
　　吕西安道:"可是作品挺好,怎么能说它不好呢?"
　　罗斯多笑道:"啊!亲爱的,你该学学你的手艺。哪怕这部书是杰作,在你笔下也得变成荒唐的,危险的,不健康的。"
　　"用什么办法呢?"
　　"把优点说成缺点就行。"
　　"我没有这本领。"
　　"朋友,新闻记者好比走绳索的,吃这行饭的难处,你要想办法适应。我脾气痛快,让我来告诉你遇到这种事情怎么对付。

你仔细听着,老弟!开头你认为作品很好,尽可以老老实实发表你的意见。群众心上想:这个批评家不嫉妒人,想必是大公无私的了。从此他们以为你说的是良心话。你得到了读者的信任,就用遗憾的口吻指责某种体系,那是这一类的书必然要把法国文学带进去的。全世界的思想不是受法国支配吗?你不妨这样说。至此为止,法国作家凭着有力的风格,表达思想的独特的方式,几百年来使欧洲走着分析的和哲学思考的路。说到这里,为了讨好布尔乔亚,你歌颂一下伏尔泰,卢梭,狄德罗,孟德斯鸠,蒲丰。你给大家解释,法国语言多么尖刻,是涂在思想外面的一层油漆。接着搬出一套公理来,比如说法国的大作家必然是个伟人啊,语言使作家不能不多用思想啊,别的国家并不如此啊。然后提出证明,拿冷嘲热讽的德国道德学家拉培纳同我们的拉勃吕依埃做比较。提到一个陌生的外国作家,最能抬高批评家的声望。康德就被戈尚当作台阶。问题转到了这方面,你可以造出一个名词,一方面总括,一方面让一般傻瓜懂得,咱们上一世纪的天才的体系,把他们的文学叫作**观念文学**。你用这个做幌子,搬出一切过世的名人压在现代作家头上。你指出今日的新文学滥用对话(最容易的一种体裁),滥用描写,代替思想。你做一个对比:伏尔泰,狄德罗,斯忒恩,勒萨日的小说,内容何等充实,何等深刻;现代作品却样样靠形象来表现,在沃尔特·司各特笔下尤其夸张。这样的品种,只有首创的人站得住。沃尔特·司各特派的小说是一个品种,不是一个体系,你不妨这样说。你痛骂一顿这个该死的品种,说它分解思想,破坏思想,替各式各样的人大开方便之门,谁都可以利用这个形式投机取巧,成为作家。最后替这一派起个名字,叫作**形象文学**。你把这套理论应用在拿当身上，指出他的才华只是浮表的，实际是模仿别人。他书中没有十八世纪的紧凑雄伟的风格，他用事故代替情感。然而动作并非生活，画面并非思想：这种话说出去，群众自会附和。拿当的作品虽然有它的长处，在你眼里是有害的，危险的，替群众打开了光荣的庙堂，势必叫大批小作家争着仿效，学这个方便的文体。于是你慷慨激昂，慨叹格调的卑下，借此对埃蒂安纳，儒依，蒂梭，高斯，丢伐，奚埃，朋雅明·公斯当，埃尼昂，巴乌－劳米安，维勒曼，拿破仑派进步党的头目，凡尔奴的报纸的后台，恭维一阵。你说这个光荣的队伍不怕浪漫派的狂潮冲击，坚持观念和风格，抵抗形象和废话，继承伏尔泰的传统，反对英国派德国派，正如十七位左翼议员为了国家的利益，同右翼的极端分子斗争。绝大多数的法国人拥护左翼的反对党，崇拜上面提到的那些人物；所以你用他们的名字做护身符，很容易压倒拿当。他的作品虽然很美，却不应该把毫无思想内容的文学带到法国来占据地盘。说到这里，问题就不在于拿当，也不在于他的书，而在于法兰西的威望了，你明白没有？正直勇敢的作家应当坚决反对这些外国东西进口。这句话是奉承读者。依你看来，法国人机警得很，绝不轻易受人暗算。尽管出版商凭着一些我们不愿深究的理由，弄神捣鬼，靠这部书捞了一笔钱，真正的群众很快会发觉，四五百个冲在前面的傻瓜是完全错误的。出版商能销完一版是侥幸，印第二版是胆大妄为，想不到如此精明的一个书店老板竟不懂得同胞的心理。以上是你文章的骨干。你一边说理一边加些风趣的穿插，放些酸醋，烧热锅子，要不把道利阿烤焦才怪！临到结束，别忘了对拿当流露一些惋惜的意思，说他要不走这条路，准能替当代文学产生美妙的作品。"

吕西安听着罗斯多说话愣住了：新闻记者的议论使他睁开了眼睛，在文学方面发现许多他没有想到的真理。

他嚷道："你说的大有道理，非常中肯。"

罗斯多道："要不怎么能打倒拿当的作品？告诉你，老弟，这是打击作品的第一种手法，叫作批评家的棍子。除此以外，窍门还多得很！慢慢儿你自会精通。有时候，报纸的股东或者主编迫不得已，非要你谈论一个你不喜欢的作家，你就用消极手段打发这种所谓社论式的文章。你用书名做评论的标题，发一段空泛的议论，乱扯一通希腊罗马的作家，临了说：以上的讨论归结到某某先生的大作，等下一篇文章再谈。而下一篇文章始终不出来。那部书被你开头一句诺言，结尾一句诺言，无形中腰斩了。这一回你写稿子不是对付拿当，是对付道利阿，所以要用棍子。好作品挨了棍子满不在乎，不像坏作品一蹶不振；在前一个场合你只伤害出版家，在后一个场合你帮了读者的忙。这些文学批评的方式在政治评论中照样好用。"

埃蒂安纳给吕西安赤裸裸的上过一课，吕西安便开了心窍，对这一行的手艺完全了解了。

罗斯多道："朋友们都在报馆里，咱们去商量一下怎样对拿当发动攻势，这件事准会叫他们乐死，你等着瞧吧。"

到了圣·菲阿克街，两人一同走到阁楼上的编辑室。朋友们不但答应攻击拿当的作品，而且还表示高兴，吕西安看着又惊又喜。埃克多·曼兰在一小方纸上写了几行，预备带回他的报馆：

　　拿当先生的作品即将再版。本报原拟保持缄默，惟鉴于本书流行颇广，不能不发表评论，主要不是为了作品,而是为了新兴文艺的趋向。

罗斯多也写了几句,准备登在第二天的小报上,放在讽刺小品栏作为第一条:

> 出版商道利阿居然把拿当先生的作品印了第二版。原来他不知道司法界有句成语,叫作可一不可再。执迷不悟的勇气倒也值得佩服!

埃蒂安纳的一席话对于吕西安的作用好比一个火把,他一心一意要向道利阿报仇泄忿,什么良心,什么灵感,都丢到九霄云外去了。他一连三天在高拉莉房内足不出户,在火炉旁边写作,一切由贝雷尼斯服侍,疲劳的时候还有不声不响,体贴入微的高拉莉给他安慰。过了三天,书评写好了,大约占到三栏版面,内容意想不到的精彩。晚上九点,他赶往报馆,见到许多编辑,对他们念了稿子。他们很认真的听着。番利西安一声不出,抓着原稿奔下楼梯。

"他怎么啦?"吕西安问。

"到印刷所去发稿啊!"埃克多·曼兰回答,"你这篇书评简直是杰作,一字不能减,一字不能加。"

罗斯多说:"对你只要指出路来就行了!"

"我真想瞧瞧,拿当明儿看了评论,脸上是什么表情。"另外一个编辑说着,神气很得意。

"可见你是不好得罪的。"埃克多·曼兰说。

"真的不差吗?"吕西安很迫切的问。

"勃龙台和维浓看了，心里不会舒服的。"罗斯多回答。

吕西安又说："我还替你写了一篇小文章，要是读者欢迎，可以陆续再写。"

罗斯多说："念给我们听听。"

吕西安念出一篇妙不可言的稿子，斐诺的小报后来靠着这一类的文章大出风头，地位占到两栏，专谈巴黎生活的花花絮絮，描写一个人物，一个典型，再不然是平常的或者古怪的事。那篇样品题目叫作《巴黎的过路人》，笔调新颖，别致，表达思想的方式是用意义相反的字眼放在一起，利用音调铿锵的副词和形容词的配合，引人入胜，跟批评拿当的严肃而深刻的文字比较起来，正如《波斯人信札》和《法意》一样截然不同。

罗斯多道："你是天生的新闻记者；这一篇明天就发表，以后你爱写多少篇就写多少篇。"

曼兰道："呵！道利阿被我们在他铺子里扔了两颗炸弹，气坏了。我才从他那儿来；他正在破口大骂，对斐诺暴跳如雷，斐诺说小报卖给你了。我把道利阿拉过一边，悄悄的对他说：你为着《长生菊》因小失大了。明明来了一个有本领的角色，我们都在拍手欢迎，你却把他轰走！"

罗斯多对吕西安说："道利阿看到你的书评，更要昏倒了。孩子，什么叫报纸，你瞧见了吧？你报仇有了结果啦！夏德莱男爵今天来打听你的住址，早上我们登了一篇血淋淋的文章，过时的美男子沉不住气，急得无可奈何。你没看过报吗？文字挺滑稽，瞧这个题目：《鹭鸶出殡，乌贼鱼痛哭流涕》。特·巴日东太太在交际场中正式有了**乌贼骨**的绰号，夏德莱变了**鹭鸶男爵**。"

吕西安拿起报来，念了凡尔奴那篇滑稽的妙文，忍不住笑了。

埃克多·曼兰道:"他们快投降了。"

最后,报纸还需要一些俏皮话和风趣的东西做补白,吕西安兴致十足,也凑上几句。大家一边抽烟,一边闲扯,讲讲当天的新闻,同伴们的笑话,以及暴露他们性格的琐碎事儿。从这些冷嘲热讽,轻薄有趣的谈话上面,吕西安熟悉了文坛上的风气和人物。

罗斯多道:"趁印刷所排稿的时候,我陪你走一遭,到你需要进出的各个戏院去,向检票处和后台打个招呼。过后咱们再上全景剧场找佛洛丽纳和高拉莉,到她们更衣室去说说笑笑,玩一下。"

两人便手挽着手,一个一个戏院走过来,宣布吕西安当了编辑。经理们恭维他,女演员们架起手眼镜瞧他;她们全知道吕西安一篇剧评登出来,高拉莉就被竞技剧场出一万两千法郎一年请去,佛洛丽纳得到全景剧场的合同,八千法郎一年。群众这些小规模的捧场使吕西安觉得自己声价十倍,同时估量出自己的势力。十一点,两个朋友到了全景剧场。吕西安一派潇洒的风度令人叫绝。拿当也在那儿,他向吕西安伸出手来,吕西安跟他拉手。

"啊,两位大师,"拿当望着吕西安和罗斯多说,"你们要把我打下去吗?"

"等明天再说,亲爱的,吕西安怎么对付你,你等着瞧吧。我相信你一定高兴。这样严肃的批评对作品只有好处。"

吕西安听着羞得面红耳赤。

"文章厉害吗?"拿当问。

"相当严重。"罗斯多回答。

拿当说："不至于叫人倒霉吧？埃克多·曼兰在杂剧院休息室里说，我被攻击得体无完肤。"

"别听他的，你等着瞧吧。"吕西安说完，跟着高拉莉溜入更衣室；她穿着迷人的服装正好从前台下来。

26

出版商拜访作家

下一天，吕西安正和高拉莉吃中饭，一辆轻便双轮车在他们那条冷静的街上停下，听那干脆的声音就知道是漂亮车子，牲口步子轻快，站住也有一种特殊的方式，显而易见是纯血种的好马。吕西安从窗口一望，果然看见道利阿的那匹出色的英国马，道利阿把缰绳递给小厮，下了车。

吕西安对他的情妇嚷道："书店老板来了。"

高拉莉立即吩咐贝雷尼斯："让他等着。"

年轻的姑娘把吕西安的利益看作自己的一般，应付事情又这样机灵，吕西安看着微微一笑，走回去把她热烈拥抱，觉得她聪明透了。狂妄的书店老板会急急忙忙赶来，投机商中的大头儿肯突然屈服，原是迫于形势，这种形势现在大家差不多忘了，因为十五年来书业的情形大不相同。在一八一六至一八二七年间，出版界除了托人在报纸的正文或者副刊上发表文章以外，没有别的方法宣传。一八二七年左右，本来只租阅报刊的阅览室才另收费用，供应新书；而报刊在重重捐税的压迫之下，也想出招登广告的办法。到那时为止，法国的日报篇幅有限，便是大报的规模也未必超过今日的小报。为了抵制新闻记者的霸道,道利阿和拉伏卡两人首先发明招贴来吸引主顾,用奇怪的字体,五花八门的颜色,加上各种花边,后来还有石印的图画,把招贴弄得赏心悦目,叫读者上当,送钱给书店。以后招贴愈变愈奇,一个有收藏癖的人居然收着全套的巴黎招贴。这一类的宣传品最初限于铺子的橱窗,大街上陈列样品的摊子,随后遍及全国,直到报纸行出登广告的办法,方始稍歇。可是报上的广告以及广告上登的作品被人遗忘的时候,招贴始终在你眼前,所以至今有人采用,尤其从漆在墙上的招贴出现以后。出了钱谁都可以刊登的广告,使报纸的第四版对于国库和投机商同样成为生财之道。其实广告就是印花税条例,邮政章程[1]和创办报刊必须缴纳保证金的制度促成的。维兰尔先生当政的时期,定出那些限制,把报纸看作商品,很可能扼杀报纸;不料事实正相反,因为条例苛刻,几乎没法再办新的刊物,原有的刊物便变成一种专利品。因此,一八二一年的报刊操着思想界和出版界的生杀大权。要花了惊人的代价,才能在本市新闻栏登出几行宣传文字。先是编辑室内部的把戏层出不穷;而夜晚拼版,决定哪篇稿子采用,哪篇稿子抽掉的当口,印刷所又变了各显神通的战场;弄到后来,资力雄厚的书店竟雇用一个文人,专写短小的稿子,用极少的话表达大量的意思。这些无名记者要等稿子见报才拿到稿费,往往在印刷所通宵守候,把不知怎么弄来的长文章,或者只有寥寥数行的短稿所谓**义务广告**,登出来。出版商,作家,追求荣誉的殉道者,要永远走红才有饭吃的可怜虫,当初为了争报上的地盘,着实花过一番气力,

---

[1] 当时报纸必须缴纳印花税,按发行额计算。寄递报纸的邮费不但不像近代有特别优待的价目,反而收费很高。

使尽勾引笼络，卑鄙龌龊的手段。如今文坛和书业的风气完全变了，许多人听到从前的事只当是无稽之谈。事实上那时大家对新闻记者又是请客，又是送礼，奉承巴结，无微不至。批评界和出版业的关系密切到什么程度，不必一再申说，只消讲一桩故事就可以明白。

当时有一个气派十足，存心要做政治家的人，年少风流，当着一份大报的编辑，成为某家出名的书店的娇客。有一天正是星期日，有钱的书店老板在乡下招待各报的重要记者，年轻美貌的主妇把那赫赫有名的作家带往屋外的大花园。书店的掌柜是个德国人，冷静，古板，做事有条有理，一心想着买卖，挽着一个副刊编辑一边散步，一边商量一桩生意。谈话之间，两人出了花园，走近树林。德国人瞥见林木深处有个人很像老板娘，他拿手眼镜一照，急忙挥手叫年轻的记者不要开口，赶快回头，他自己也小心翼翼的退回来。记者问："你看见什么啊？"他回答说："没有什么。我们的长篇书评不用担心了，明儿《辩论报》至少给我们三栏地位。"

还有一件事可以说明报刊文字的势力。夏多布里昂先生写过一部关于斯图阿特后人的书，没人请教，在书店里变成**夜莺**。一个青年仅仅在《辩论报》上发表一篇书评，七天之内那部书就销售一空。社会上还不曾有出租图书的机构，要看书只能花钱去买的时代，有些进步党作家的著作，靠着全体反政府派报纸的吹嘘，能销到一万；不过也得补充一句，那时比利时的书商还没有翻印我们的书。吕西安的朋友们先打一阵冲锋，再加上吕西安的评论，很可以使拿当的作品无人问津。拿当不过扫了面子，并无损失，他稿费早已到手；道利阿却可能赔掉三万法郎。专印所谓

时髦书的买卖，归纳起来只有一个公式：一令白纸的成本是十五法郎，印成书不是变成五法郎，便是三百法郎，看销路而定。这个盈亏问题当时往往取决于报刊上的一篇书评是捧还是骂。道利阿要推销五百令纸的书，不得不赶来同吕西安讲和。出版商由小霸王一降而为奴隶，咕哝着等了一会，尽量闹出响声，一边跟贝雷尼斯办交涉，总算见到了吕西安。骄横的出版商像朝臣进宫一般，满面笑容，同时摆出扬扬自得而又很随便的神气。

他说："亲爱的孩子们，对不起，打搅你们了。哎哟，两个小鸟儿多可爱啊！简直是一对斑鸠！小姐，你看这家伙文文雅雅像个小姑娘，谁知他是老虎，长着钢铁般的爪子，撕破一个人的声名跟撕破你的梳妆衣一样容易，如果你不快快脱下的话。"道利阿大声笑着，没有把打趣的话说完，便挨着吕西安坐下，叫了声："老弟……"又回头对高拉莉说："小姐，我是道利阿。"

出版商发觉高拉莉的招待不够热烈，认为必须放一炮，报出他的大名来。

女演员道："先生吃过中饭没有？同我们一起吃好不好？"

"好啊，"道利阿回答，"在饭桌上谈起话来更痛快。再说，扰了你这一顿，将来我请我的朋友吕西安吃饭，不怕你不赏脸了，因为从今以后，咱们的交情就像手跟手套一样。"

高拉莉叫道："贝雷尼斯，来些牡蛎，柠檬，新鲜牛油，还有香槟酒。"

道利阿望着吕西安说："你太聪明了，不会不知道我的来意。"

"可是来收买我的诗集？"

"正是，"道利阿回答，"第一让咱们放下武器。"

他从袋里掏出一只漂亮的皮夹,拿三张一千法郎的钞票放在一个盘子里,眉开眼笑的送到吕西安面前,问道:"先生满意了吗?"

诗人想不到有这样一个数目,不由得浑身舒畅,感到从来未有的快乐,回答说:"行。"

吕西安好容易忍住了,心里可真想蹦蹦跳跳的唱起歌来。他相信世界上真有**神灯**[1]和一切奇妙的力量,尤其相信自己真有天才。

出版商道:"那么诗集归我了?凡是我出版的书,你都不能再攻击了。"

"诗集是归你了,我可不能保证以后的这支笔。朋友们的写作要听我调度,我这支笔也要听朋友们调度。"

"反正你是我的作家了。凡是我的作家都是我的朋友。就算你要损害我的买卖,动手之前也得通个消息,让我有个准备。"

"好吧。"

道利阿端起酒杯说道:"祝你成功!"

吕西安说:"我完全知道你是把《长生菊》念过了的。"

道利阿声色不动的回答:"老弟,不看内容就收买稿子,才是出版家对作者最了不起的恭维。要不了六个月,你准是个大诗人;人家忌惮你,自有文章替你捧场,我不用费心就能销掉作品。今天的我,同四天以前并没有分别。不是我变了,是你变了;上星期,你的十四行诗在我眼中等于菜叶,今天你的地位使

---

[1] 《一千零一夜》中有个故事叫作"阿拉丁———一名神灯",那盏灯能满足人的一切欲望。

015

那些诗成了《梅赛尼安纳》[1]。"

吕西安有了美丽的情妇,已经快活得像苏丹一样,此刻有了成功的把握,愈加嘴皮刻薄、放肆起来,他说:"你没有读我的诗,至少看过我的书评。"

"是的,朋友,要不我会这样急急忙忙赶来吗?算我晦气,你那篇可怕的文章写得真好。老弟,你是大才。趁你当令的时候尽量利用一下吧。"道利阿这句话好像是出于好心,骨子里非常无礼,"报纸送到没有?你看过了吗?"

吕西安说:"还没有,长篇的散文我还是第一次发表。大概埃克多叫人捎往夏洛街,送到我家里去了。"

"那么你念吧。"道利阿做着一个塔尔玛演芒里于斯的手势。

吕西安才接过报纸,就被高拉莉抢了去。

她笑道:"你说过你的处女作是归我的。"

道利阿忌惮吕西安,谄媚奉迎,无所不至;他周末本要大请客,招待新闻记者,也就请了吕西安和高拉莉。他带着《长生菊》回去之前,要他的诗人有便上木廊商场转一转,签订合同,文件他会准备好的。他素来气派十足,借此吓唬浅薄的人,还要表示他是提倡文艺的阔佬,不是普通的出版商,当时留下三千法郎,不要收据;吕西安给他,他做了个洒脱的手势拒绝了。他临走亲了亲高拉莉的手。

高拉莉听见吕西安讲过他以前的生活,便说:"亲爱的,如果你待在格吕尼街上的破屋子里,在圣·日内维埃佛图书馆死啃书本,你会看到这些钞票吗?我看哪,你那些四府街上的小朋友全

---

[1] 《梅赛尼安纳》是法国诗人兼剧作家特拉维涅写的爱国诗集,于一八一八至一八一九年间出版,作者一举成名。

是傻瓜！"

他小团体里的弟兄们是傻瓜！吕西安听着居然会笑！他把印在报上的书评看了一遍，体会到那种无法形容的，作者的喜悦，第一次尝到踌躇满志的快感，而且这快感一生也不会有第二回的。他看了一遍又是一遍，对于文章的力量和牵涉的范围感觉得更清楚了。手稿经过印刷，好比女人登上舞台，优点和缺点一齐暴露；既能给你生命，也能致你死命，哪怕只有一个错误，也和美妙的思想同样触目。吕西安心神陶醉，再也想不起拿当，拿当只是他的垫脚石。他沉浸在快乐中，自以为变了富翁。当初他寒瑟瑟的在安古兰末走下菩里欧的石级，回到乌莫，踏进卜斯丹的阁楼，一家只靠一千二百法郎一年过活；对这样一个孩子，道利阿送来的款子简直是波托西[1]。有一桩事对他还印象鲜明，只是被巴黎日以继夜的欢娱湮没了，那时忽然浮上脑海，使他的心回到了桑树广场，想起他的美丽的，有情有义的妹子夏娃，他的大卫，他的可怜的母亲。他立刻拿一张钞票叫贝雷尼斯去兑换，趁此给家里写了一封短信，打发贝雷尼斯赶往驿车公司，好像迟了一步就不能把五百法郎寄给母亲似的。在他眼中，在高拉莉眼中，归还家里这笔钱是做了一桩好事。女演员认为吕西安是孝子贤兄，抱着他百般抚爱；这些好心的姑娘都很厚道，喜欢这一类的行为。

她说："这个星期咱们天天有饭局，你也够辛苦了，应当来一次小小的狂欢。"

高拉莉有了每个妇女见了都眼红的吕西安，只想欣赏他的美

---

[1] 南美玻利维亚国的城市，有银矿锡矿。

貌，认为他的衣衫不够漂亮，带他上斯多勃铺子。走出成衣铺，两个情人到蒲洛涅森林兜风，回来赴杜·华诺勃太太的饭局。吕西安在席上遇到拉斯蒂涅，皮克西沃，台·吕卜克司，斐诺，勃龙台，维浓，特·纽沁根男爵，菩特诺，腓列普·勃里杜，大音乐家公蒂，反正是些艺术家，投机商，不但要做大事业，还要追求强烈的刺激的人。他们对吕西安都很殷勤。吕西安信心十足，谈笑风生，可没有一点卖弄的意味；大家用酒肉朋友常用的恭维话，夸他**气魄不小**。

"嘿！不知他肚里打的什么主意。"丹沃陶·迦亚对一个诗人说。那诗人受着宫廷保护，正想办一份小型的保王党刊物，就是后来的《觉醒报》。

吃过晚饭，两个记者陪着各人的情妇上歌剧院；曼兰有个包厢，全部客人跟着一起去了。几个月之前，吕西安在歌剧院栽过一个大跟头，此番再去可威风十足。他在休息室中挽着曼兰和勃龙台的手臂，眼睛直瞪着以前捉弄他的公子哥儿，夏德莱更不在他眼里！当时的一般狮子[1]，特·玛赛，王特奈斯，玛奈维尔，对吕西安摆出傲慢的神气，吕西安不甘示弱，照样回敬。拉斯蒂涅在特·埃斯巴太太的包厢里耽搁了好久，侯爵夫人和特·巴日东太太架着手眼镜打量高拉莉，可见那儿在谈论风流俊美的吕西安。特·巴日东太太见了吕西安是不是心中后悔呢？这个念头老是在诗人的脑子里打转；他一看到安古兰末的高丽纳[2]，立刻想到报复，像那天在天野大道上受到这女人和她弟媳妇轻视的时候一样。

---

[1] 法国人每个时代对花花公子都有一个特殊的名称，王政复辟时代的漂亮哥儿叫作狮子。
[2] 参看《幻灭（上）》注。

27

出尔反尔的技术

几天以后，早上十一点光景，吕西安还没起床，勃龙台闯进来说："你从内地来的时候是不是身上带着符咒？"他亲了亲高拉莉的额角，指着吕西安道："这个美男子真是迷人，从地下室到顶楼，上上下下都被他扰乱了。"勃龙台跟诗人握握手，说道："我是来动员你的，朋友；特·蒙高南伯爵夫人昨天在意大利剧院嘱咐我带你到她家里去。一个年轻可爱的女人请你，在她府上还能遇到上流社会的精华，你总不至于拒绝吧？"

高拉莉道："要是吕西安待我好，绝不去见你的伯爵夫人。他为什么要在上流社会里抛头露面？他会厌烦的。"

勃龙台道："你可是想管束他？难道你嫉妒良家妇女吗？"

"是的，"高拉莉回答，"良家妇女比我们更要不得。"

勃龙台问："你怎么知道，我的小猫咪？"

她说："你忘了我跟特·玛赛打过六个月交道。"

勃龙台说："孩子，难道我真的愿意把这样一个美男子介绍给特·蒙高南太太吗？你要反对，刚才的话就算我没有说。可是我相信，问题不在于什么女人，而是要吕西安宽宏大量，饶赦那个可怜虫,在吕西安的报上变作箭靶子的家伙。夏德莱太不聪明,把那些文章当真了。特·埃斯巴太太,特·巴日东太太,还有特·蒙高南太太府上的一般常客,都关心鹭鹚,我答应替洛尔和彼特拉克,特·巴日东太太和吕西安讲和。"

吕西安好似浑身添了新鲜的血液,报仇雪耻的快感使他陶醉了,他回答说:"啊!他们终究被我踩在脚下了!我感谢我这支笔,感谢我的朋友们,感谢新闻界的可怕的威力。我自己还没写过对付乌贼鱼和鹭鹚的文章呢。老弟,我可以去。"他把手拢在勃龙台腰里,"是的,我可以去,不过先要他们领教一下,我这样轻飘飘的东西有多少分量!"他把写拿当书评的笔扬了一扬。"明儿我短短的写上两栏摆布他们一顿,以后咱们再瞧着办。高拉莉,你放心!这不是谈恋爱,是报仇,我报仇一定要报得彻底。"

勃龙台道:"这才是男子汉大丈夫!对什么都厌倦的巴黎社会难得会这样骚动的;吕西安,你知道了这一点,也可以自豪了。你将来准是个大混蛋,"勃龙台用了一个有分量的字眼,"这样下去,不怕不得势。"

高拉莉道:"他一定成功。"

"他六个星期已经走了很多路了。"

高拉莉说:"等到吕西安只差一个尸首的距离就能登上宝座的时候,他可以拿我高拉莉的身体做垫脚石。"

勃龙台说:"你们这样相爱,倒像太古时代的人物。"又望着吕西安道:"你的大作我很佩服,其中颇有些新东西。这一下你变了名家了。"

罗斯多,埃克多·曼兰,凡尔奴,一同来看吕西安,吕西安看他们对他这样巴结，得意极了。番利西安·凡尔奴送来一百法郎稿费。报馆要拉拢作者，认为一篇这样出色的稿子应当多给报酬。高拉莉一看见这帮记者，派人到距离最近的蓝钟饭店叫了一桌菜；她听见贝雷尼斯报告一切准备好了，就把客人请入华丽的餐室。饭吃到一半，大家喝着香槟，有了酒意，朋友们的来意透露了。

罗斯多道："你总不愿意叫拿当和你作对吧？他是记者，有的是朋友，你第一部作品出版，就可跟你捣乱。你不是还有《查理九世的弓箭手》要脱手吗？我们今天早上碰到拿当，他急坏了；你最好再来一篇评论，把赞美的话淋漓尽致的浇在他头上。"

"怎么？"吕西安说，"我写了文章攻击他，你们又要……"

爱弥尔·勃龙台，埃克多·曼兰，埃蒂安纳·罗斯多，番利西安·凡尔奴，一齐哈哈大笑，打断了吕西安的话。

勃龙台说："你不是请他后天到这里来吃宵夜吗？"

罗斯多说："你上一篇书评没有署名。番利西安不像你初出茅庐，替你写上一个C，以后你在他报上都可用这个名字。他的报是清一色的左派。我们都是反政府党。番利西安特别郑重，替你的政治主张留着余地。埃克多的报纸属于中间偏右的一派，你可以署名L。攻击用假名，捧场尽可用真名实姓。"

吕西安回答："署名倒不在乎，可是我对那部书没有一句好话可说。"

埃克多说："难道你的意见真的跟你文章上写的一样吗？"

"是的。"

勃龙台说："啊！老弟，我还以为你是厉害角色呢！真的，看你的额角。你魄力不小，很像思想卓越的人，秉性坚强，有本事对样样事情从两个方面考虑。朋友，文学上每种观念都有正有反，没有人能断定哪一面是反面。在思想领域中，一切都是双重的。任何观念都是二元的。一个身体两个面孔的神道雅纽斯，正好做批评的比喻，天才的象征。除非上帝才有三个方面[1]！莫里哀和高乃依所以与众不同，就在于有本领提出一个问题叫阿赛斯德肯定，维兰德否定，叫奥太佛肯定，西那否定。卢梭在《新哀络绮思》中写了一封赞成决斗的信，又写一封反对决斗的信，卢梭的真意如何，你说得上吗？在克拉列萨和拉夫雷斯之间，埃克多和阿基利之间[2]，谁能够下断语？究竟哪一个是荷马的英雄？理查孙的用意怎么样？所谓批评，应当根据作品所有的面貌去观察。总而言之，我们是审查官。"

凡尔奴带着讪笑的神气和吕西安说："你写出来的意见，你真的坚持吗？我们是拿文字做买卖，以此为生的。如果你想写一部伟大的精彩的书，真正的作品，那你自然可以放进你的思想，灵魂，重视你的作品，保护你的作品。至于今天看过，明天就忘掉的报刊文章，我觉得只有拿稿费去衡量它的价值。要是这样无聊的东西也值得看重，那么你替人写一份说明书，先得划一个十字，向圣灵做祷告了！"

众人看吕西安有顾虑，觉得奇怪，便一齐动手，替他把童年的服装撕得粉碎，穿上新闻记者的大人衣衫。

罗斯多说："你可知道拿当读了你的评论用什么话安慰自

---

1 旧教教义有圣父，圣子，圣灵三位一体之说。
2 前二人是理查孙小说《克拉列萨·哈罗》中的男女主人翁，后二人是荷马史诗《伊利亚特》中的英雄。

己？"

"我怎么会知道？"

"拿当说：零碎文章过目即忘，大作品始终存在！——这家伙过两天要到这里来吃宵夜，你应当叫他扑在你脚下，吻你的脚跟，说你是个大人物。"

吕西安道："那才滑稽呢。"

勃龙台接着说："不是滑稽，而是必要的。"

略有醉意的吕西安说道："诸位，我很愿意听你们的话，可是怎么办呢？"

罗斯多道："你不妨在曼兰的报上写三栏出色的文字，驳斥你自己的主张。我们刚才看拿当发火，先乐了一阵，接着告诉他不久就会感谢这场激烈的论战，帮他的书在八天之内销完。此刻你在他眼中是奸细，恶棍，坏蛋；后天你可变了大人物，本领高强，竟是普卢塔克传记中的英雄了！拿当还要来拥抱你，当你最好的朋友。道利阿来过了，三千法郎到手了，戏法变完了。现在你的问题是要得到拿当的尊重跟友谊。我们只能叫出版商受累，只能损害我们的敌人。若要对付一个不经我们的手而冒出来的角色，一个有才能而强头倔脑，非把他消灭不可的人，我们绝不写了批评再自己推翻。拿当却是我们的朋友，勃龙台先叫人在《信使报》上攻击，再自己出面在《辩论报》上反驳；拿当的第一版书就这样销完了！"

"诸位，说良心话，我现在对这部书连一个赞美的字也写不出来……"

曼兰说："你还有一百法郎到手，就是说拿当替你挣了十个路易[1];将来你在斐诺的周刊上写一篇,再拿一百法郎稿费,道利阿另外送你一百:一共是二十路易!"

"可是说些什么呢?"吕西安问。

勃龙台定了定神,说道:"孩子,让我告诉你怎么办。你可以说,好果子要长虫,好作品要招忌;拿当的书有人嫉妒,想破坏。批评界吹毛求疵,不能不为着这部书发明一些理论,分什么两种文学,一种以观念为主,一种以形象为主。老弟,你说最高的艺术是要把观念纳入形象。你想法证明形象最富于诗意,同时抱怨我们的语言诗意太少,怪不得外国人责备我们的风格偏重**实证主义**;然后赞美卡那利斯和拿当的贡献,说他们使法国语言不至于太平淡。你推翻你上次的论证,指出我们比十八世纪进步;要把**进步**两字大做文章,叫布尔乔亚听着入迷!新兴文艺运用许多画面,集中所有的体裁,包括喜剧,戏剧,描写,性格的刻画,对话,用有趣的情节做关键,把那些因素镶嵌起来。小说是近代最了不起的创造,既需要情感,也需要风格和形象。喜剧受着旧规律的限制,不适合现代人的生活习惯了,只能由小说来代替。小说在构思的过程中就包括事实和观念,也需要拉勃吕依埃式的才智和他的严格的道德观念,要像莫里哀一般刻画性格,要有莎士比亚式的伟大的结构,描绘最微妙的情欲——那是前人留下的最宝贵的财富。同十八世纪那种冷冰冰的,数学式的讨论,枯燥的分析比较起来,小说不知要高明多少。你尽可一本正经的宣布:小说是有趣的史诗。你举《高丽纳》为例,提出特·斯塔埃太太做根据。十八世纪怀疑一切,十九世纪不能不下结论,而

---

[1] 等于二百法郎。

十九世纪就凭现实,生动活泼的现实下结论,同时也发挥情欲的作用,这个因素伏尔泰是不知道的。接下来批评一顿伏尔泰。至于卢梭,他仅仅把议论和主义穿上衣衫,于莉和格兰尔[1]没有血肉,只是完满的典范。然后借题发挥,说我们全靠和平跟波旁王室的统治,才有这派别具一格的新文艺,因为你是替中间偏右的报纸写稿。对一般开口体系闭口体系的人,尽可讽刺一番。你不妨装着漂亮的姿势大喝一声:我们的同道错了,说的全是胡话!为什么呢?因为要贬低一部优秀作品的价值,欺骗大众,使一部应该畅销的书销不出去!**可耻啊可耻**!你这样说就是了,这句话准会刺激读者。临了你对批评界的没落表示感慨。结论是:只有一种文学,有趣的文学。拿当走的是一条新路,他懂得时代,能适应时代的需要。时代要求戏剧式的故事。目前的政治便是一出无穷无尽的哑剧,在这样一个世纪,大家当然要看戏剧了。二十年来我们不是看到大革命,执政时期,帝政时期和王政复辟四场戏吗?说到这里,你大捧一阵拿当的作品,不用怕肉麻,他的第二版要不马上销完才怪!告诉你,下星期你再替我们的杂志写一篇,签上特·吕庞泼莱,一字不要省略。你说好作品的特点在于能引起广泛的讨论。本星期某报对拿当的书说了如此这般的话,另外一份报纸加以有力的反驳。你把C和L两位批评家一齐批评几句,顺便称赞一下我替《辩论报》写的书评;最后肯定拿当写出了本时代最美的作品。大家对每本书都这样说,因此说了也等于不说。一个星期之内,你除了到手四百法郎,还说出一些真理。有头脑的人或者赞成C,或者赞成L,或者赞成吕庞泼莱,说不定

1　卢梭的书信体小说《新哀络绮思——名于莉》中的两个女性,于莉是书中的女主人翁。

对三个人都赞成。人类最伟大的发明，神话，把真理放在井底[1]，那不是要用吊桶去吊出来吗？现在你不是给人一个吊桶，而是给了三个！孩子，我的话完了。你动手吧！"

吕西安愣住了。勃龙台亲了亲他的腮帮，说道："我要到铺子里去了。"

各人上各人的铺子去了。在那些好汉眼里，报馆不过是个铺子。晚上大家还得在木廊商场见面，吕西安要到道利阿书店签合同。杜·勃吕埃在王宫市场请全景剧场的经理吃饭，佛洛丽纳和罗斯多，吕西安和高拉莉，勃龙台和斐诺，都有份儿。

客人散了，吕西安对高拉莉道："他们说的不错！英雄好汉应当拿别人做工具。三篇书评换到四百法郎！我花两年心血写的一部书，道格罗也仅仅出到这个价钱。"

高拉莉道："就写评论吧，乐得散散心！我不是今晚扮安达卢齐女人，明儿扮布希米女人，后天扮男人吗？你跟我一样办就是了，看在金钱份上，他们要你做鬼脸就做鬼脸，只要咱们日子过得快活。"

吕西安被似是而非的怪论迷惑了，精神兴奋，仿佛骑上了一匹使性的骡子——飞马贝迦斯和巴兰的驴子[2]交配出来的牲口。他在蒲洛涅森林中兜风，思想也在奔腾驰骋，发现勃龙台的论调颇有独到的地方。他兴高采烈吃过晚饭，在道利阿那儿签了合同，把《长生菊》的版权全部出让了，不觉得有什么不妥。随后上报馆去

1　公元前五世纪时希腊哲学家提摩克利塔斯说过："真理藏在井底，深不可测，很少希望掘出来。"
2　神话中的飞马贝迦斯，通常用来譬喻富有诗意的幻想。巴兰的驴子在急难时能做人言，见《幻灭（上）》。

转一转，匆匆忙忙写好两栏稿子，回到王杜姆街。他如同那般元气充沛，精力还没有怎么消耗的人，隔天的念头第二天早上已经酝酿成熟。他快快活活的考虑书评，一团高兴的动起手来。既是翻案文章，笔下自有一些精彩的段落。他幽默，诙谐；对文艺上的情感、观念、形象等等，居然有新的见解。他又巧妙，又机灵，想起在商业街上的阅览室中第一次读那部书的印象，用来赞美拿当。他只用几句话就从苛刻的批评家，滑稽的嘲弄者，一变而为诗人：抑扬顿挫的字句好比提着满炉的香朝着神坛来回摆动[1]。

吕西安把他在高拉莉梳妆的时候写的八页稿子在高拉莉面前一扬，说道："又是一百法郎，高拉莉！"

他趁着才思焕发的当口，细磨细琢的写了一篇向勃龙台预告过的恶毒的稿子，攻击夏德莱和特·巴日东太太。那天上午吕西安体会到做新闻记者的最大的乐趣：推敲讽刺的警句，把寒光闪闪的刀锋磨得锐利无比，拿敌人的心窝当作刀鞘，还雕刻刀柄给读者欣赏。群众只晓得赞美刀柄的做工，看不出恶意，不知道俏皮话的锋芒淬着仇恨的毒素，把敌人的自尊心乱翻乱搅，戳成无数的窟窿。这种阴森森的作恶的快感，只有私下咂摸而无人知道的快感，好比同一个不在眼前的人决斗，用笔杆子把对方杀死，也好比做记者的具有不可思议的魔力，能为所欲为，像阿拉伯故事中身藏符咒的人物。冷嘲热讽是仇恨的结晶，而仇恨是集邪欲之大成。正如爱是集美德之大成。没有一个人不感到爱的快乐，也没有一个人报复的时候不绝顶俏皮。虽然这种聪明在法国极其普遍，不足为奇，可是始终受人欢迎。吕西安这篇文章准会替小

---

[1] 旧教仪式，常用链条吊着小香炉向神坛来回摆动，使香烟冲往神坛。

报助长阴险恶毒的名声，事实也的确如此。他刺到两个人的内心深处，大大伤害了他的情敌夏德莱和他以前的洛尔·特·巴日东太太。

高拉莉对吕西安道："行啦，咱们上蒲洛涅去兜风。马早已套好，等得不耐烦了。你也不能太辛苦。"

"咱们先把批评拿当的稿子送给曼兰。真的，报纸竟像阿喀琉斯的神枪，伤了人能把他治好的[1]。"吕西安一边说一边又改动几处文字。

一对情人出发了，在巴黎城中炫耀他们阔绰的排场；以前大家眼里根本没有吕西安，现在开始注意他了。既然懂得这个都市有如汪洋大海，要在里头当个角色多么困难，吕西安受到注意自然心花怒放，快乐得如醉如狂。

高拉莉道："孩子，到你裁缝那儿转一转，倘若衣服做好了，就试样子，要不也得催一下。你去见那般漂亮太太，我要你把魔王特·玛赛，小拉斯蒂涅，阿瞿达-宾多，玛克辛·特·脱拉伊，王特奈斯，把所有的公子哥儿一齐比下去。别忘了你的情人是高拉莉！再说，你不会对我不忠实吧，嗯？"

---

[1] 荷马史诗《依利亚特》中最有名的英雄之一，叫作阿喀琉斯，据说他的枪伤了人，只消用他枪上的锈屑涂在伤口上，就能治愈。

28

报纸的威风与屈辱

过了两天,正是吕西安和高拉莉请朋友们吃宵夜的前夕,滑稽剧场上演新戏,轮到吕西安写剧评。吕西安和高拉莉吃过晚饭,从王杜姆街走往全景剧场,经过土耳其咖啡馆那一段的修院大街,当时最时髦的散步场所。吕西安一路听人夸他的艳福,赞他的情妇漂亮。有的说高拉莉是巴黎最美的女人,有的认为吕西安也配得上高拉莉。吕西安如鱼得水,觉得这种生活才是他的生活。至于大丹士的小团体,差不多已经不在他心上。两个月以前,他多佩服那些思想出众的人物,此刻想到他们的主张和禁欲主义,竟怀疑他们是不是有些愚蠢了。高拉莉随随便便说过他们是傻瓜,这句话在吕西安脑子里长了芽,结了果。他把高拉莉送往更衣室,自己在后台闲荡,气派像王爷:所有的女演员都用热烈的眼风和好听的说话奉承他。

他说:"我要到滑稽剧场去上班了。"

那晚滑稽剧场客满,吕西安找不到座儿。他到后台去发牢骚,抱怨人家不给他安排位置。舞台监督还不认识吕西安,告诉他两个包厢的票子早已送往报馆,说完不理他了。

"好吧，那么我对今天的戏就按照我的印象来报道。"吕西安气愤愤的说。

年轻的女主角对舞台监督说："你好糊涂！他是高拉莉的情人啊。"

舞台监督立刻回过身来招呼吕西安："先生，我去报告经理。"

可见报纸在小事情上也显出无边的威力，使吕西安的虚荣心感到满足。经理出来和特·雷多雷公爵和舞蹈明星多丽阿商量，要求把吕西安安插在他们紧靠前台的包厢里。公爵见是吕西安，答应了。

年轻的雷多雷提到夏德莱男爵和特·巴日东太太，说道："两个人被你摆布得好苦啊。"

吕西安道："再看明天吧。到此为止，都是我的朋友们出场，只能算轻装的步兵，今晚我才亲自放炮。明天你就知道为什么我们取笑卜德莱。文章的题目叫作《从一八一一年的卜德莱到一八二一年的卜德莱》。在不认恩主，向波旁家卖身投靠的人里头，夏德莱是个典型。我的本事要他们完全领教过了，再上特·蒙高南太太家。"

吕西安和青年公爵谈话之间尽量卖弄才华，急于向这位爵爷证明，特·埃斯巴太太和特·巴日东太太瞧他不起是有眼无珠，大错特错。可是他终于显了原形：他想自称为特·吕庞泼莱，而特·雷多雷公爵偏偏捉弄他，叫他夏同。

公爵说："你应该做保王党。你已经显出你的才气，现在要表示你识时务了。要得到王上的诏书准许你改用母系的姓，唯一的办法是先为宫廷出一番力，再要求这个恩典。进步党永远不能使你成为伯爵！真正可怕的力量，报刊，早晚要被政府压倒的。报刊非加以钳制不可，这件事已经拖延太久了。言论自由此刻到了最后阶段，你该尽量利用，造成你的声势。再过几年，在法国用姓氏和头衔做资本，比才干更可靠。有了这两样，一切都不成问题：才智，门第，美貌，要什么有什么。你此刻做进步党，目的只应该是将来投靠保王党的时候多占一些便宜。"

公爵告诉吕西安，他在佛洛丽纳的半夜餐席上遇到的公使，要请他吃饭，希望他不要拒绝。吕西安被公爵的议论打动了；几个月之前以为永远走不进去的上流社会向他开了门，更使他喜出望外。他暗暗赞叹笔杆子的力量。报刊，才智，竟是现代社会的敲门砖。吕西安心上想，说不定罗斯多正在后悔，不该把他引进庙堂；吕西安为自己打算，已经觉得需要筑起壁垒，把从内地赶到巴黎来的野心家拦在外面。他不敢问自己，倘若有个诗人像他当初投奔埃蒂安纳那样来找他，他会采取什么态度。吕西安心事重重的神气瞒不过年轻的公爵，原因也被他猜着了；因为公爵向这个缺乏意志而欲望不小的野心家揭露了政治舞台的远景，正如早先记者们像魔鬼把耶稣带到圣殿的顶上[1]，让吕西安看到文坛和文坛的财富。吕西安不知道被他的小报伤害的一些人正在设计划策对付他，其中也有特·雷多雷公爵参加。公爵向特·埃斯巴太太圈子里的人提到吕西安的才气，叫他们听着吃惊。他受特·巴日东太太委托，做一番试探工作，本来希望在滑稽剧场遇到吕西安。其实上流社会也罢，新闻记者也罢，都谈不到深谋远虑，别以为他们的陷阱经过什么周密的安排。他们并没定下方案，奸诈的权术也不过做到哪里是哪里，

---

[1] 魔鬼试探耶稣，忽而带他到旷野里，忽而带往殿堂顶上，忽而带上高山。见《马太福音》第四章。

主要是始终存着心，随机应变，不管好事坏事，都准备利用，但等对方在情欲播弄之下自己送上门来。在佛洛丽纳家吃宵夜那天，青年公爵就摸清吕西安的性格，刚才便觑准他的虚荣心进攻，同时借他来练练自己的外交手腕。

散了戏，吕西安赶往圣·菲阿克街写剧评，有心写得泼辣，尖刻，想试试自己的力量。那出戏比上回全景剧场的那一出高明；可是他想知道是否真像人家说的，能够把一本好戏压下去，把一本坏戏捧出来。第二天他和高拉莉吃着中饭，翻开报纸；他跟滑稽剧场捣乱的事已经先和高拉莉说了。吕西安念了他攻击特·巴日东太太和夏德莱的文章，然后很奇怪的发现，他的剧评一夜之间忽然变得非常缓和，除掉他极风趣的分析原封不动之外，结论竟是赞美。这出戏尽可使剧院大大的赚一笔。吕西安的气恼简直没法形容，决意向罗斯多抗议。他已经以为人家少不了他了，他不愿意做傻子，听人支配，受人宰割。吕西安为了肯定自己的势力，替道利阿和斐诺的杂志写好一篇文章，把批评拿当作品的议论归纳起来，做一番比较。答应给小报长期执笔的小品，也乘兴写了一篇。年轻的记者都有一股热情，写稿很认真，往往很冒失的拿出自己的全部精华。全景剧场的经理贴了一出新排的喜剧，让佛洛丽纳和高拉莉当晚轮空。吃宵夜之前还要赌钱。吕西安看过新戏彩排，预先写好评论，免得临时闹稿荒；罗斯多上门来拿稿子。小报靠吕西安写的巴黎花絮风行一时；吕西安把才写的一个有趣的短篇念给罗斯多听了，罗斯多亲着他两颊，说他真是新闻界的天使。

"那么干吗你忽发奇想，要改我的稿子呢？"吕西安问。他写那篇精彩的文章原是想发泄他的怨气的。

"我改你稿子?"罗斯多叫起来。

"那么谁改的?"

埃蒂安纳笑道:"朋友,你还不懂生意经。滑稽剧场订我们二十份报,实际只送去九份,就是经理,乐队指挥,舞台监督,他们的情妇,另外还有三个股东。大街上的戏院每家都用这个方式报效我们报馆八百法郎。白送斐诺的包厢也抵得这个数目,演员和编剧订的报还不算在内。坏蛋斐诺在大街上捞到八千法郎。小戏院如此,大戏院可想而知!你明白没有?咱们不能不尽量客气。"

"我明白了,我不能照我的心思写稿子……"

罗斯多道:"那跟你有什么相干,只要你油水捞饱就行了。再说,你对戏院有什么过不去呢?要砸掉昨天的戏,总得有个理由。为破坏而破坏,只能损害报纸。按照是非曲直去打击人,报纸还有什么作用?可是经理招待不周吗?"

"他没有替我保留位置。"

"好吧,"罗斯多道,"我可以给经理看你的原稿,说我劝了你一番,你才平了气;那比登出你的文章对你更实惠。明儿你问他要戏票,包管每月给你四十张空白票子;我再替你介绍一个人,商量怎么销出去;他会全部收进,照票面打一个对折。市面上有图书贩子,也有戏票贩子。这一行也有一个巴贝,他是鼓掌队的头目,住的地方离此不远,咱们还有时间,去走一遭吧?"

"可是朋友,斐诺在文化界抽这种间接税,不是混账吗?早晚……"

罗斯多嚷道:"哎啊!你真是乡曲!你拿斐诺当什么人?别看

他假装忠厚,神气像丢卡雷[1],一窍不通,荒唐可笑,骨子里他仍是帽子司务的儿子,才精明呢。在他鸽笼式的报馆里,你看不见那帝政时代的老军人,斐诺的舅舅吗?那舅舅非但老实,还会装傻。凡是不清不白的银钱出入,都由他经手。在巴黎,一个野心家身边有人肯充当他的替死鬼,准发大财。

"政界同报界一样,有许多场合当头儿的永远不能犯嫌疑。万一斐诺做了官,他的舅舅便是他的秘书,人家为着大笔头的买卖孝敬科室的钱,都由秘书代收。奚罗多初看似乎是个蠢东西,其实很狡猾,正好做一个神秘莫测的助手。现在他当着警卫,我们才不至于被大声的叫嚣,初出道的作家,跑来评理的当事人,吵得头昏脑涨;我相信别的报馆就没有他这样的角色。"

吕西安道:"他做功很好,我领教过了。"

---

[1] 法国勒萨日(1668—1748)喜剧中的主人翁,卑鄙无耻,刻薄吝啬,同时也愚蠢可笑。

29

戏剧作家的钱庄老板

埃蒂安纳和吕西安走往修院城关街,总编辑在一所漂亮屋子前面站住了。

"勃劳拉先生在家吗?"他问看门的。

"什么**先生**!"吕西安说,"鼓掌队的头目也称**先生**吗?"

"朋友,勃劳拉一年有两万进款,大街上的编剧都有票据在他手里,把他当作钱庄老板,在他那儿开着一个往来户。编剧拿到的戏票,专门请客的送票,都能卖钱。这样商品就归勃劳拉经销。告诉你,统计学很有用处,只要你不滥用;我们不妨统计一下。每家戏院每晚发出五十张送票,一天就是二百五;票价统扯两法郎,勃劳拉每天花一百二十五法郎向编剧收进票子,还能净赚一百二十五。单靠编剧手中的戏票,勃劳拉每月差不多有四千法郎进账,一年四万八。假定损失两万,因为他的票子不能全部销完……"

"为什么?"

"啊!除了不保留座儿的送票,还有群众直接向戏院买的票子。并且定座的权始终操在戏院手里。有些日子天气很好,偏偏戏码不好。因此勃劳拉在这桩生意上也许只赚三万一年。此外他还有一种企业,叫作鼓掌队。佛洛丽纳和高拉莉都是他的主顾;她们要不送他津贴,每次上场下场哪儿来的掌声!"

罗斯多一边上楼一边轻轻的向吕西安解释。

吕西安发现每个角落都有金钱的影子,说道:"巴黎真是一个怪地方。"

一个衣衫整洁的女佣人带两位记者去见勃劳拉。戏票商面对着一张有拉盖的大书桌,坐在写字椅上,见了罗斯多站起身来。他穿着灰色厚羊毛外套,有鞋罩的长裤,大红的软底鞋,活脱像个医生或者诉讼代理人。吕西安看出他是平民出身的暴发户:一张俗气的脸,灰色眼睛很狡猾,一双手用来鼓掌正合适,皮色说明他过惯放荡的生活,像屋顶淋惯雨水一样,头发花白,说话的声音很闷。

他说:"你准是为佛洛丽纳小姐来的,这位先生是为高拉莉小姐。"又对吕西安说:"我对你很熟悉。先生,你放心,竞技剧场的地盘我买下了,一定替你情人帮忙,有人捣乱,会预先通知她的。"

罗斯多说:"亲爱的勃劳拉,你的好意,我们当然接受;不过我们是为戏院的送票来的,包括大街上所有的戏院;我是以总编辑身份拿的票子,这位先生是专跑戏院的记者。"

"对,斐诺的报纸出让了,这笔生意我知道。他混得不坏,斐诺。本星期末我请他吃饭。你们要是肯赏光,不妨带你们的女伴一块儿来。大家开怀畅饮,闹个通宵。客人有阿伹尔·丢彪伊,丢冈日,腓特烈·杜·北蒂曼雷,还有我的情妇弥洛小姐;咱们要玩得痛快,酒也喝得痛快!"

"丢冈日大概手头很紧,他的官司输了。"

"是的,他问我借了一万法郎,等《卡拉》那出戏叫座以后还我;所以我拼命捧场。丢冈日有才气,有天分……"吕西安听见这家伙赏识作家的文才,只道是做梦。勃劳拉摆出内行的样子对吕西安说:"高拉莉进步了,只要她脾气随和,我必定暗中帮忙,不让她第一天在竞技剧场登台遭人暗算。我可以安排一批衣冠端整的人坐在楼厅上,笑嘻嘻的交头接耳,引起观众的喝彩声。替女人捧场,这是一个办法。我喜欢高拉莉,她心地好,你也该满足了。嘿!不论是谁,只要我高兴,都能叫他一个斤头栽下来……"

"咱们先把戏票生意谈妥了吧?"罗斯多说。

"行!每个月月初我到这位先生府上去拿。先生是你的朋友,我对他跟你一样看待。你有五家戏院,三十张票子,大约合到七十五法郎一月。也许你要预支一些吧?"戏票商回到书桌旁边,打开抽屉,里头全是现洋。

罗斯多说:"不用,不用,我们留着这笔钱防饥荒……"勃劳拉对吕西安说:"先生,这两天我要去和高拉莉商量正事,我们一定谈得拢。"

勃劳拉的办公室里有一口书柜,有版画,摆着体面的家具,吕西安看着很诧异。他穿过客室,发觉陈设既不寒碜,也不太奢华。最讲究的是饭厅,吕西安为此说了几句笑话。

罗斯多道:"你不知道勃劳拉是讲究吃喝的专家。他请客的场面跟他的家私完全相称,戏文里也提到呢。"

勃劳拉谦逊的回答:"我的酒还不坏。"他听见楼梯上有嘶嗄的说话声和特别的脚声,便道:"啊!捧角的喽啰来了。"

吕西安走出来碰到一帮鼓掌队和戏票贩子,身上臭不可当,头戴鸭舌帽,裤子快破了,外套露出经纬,一副囚犯面孔,青不青,蓝不蓝,乌七八糟,形容憔悴,留着长胡子,眼神又凶横又谄媚。这批丑恶的家伙平时挤在大街上,白天兜售挂钥匙的链子,二十五铜子一件的金首饰,夜晚在戏院的挂灯底下拍手,总之巴黎无论什么肮脏事儿他们都干。

罗斯多笑道:"这些就是罗马人[1]!女演员和戏剧作家的名气就是这样来的。他们的内幕细看起来也不比我们的光彩。"

吕西安一边回家一边回答:"反正在巴黎对什么都不能抱幻想。样样要抽税,样样好卖钱,样样能制造,连名气在内。"

---

1 罗马人是鼓掌队的别称,因为雇人拍手喝彩的风气,相传为古罗马的尼罗皇帝首倡。

30

新闻记者的洗礼

吕西安请的客有道利阿,全景剧场的经理,玛蒂法和佛洛丽纳,加缪索,罗斯多,斐诺,拿当,埃克多·曼兰和杜·华诺勃太太,番利西安·凡尔奴,勃龙台,维浓,腓烈普·勃里杜,玛丽埃德,奚罗多,加陶和佛洛朗蒂纳,皮克西沃。他也邀请小团体的朋友们。舞蹈明星多丽阿据说对杜·勃吕埃不太冷淡,也参加饭局,只是没有和她的公爵同来。此外还有几家报纸的老板,拿当,曼兰,维浓和凡尔奴的东家。来客一共三十位,高拉莉的饭厅容纳不下更多的人。八点左右,灯火通明,屋内的家具,壁上的花绸,供的鲜花,全都喜气洋洋,使巴黎的那派豪华像个梦境。吕西安眼看自己做了这个地方的主人,弄不明白这奇迹是靠什么法术,谁的力量变出来的,只觉得说不出的幸福,得意,还有无穷的希望。佛洛丽纳和高拉莉拿出女演员的手段,打扮得雍容华贵,不知有多么讲究,朝着内地诗人微笑,仿佛两个仙女特意来替他打开梦中的宫殿。而吕西安也差不多在做梦了。几个月工夫他的生活改了样子,从极端的贫穷变成极端的富裕,而且是突如其来,变得那么快,有时他甚至于心中惊慌,像正在做梦而明知睡着的人一样。可是面对着美丽的现实,他的眼风充满着信心,在嫉妒的人说来也许是臭得意。他本人也起了变化。天天在温柔乡中消磨,皮色苍白了,眼神软绵绵,懒洋洋的,用特·埃斯巴太太的说法,他的神气是享尽了艳福。他因之更俊美了。有了爱情和经验,眉宇之间表示他对自己的威势和力量感觉很清楚。他瞪着眼睛望着文坛和上流社会,自以为尽可像主人翁一般出入。唯有遭到患难才肯反省的诗人,认为眼前没有什么可操心的。顺利的事业正在使他的小艇扬帆前进,实现计划的工具听凭他调度:一个现成的家,一个人人艳羡的情妇,车辆马匹,还有他笔下无法估计的财富。他的灵魂,他的心地,他的头脑,也都起了变化,他看到这样辉煌的成绩,再也不考虑手段了。住过巴黎的经济学家准会觉得吕西安的排场大有问题,所以我们不能不说明一下,女演员和她诗人的物质享受到底建筑在什么基础之上,不管这基础多么薄弱。原来加缪索要求供应高拉莉的一些铺子给高拉莉至少赊三个月账,可是他不做担保。因此,车马,仆役,全部享用,好像有魔术似的,对两个只图享受的孩子毫不缺少,而他们俩也只管欢天喜地的享受。高拉莉挽着吕西安的手,要他先见识见识饭厅里意想不到的变化:富丽堂皇的桌面,点着四十支蜡烛的烛台,精致非凡的点心,希凡酒家的菜单,吕西安把高拉莉搂在怀里,亲着她的额角。

他说:"孩子,我一定成功,一定要报答你这样的深情,这样的忠心。"

高拉莉说:"你满意了吗?"

"再不满意也说不过去了。"

"好啦,你这笑容就是我的报酬。"高拉莉说着,像蛇一般扭着身子把嘴唇送到吕西安嘴边。

他们看见佛洛丽纳、罗斯多、玛蒂法和加缪索忙着布置牌桌。朋友们陆续来了,因为所有的来客都自称为吕西安的朋友。大家从九点赌到半夜。吕西安幸而赌博的玩意儿一样都不会[1]。罗斯多输了一千法郎,向吕西安借;既是朋友开口,吕西安当然不便拒绝。十点左右,来了米希尔·克雷斯蒂安,费尔扬斯,约瑟·勃里杜。吕西安陪他们走到一边去谈天,觉得他们即使不显得勉强,也是冷冷的一副正经面孔。大丹士正在赶写他的书,不能来。雷翁·奚罗为他的杂志忙着编创刊号。小团体派了三个艺术家来,在吃喝玩乐的场合他们不像别的几个感到拘束。

吕西安略微带着卖弄的口气说:"喂,朋友们,**轻骨头**也会变成**大策略家**,你们等着瞧吧。"

米希尔道:"但愿我以前看错了。"

费尔扬斯问道:"你是不是在过渡期间和高拉莉同居?"

"是的,"吕西安装着天真的样子回答,"本来有个做买卖的老头儿迷着高拉莉,被高拉莉打发了。"他又望着约瑟·勃里杜补上两句:"我比你的哥哥幸福,他没有本领控制玛丽埃德。"

费尔扬斯道:"现在你跟别人没有分别了,必定成功。"

吕西安回答:"不管在什么情形之下,我对你们永远和从前一样。"

米希尔和费尔扬斯彼此望了望,冷笑一下;吕西安才觉得自己的话说得可笑。

约瑟·勃里杜道:"高拉莉真美,画成肖像可出色呢!"

---

[1] 巴尔扎克忘了他上面说过吕西安赌输了钱,第二天高拉莉在他袋里放进一笔钱,参看《幻灭(上)》。

"而且心地好。"吕西安回答,"说良心话,她纯洁得很。你就替她画个像吧。只要你愿意,你画老婆子带一个姑娘去见参议员的作品,不妨拿她做模特儿,代表那个威尼斯的姑娘。"

米希尔·克雷斯蒂安道:"女人动了真情都是纯洁的。"

这时拉乌·拿当向吕西安直扑过来,亲热得了不得,抓着吕西安的手握着。

他说:"好朋友,你不但伟大,而且有良心,此刻良心比天才更难得。你对朋友真义气。从此我跟你是生死之交了,我永远忘不了这个星期你帮我的忙。"

吕西安受到这样一位名流奉承,不禁心花怒放,带着自命不凡的神气望着小团体里的三个朋友。捧拿当的稿子要在明天的报上发表,曼兰先给拿当看了清样,拿当才有这番表现。

吕西安咬着他耳朵说:"我当初答应攻击你的时候就提出条件,要让我自己来反驳。我素来是你朋友。"

吕西安回到小团体的三个朋友身边。费尔扬斯刚才听着他的话冷笑,现在拿当的事帮他辩白了,他因之很高兴。

"大丹士的书一出版,我就好替他出力了。单为这一点,我也要留在新闻界。"

米希尔道:"你做得了主吗?"

吕西安假装谦虚,回答说:"只要人家还用得着我,总能够办到吧。"

半夜前后,客人一齐入席,开始大吃大喝。他们在吕西安家谈话比在玛蒂法家更放肆,谁也没想到小团体的三个代表和报界的代表志趣不合。那般年轻的记者出尔反尔成了习惯,早已心术败坏,当下便舌剑唇枪,交起锋来,拿新闻界的骇人的理论作为诡辩的根据。格劳特·维浓主张维持批评的尊严,反对小报界专门作人身攻击的倾向,说结果作家只会贬低自己的价值。罗斯多,曼兰,斐诺,公开回护那个办法,报界的俗话叫作**寻开心**,认为这是标识一个人的才能的戳子。

罗斯多说:"经得起这个考验的才是真正的好汉。"

曼兰说:"大人物受到欢呼的时候也得有人叫骂,像罗马的胜利者一样。"

吕西安说:"那么受到嘲笑的人都可以自命为胜利了!"

斐诺说:"这话不是跟你自己有关吗?"

米希尔·克雷斯蒂安说:"咱们的十四行诗不是应当跟彼特拉克的一样轰动吗?"

道利阿说:"黄金(洛尔)[1]已经出了一把力,帮助诗集成功。"

大家听了这句双关语一致叫好。

吕西安微笑道:"我们不妨拿一个毫无价值的人[2]做试验。"

凡尔奴道:"新闻界对有些人毫无争论,一出台就送他们花冠,这样的人才倒霉呢!那好比圣者关进神龛,从此没人理睬。"

勃龙台道:"当初香塞纳兹看见特·尚利侯爵一往情深的望着老婆,对他说:得了吧,好家伙,人家已经给了你了。社会上对一开场就顺利的人也会说这个话。"

---

[1] 彼特拉克的恋人洛尔(Laurre),与法文中黄金(L'or)一字谐音;而道利阿是花三千法郎收买吕西安的诗集的。

[2] 过去吕西安自命为彼特拉克,特·巴日东太太也以洛尔自居。此处即暗指特·巴日东太太。

斐诺道:"在法国,成功可以致人死命。我们彼此嫉妒得厉害,只想忘掉别人的胜利,叫大家也跟着忘掉。"

格劳特·维浓说:"可是有矛盾,文学才有生命。"

费尔扬斯说:"同自然界一样,生命的来源是两种元素的斗争。有一个元素胜利了,生命就完了。"

"政治也这样。"米希尔·克雷斯蒂安补上一句。

"我们最近证明了这一点。"罗斯多说,"一星期之内道利阿就好销完两千部拿当的作品。为什么?因为受到攻击的书必然有人竭力保护。"

曼兰拿着明天报纸的清样说:"有了这样的稿子,一版书还怕销不完吗?"

道利阿说:"念给我听听。我离不开本行,吃宵夜也忘不了出版事业。"

曼兰念出吕西安的得意之作,全场一致鼓掌。

罗斯多说:"没有上一篇,怎么写得出这一篇!"

道利阿从口袋里掏出第三篇稿子的清样,念了一遍。这篇评论将要在斐诺的第二期杂志上发表,斐诺留神听着,他因为是主编,把文章捧得更过火。

他说:"诸位,鲍舒哀生在今天,也只能这样写。"

曼兰说:"当然。鲍舒哀生在今天,也要当记者的。"

格劳特·维浓端起酒杯,向吕西安含讥带讽的行着礼,说道:"为鲍舒哀第二干杯!"

吕西安向道利阿举杯道:"为我的哥伦布干杯!"

"好极了!"拿当叫道。

曼兰狡猾的望着斐诺和吕西安,问:"是个绰号吗?"

道利阿道:"你们这样下去,我们要搅糊涂了。"又指着玛蒂法和加缪索道:"这两位怎么听得懂?波那帕脱说的好:笑话好比纺棉纱,纺得太细,要断的。"

罗斯多道:"诸位,咱们亲眼目睹一桩重大的,出乎意想的,闻所未闻的,真正的怪事。我们这位朋友从内地人变作新闻记者有多么快,你们不觉得惊奇吗?"

道利阿说:"他是天生的新闻记者。"

斐诺拿着一瓶香槟站起来说:"弟兄们,咱们的主人初出台的时候,大家都替他撑腰,给他鼓励;现在他的事业超过了我们的期望。他两个月之内显了本领,写出那些大家知道的好文章;我提议替他举行洗礼,正式命名他为新闻记者。"

"再来一个蔷薇花冠,祝贺他的双重胜利。"皮克西沃望着高拉莉说。

高拉莉向贝雷尼斯挥挥手,贝雷尼斯进去在女演员的帽匣内找出一些用过的纸花。胖老妈子捧到外面,大家马上编成一个花冠;醉得特别厉害的客人还抢着纸花乱戴,样子挺滑稽。大祭司斐诺在吕西安漂亮的淡黄头发上洒几滴香槟,装着一副怪有趣的正经面孔,仿照宗教仪式宣布:"我以印花税,保证金,罚款的名义,命名你为新闻记者。但愿你写起稿子来觉得轻松愉快!"

曼兰接口道:"并且稿费不扣除空白!"

这时吕西安瞥见米希尔·克雷斯蒂安,约瑟·勃里杜,费尔扬斯·里达,三个人怏怏不乐的拿起帽子,在一片诅咒声中走了。

曼兰道:"看见没有?这些怪物!"

罗斯多道:"费尔扬斯脾气挺好,可惜被那些道学家带坏了。"

"谁？"格劳特·维浓问。

勃龙台回答："一批古板的青年聚在四府街上一个小酒店里讨论哲学，宗教，操心人类的前途……"

"噢！噢！噢！"

勃龙台往下说："……他们想知道人类是在老地方打转还是在进步。到底走的是直线还是曲线，他们决定不下，只觉得《圣经》上的三角[1]荒唐可笑；于是他们发现一个先知，说人类走的路线是螺旋形。"

吕西安有心替小团体辩护，说道："这不算什么。一群人聚在一起，可能发明更危险的玩意儿呢。"

番利西安·凡尔奴道："你不要以为那些理论是空话，临了不是变成子弹便是断头台。"

皮克西沃道："眼前他们还不过在香槟酒里找天意，在裤子里追求人道主义，找寻推动世界的小家伙[2]。他们重新捧出过时的大人物，什么维谷[3]啊，圣西门啊，傅立叶啊。我真怕他们把可怜的约瑟·勃里杜迷昏了头。"

罗斯多道："皮安训是我同乡，还是中学同学，受了他们的影响对我冷淡了……"

曼兰问："他们可传授什么训练思想矫正思想的技术？"

斐诺回答说："很可能。皮安训不是把他们的梦想当真吗？"

---

1 指三位一体说。
2 以上一段是挖苦大丹士一帮人的空想。——法国人回答儿童关于钟表的问题，常说是个小家伙使钟表走动的，"推动世界的小家伙"一语便是借用这个意思。
3 维谷（1668—1742），意大利哲学家，首倡历史哲学，对十九世纪初的圣西门派颇有影响。

"不管怎样，"罗斯多说，"皮安训将来准是了不起的名医。"

拿当说："他们出面的领袖不是叫作大丹士，恨不得把我们一齐吞掉的一个青年吗？"

"他是天才！"吕西安嚷道。

"我倒更喜欢来一杯凯兰士酒[1]。"格劳特·维浓微笑道。

那时每个人争着向邻座的人解释自己。等到风雅人物肯做自我介绍，向你吐露心腹，那一定是醉得不像话了。过了一小时，同桌的人都变了最知己的朋友，觉得彼此都是大人物，英雄好汉，前途无量。吕西安因为是主人，还保持清醒，听着他们的诡辩很感兴趣，他的已经败坏的心术也愈加败坏了。

斐诺道："弟兄们，进步党非重新挑起笔战不可，此刻没有材料好攻击政府，你们知道这对反对派多么不利。你们之中谁愿意写一本要求恢复长子特权的小册子，让我们借此起哄，说是宫廷的阴谋？小册子报酬从丰。"

曼兰道："我来写，恢复长子特权本是我的主张。"

斐诺回答说："不行，你党内的人要说你连累他们的。番利西安，还是你动笔，道利阿负责印刷，咱们保守秘密就是了。"

"给多少稿费呢？"凡尔奴问。

"六百法郎！署名用C……伯爵。"

"行！"凡尔奴道。

"你们在政治上也培养鸭子[2]了。"罗斯多道。

1　西班牙的名酒。
2　鸭子是谣言和谎话的别名，参看《幻灭（上）》。

"不过是拿夏鲍案子[1]搬到思想方面去利用一下。"斐诺回答,"我们说政府有某种用意,煽动舆论反对政府。"

格劳特·维浓说:"我始终弄不明白,一个政府怎么会听凭我们这批无赖支配大家的思想。"

斐诺接着说:"倘若**内阁**轻举妄动,出场交手,我们就狠狠的斗它一斗;要是它生气,我们就把事情闹大,叫政府大失人心。反正政府动辄得咎,报纸永远不担风险。"

格劳特·维浓说:"在没有取缔报纸之前,法国只好继续瘫痪。"又对斐诺说:"你们每小时都在发展,将来会像耶稣会一样,差别只是没有信仰,没有固定的主张,没有纪律,没有团结。"

大家又坐上牌桌,不久东方发白,室内的烛光暗淡了。

高拉莉和她的情人说:"你那些四府街上的朋友愁眉苦脸,像判了死刑的囚犯。"

"不是囚犯,是审判官。"诗人回答。

"审判官还比他们有趣得多。"高拉莉说。

---

[1] 大革命时期一桩假造法令的舞弊案。

31

上流社会

一个月之内，吕西安不是出去吃中饭，便是吃晚饭，吃宵夜，或是参加晚会，时间就这样消磨了；他被一股不可抵抗的浪潮卷进漩涡，除了吃喝玩乐，只做些轻易的工作。他不再做什么打算。在复杂的人事中间能够计算筹划原是意志坚强的标记，不是富于幻想的人，懦弱的人，或者单单是风雅的人，所能假装。吕西安像多数新闻记者一样，过一天算一天，挣多少花多少。巴黎的定期开支对落拓的文人压力最重，吕西安干脆不去想它。他的服装气派比得上最出名的花花公子。高拉莉好比狂热的信徒，只想装扮她的偶像，不惜倾其所有，替亲爱的诗人置办他第一次逛蒂勒黎公园时不胜羡慕的漂亮行头。新奇的手杖，美丽的手眼镜，金刚钻的钮子，扣领带的别针，阔镶边的戒指，吕西安全有了；鲜艳的背心数量充足，可以搭配衣衫的颜色。不久他成了漂亮哥儿。赴德国公使的宴会那天，吕西安脱胎换骨的变化引起在座的青年暗中妒羡，例如特·玛赛，王特奈斯，阿瞿达-宾多，玛克辛·特·脱拉伊，拉斯蒂涅，特·莫弗利原士公爵，菩特诺，玛奈维等等，全是时髦社会中的领袖人物。交际场中的男人和女性一样互相嫉妒。当夜的宴会主要是请特·蒙高南伯爵夫人和特·埃斯巴侯爵夫人；吕西安坐在她们俩中间，被她们灌足迷汤。

"为什么你离开上流社会呢？"侯爵夫人对他说，"大家正预备好好款待你，欢迎你来着。我不能不生你的气。你答应来看我，我等到现在。前几天我在歌剧院瞧见你，你竟不屑过来看看我，连打个招呼也不愿意。"

"太太，令亲毫不含糊的下了逐客令——"

特·埃斯巴太太打断吕西安的话，回答说："你不了解女性。你伤害了我认为最纯洁的一颗心，最高尚的一个人。你不知道路易士预备替你出多少力，定的计划多么巧妙。"她看见吕西安不声不响的表示不信，便道："噢！她的确有希望成功。路易士的丈夫不是早晚要让她恢复自由吗？这一回果然闹不消化死了，那也是活该。你想路易士怎么肯做夏同太太？特·吕庞泼莱伯爵夫人的名衔才值得争取。你明白没有？爱情是极大的虚荣，必须和其他方面的虚荣配合，尤其为了婚姻大事。就算我爱你爱得神魂颠倒，愿意嫁给你，要我称为夏同太太可受不了。这一点你同意吗？此刻你看到了巴黎生活的难处，知道要拐多少弯儿才能达到目的；你不能不承认，路易士要为一个无名的没有财产的男人，求一个几乎没有希望的恩典，必须把问题考虑周到。你固然聪明绝顶，不过我们一朝动了真情，比最聪明的男人还要聪明。我大姑想利用那可笑的夏德莱……"说到这里她插进两句："你真会逗笑，你挖苦他的文章，我看着乐死了！"

吕西安听着莫名其妙。他只见识过新闻界的欺骗和奸诈，不知道上流社会的欺骗和奸诈；所以他尽管眼力不错，照样吃了大亏。

他大为惊奇的说道:"怎么,太太,你不是在提拔鹭鹚吗!"

"我们在交际场中不能不敷衍最凶狠的敌人,见了讨厌家伙也得表示愉快,而为了更好的帮助朋友,往往表面上要把他们牺牲。难道你还这样不通世故吗?你要做作家,怎么连交际场中一些普通的骗局都不知道?我大姑好像为了鹭鹚而牺牲你;可是不这样办,怎么能利用他的势力来帮助你呢?因为在眼前这个政府底下,他很得宠。我们向他解释,你的攻击在某个限度之内对他有好处;我们这样说,预备将来替你们俩讲和。上面看他受你羞辱,给了他补偿。台·吕卜克司告诉部长们:报纸跟夏德莱捣乱,政府可以清静一个时期。"

正当侯爵夫人说完话,让吕西安去推敲的时候,特·蒙高南太太和他说话了:"勃龙台先生告诉我,你不久会赏光到我家里去。你可以遇到一些艺术家,作家,还有渴望认识你的台·都希小姐。她的才华在我们女人中间是少有的,将来你一定会上她家里去。台·都希小姐,或者用她的笔名称为加米叶·莫班,有巨万家私,她的沙龙是巴黎最出名的一个;她听人说起你的风雅和相貌不相上下,一心想见见你。"

吕西安只能一迭连声的道谢,不胜艳羡的望了望勃龙台。气派人品像蒙高南伯爵夫人那样的女子跟高拉莉的差别,不亚于高拉莉同街头神女的差别。这位年轻,俊俏,风雅的伯爵夫人,有一种特殊的美:皮肤像北方女子,白得异乎寻常;她的母亲出身是察尔贝洛夫公主,德国公使在饭前对伯爵夫人很恭敬,招待周到。

特·埃斯巴太太旁若无人的哑完了一只鸡翅膀,对吕西安说道:"可怜的路易士当初对你太好了!她为你设计的美好的前途,我完全知道。她什么都能忍受,就是没想到你会还她的信,表示你瞧不起她到这个田地!我们能原谅人家的残酷,人家伤害我们实际还是忘不了我们;可是漠不关心等于南北极的冰山,把一切都埋葬了。你不能否认你做错了事,损失浩大。你为什么要决裂呢?就算受到轻视,你不是还得求功名,取富贵吗?路易士把这些问题都想到了。"

"那么为什么对我一字不提呢?"吕西安问。

"哎!天哪,那是我劝她瞒着你的。老实说,那时看你不曾经过世面,我很担心,怕你缺乏经验,感情冲动,可能破坏她的计划,打乱我们的方案。当时你是怎么样的人,你记得不记得?真的,如果你今天能看到当初的你,准会同意我的意见。现在你完全变了一个人。我们唯一的错误就是不曾料到这一着。可是既有这样了不起的聪明才智,又有这样了不起的适应力的人,一千个之中也未必能碰到一个。我过去不相信你是一个出人意料的例外。谁知一眨眼你就脱胎换骨,轻而易举的学会了巴黎气派,上个月我在蒲洛涅森林竟认不得你了。"

吕西安听着这个贵妇人的谈话,心里说不出的快乐。她夸奖人的时候有一副完全信任你的,天真的,活泼的神态,似乎对吕西安的关切真是无微不至。吕西安只道又遇到了奇迹,像他第一次在全景剧场的遭遇。从那个幸运的夜晚起,所有的人都对他笑脸相迎,他以为自己的青春真有符咒一般的魔力。可是他打定主意不落圈套,要把侯爵夫人摸清底细。

他说:"太太,你所谓变了一场空的计划,究竟是怎么回事呢?"

"路易士本想向王上求一道诏书,允许你改用特·吕庞泼莱的姓氏和头衔。她要埋葬夏同的姓。这一步当时很容易做到,而对你说来是一笔资本;此刻你的言论差不多把这条路阻断了。或许你认为这些念头是幻想,不值一提,可是我们多少懂得一些人生,知道伯爵的头衔加在一个漂亮人物,一个风流倜傥的青年身上有多少实惠。比如在这里当着几百万家财的英国小姐或是有陪嫁的姑娘们通报:**夏同先生或者特·吕庞泼莱伯爵**,反应完全两样,伯爵哪怕债台高筑,还是能打动人心,俊美的相貌也格外惹人注目,像一颗精工镶嵌的钻石。夏同先生可干脆没人注意。我们并不曾制造这观念,而是发现这观念到处占着优势,便是在布尔乔亚中间也很普遍。如今你是跟好运背道而驰。你瞧那个漂亮青年,番列克斯·特·王特奈斯子爵,他是王上两个机要秘书中的一个。王上挺喜欢有才干的青年,这一位当初从内地来的时候行装不见得比你多;你的聪明才智胜他百倍;可是你是不是世家出身呢?有没有显赫的姓氏呢?你不是认识台·吕卜克斯吗?他的本姓跟你的差不多,叫作夏登;他在吕卜克斯的那块田产,便是给他一百万也不肯出让[1];将来他准是台·吕卜克斯伯爵,传到他孙子一辈或许竟是大贵族了。你走上了歧路,再走下去就完啦。爱弥尔·勃龙台比你乖巧多了,他加入一份拥护政府的报纸,当前的权贵都对他另眼相看;他思想正确,跟进步党来往没有危险;他迟早会成功,因为他的政见,他的靠山,都挑选得好。坐在你旁边的漂亮太太是脱罗阿维尔家的小姐,族中有两个贵族院议员,两个国会议员,她靠着门第攀上一门有钱的亲事;

---

[1] 法国大革命以前和王政复辟时代,没有相当的不动产不能封爵。

如今在家广结交游,培养势力,将来要替这位小小的勃龙台先生拉拢政界要人。你依靠一个高拉莉有什么出路?几年以后还不是背上一身债,对寻欢作乐感到厌倦为止?你的爱情放错了地方,生活没有安排好。这就是特·巴日东太太前天在歌剧院对我说的话,而你还伤害她,当作一种乐趣。她惋惜你滥用才气,糟蹋你的青春,当然不是为她,而是为你着想。"

吕西安道:"啊!太太,要是你说的是真话!"

"你想我骗你有什么好处?"侯爵夫人冷冷的瞪着吕西安,神态傲慢,叫他置身无地。

吕西安愣住了,不敢再开口;侯爵夫人呕了气,不再和他交谈。他心中恼恨,可也承认自己鲁莽,决定想办法挽回。他转身和特·蒙高南太太谈论勃龙台,称赞青年作家的才干。伯爵夫人对他很客气,特·埃斯巴太太向伯爵夫人递了一个眼色,伯爵夫人便邀请吕西安参加她下一次的晚会,问他是否愿意见见特·巴日东太太;她虽则孝服在身,还是会来的。那不是大规模的招待,只是平时的小叙,来的都是比较接近的朋友。

吕西安道:"侯爵夫人认为错处都在我这方面,那不是还得由她的大姑来原谅我吗?"

"只要你叫人停止攻击,讲和不成问题;那些荒唐的谰言使她为着夏德莱大大的受累,其实她根本不把那男人当真。听说你自以为受她愚弄,我却看见她因为你薄情而伤心得很。她可是真的同你一起离开内地,并且是为了你才离开的吗?"

吕西安笑嘻嘻的望着伯爵夫人,不敢回答。

"一个女人为你做了这样的牺牲,你怎么能怀疑她?何况像她这样美,这样风雅的人物,**在无论什么情形之下都是值得爱**

的。特·巴日东太太爱你的才华胜过你的相貌。老实说，女人爱的是才，美还在其次。"伯爵夫人说着，偷偷瞧了瞧勃龙台。

吕西安在公使府上看出高等社会和他近来所处的特殊社会的差别。两种豪华没有一点儿相似，没有一个共同点。屋子是圣·日耳曼区最阔绰的一所，房间的高度，分配的格式，客厅里古老的描金，堂皇的装饰，贵重的附属品，在吕西安眼中都是陌生的、新鲜的；幸而他对于奢华的享用很快就习惯了，不曾流露出诧异的神气。他的态度既没有自命不凡的得意样儿，也没有卑躬屈节，曲意逢迎的意味。诗人举止大方，叫毫无恶意的人看了称赞，只有那些青年因为他突然闯进上流社会，又漂亮，又受人器重，对他嫉妒。离开饭桌的时候，吕西安搀扶特·埃斯巴太太，特·埃斯巴太太并不拒绝。拉斯蒂涅发现侯爵夫人讨好吕西安，便过来和他攀同乡，提到在杜·华诺勃太太家初次相会的话。看来这青年贵族有心结交他本省的名人，定了日期请吕西安吃中饭，预备替他介绍几个时髦公子。吕西安答应了。

"我也请了勃龙台。"拉斯蒂涅说。

特·龙葛洛侯爵，特·雷多雷公爵，特·玛赛，蒙脱里伏将军，拉斯蒂涅，吕西安，围在一处谈天，公使也过来了。

他故意装出一派德国人的忠厚样儿，遮盖他的精明厉害，对吕西安说："好极了，你同特·埃斯巴太太讲和了，她对你很高兴，而我们都知道，"他望着周围的人说，"要讨她喜欢多么不容易。"

拉斯蒂涅说："对，不过她最是爱才，而我这位大名鼎鼎的同乡就在拿才气做交易。"

勃龙台抢着说："他很快就要发现他做的买卖并不好，会站到我们这边来，早晚是我们的人。"

吕西安听见周围你一句我一句，都在这个题目上发挥。几个正经人用斩钉截铁的口吻说了几句深刻的话，年轻人拿进步党打哈哈。

勃龙台道："我相信他当初在党派问题上是像拈阄一般决定的，此刻可要挑选一下了。"

吕西安想起在卢森堡公园和罗斯多的谈话，笑了。

勃龙台又道："他找的向导叫作埃蒂安纳·罗斯多，小报界的一个打手，写文章只看见五法郎一栏的稿费；他相信拿破仑会回来，更可笑的是相信左派的头目爱国，将来会酬劳他们。吕西安既然要姓吕庞泼莱，应当有贵族色彩；要做新闻记者也该拥护政府；要不他永远姓不成吕庞泼莱，当不了秘书长。"

公使请吕西安抽一张牌打韦斯脱[1]，吕西安回答说此道不通，大家听了很诧异。

"朋友，"拉斯蒂涅咬着吕西安耳朵说："你到我家吃便饭那天，早点儿去，我来教你韦斯脱。咱们安古兰末也是王者之都[2]，不能丢它的面子。我可以引用泰勒朗先生的一句话：不学会这玩意儿，老来定要大大的吃苦。"

当差通报台·吕卜克斯来了。他是个得宠的参事院评议官，替部长们干些机密事儿，人很精明，又有野心，什么地方都能混进去。他在杜·华诺勃太太家见过吕西安，当下装作很亲热的招呼吕西安，吕西安信以为真。台·吕卜克斯在政治上对谁都拉

---

1 韦斯脱是桥牌的前身，入局之前也需要抽一张牌，用花色来决定与谁合伙。
2 安古兰末在九世纪是伯爵领地的首府，十六世纪起改为公爵领地的首府。十八世纪初方始正式并入法兰西王国。

拢，免得猝不及防，受人暗算；他发觉吕西安在场，知道吕西安要在上流社会像在新闻界一样得势。他看出诗人是个野心家，便对他大献殷勤，表示友好，关切，仿佛跟他是老朋友了，不让吕西安看穿他空口白舌的许愿和说话。台·吕卜克斯抱定主张，凡是可能成为自己的敌手而需要摆脱的人，都要摸清性格。因此，吕西安在上流社会中大受欢迎。他很明白，一切都是仰仗特·雷多雷公爵，德国公使，特·埃斯巴太太和特·蒙高南太太的力量；动身之前特意和两位太太分别谈了一会，极力卖弄才情。

台·吕卜克斯等吕西安走开了，对侯爵夫人说："看他那副得意样儿！"

"他来不及成熟就要烂掉的。"特·玛赛对侯爵夫人笑着说，"你使他头脑发热，想必是别有用心。"

吕西安的车停在院子里，高拉莉在车上等着；吕西安看她这样体贴，很感动，告诉她当晚的情形。出乎吕西安意料，已经在他脑子里活动的簇新的主意，高拉莉表示赞成，竭力怂恿他转入政府党。

"你跟进步党走只会挨打，他们诡计多端，暗杀了特·贝利公爵。可是他们能推翻政府吗？休想！你依靠他们将来一无结果；投靠另一方面才能成为特·吕庞泼莱伯爵。再替政府出一番力，包你当上贵族院议员，娶到一个有钱的老婆，还是做极端派吧。并且这样才有气派。"在高拉莉心目中，最要紧的是气派。"那天我在杜·华诺勃太太家吃饭，听她说起丹沃陶·迦亚正在筹备一份保王党的小报，叫作《觉醒报》，用来反击你们的和《明镜报》的恶作剧。据华诺勃说，维兰尔先生和他的一派不出一年就要登台。你该利用这个变动，趁他们还没有得势就站在他们一边。只是对埃蒂安纳和别的朋友们一个字都不能提,他们会跟你捣乱的。"

八天以后,吕西安到特·蒙高南太太家里去;他从前爱得要命,而最近被他挖苦打趣,大大伤害过的女人,重新见到了,心里激动得了不得。路易士也脱胎换骨了!她又变了尊严的贵夫人,似乎从来没住过内地。她穿着孝服另有一番风韵,另有一套讲究的打扮,可见她做了寡妇很快活。吕西安觉得路易士的卖弄风情多少是为了他,这倒是事实;可是他好比吃过鲜肉的妖魔,整个黄昏迟疑不决,在美丽,多情,娇滴滴的高拉莉,和干瘪,高傲,狠心的路易士之间,不知道如何选择。他不能打定主意,为着名门贵妇而牺牲高拉莉。特·巴日东太太眼巴巴的等了他一晚,希望他做这个牺牲。她看见吕西安这样风趣,这样美,又动了爱情;不料她勾引撩拨的说话,卖弄风情的眉眼,完全不生作用,她便走出客厅,决心要报复了。

"喂,亲爱的吕西安,"她的慈祥的态度既有巴黎女人的风韵,也显得尊严高贵,"我没有分享你的光荣,反而做了你的第一个牺牲品。不过,孩子,想到你这样拿我出气说明你还没有完全忘情,我就原谅你了。"

特·巴日东太太气概不凡的说到最后一句,又占了优势。吕西安自以为理直气壮,原来是错尽错绝。他写的那封措辞激烈的决绝的信,以及决绝的原因,都不曾提到。上流社会的妇女有一套巧妙的本领,能够在谈笑之间缩小自己的错处。或是微微一笑,或是假作惊奇反问一句,把一切抹得干干净净。她们什么都记不起来了,样样事情都能辩解,忽而诧异,忽而发问,这里申说几句,那里夸大一番,再不然跟你争论一场,临了她们的过失便化为乌有,像用肥皂洗去污迹一样:你明知道她们浑身乌黑,一眨眼却变得雪白干净。至于你这方面,如果没有犯下十恶不赦的大罪,就算大大的侥幸。一会儿吕西安和路易士彼此又有了幻想,用朋友的口吻谈起心来。可是吕西安正为着虚荣心满足而陶醉,为着高拉莉而陶醉——老实说,他靠着高拉莉,生活才这样好过——所以路易士吞吞吐吐叹了口气问:"你幸福吗?"的时候,他竟不能给一个明确的答复。如果他带着伤感的意味说一声不,从此就能飞黄腾达。偏偏他自作聪明,向路易士解释高拉莉,说她完全是爱他的人,还有许多痴情的傻话。特·巴日东太太听着咬咬嘴唇。事情就此定局。特·埃斯巴太太和特·蒙高南太太走到路易士身边来。吕西安发觉自己成了当晚的红人:三个妇女使尽手腕笼络他,趋奉他,宠他,捧他。可见他在豪华显赫的社会中跟他在新闻界中同样成功。美丽的台·都希小姐,就是赫赫有名的加米叶·莫班,经过特·埃斯巴和特·巴日东两位太太的介绍,请吕西安在星期三,她经常招待宾客的日子,到她家里去吃饭。她看了吕西安名不虚传的相貌似乎也动心了。吕西安竭力炫耀,表示他的才华胜过他的美貌。台·都希小姐的赞叹表现得十分亲切、天真,加上那种热烈的浮表的友谊,往往叫一般没有彻底认识巴黎生活的人上当;殊不知巴黎人连续不断的享乐成了习惯,特别喜欢新奇。

吕西安对拉斯蒂涅和特·玛赛说:"如果她对我的情意跟我对她的情意不相上下,我们的小说可以缩短……"

拉斯蒂涅回答:"你们俩都太会写小说了,不宜于亲自登场。作家同作家能够谈恋爱吗?双方早晚会说出刻薄的话来互相伤害。"

特·玛赛笑道:"你这个梦做得不错。固然,这位迷人的小姐已经三十岁,可是有将近八万法郎一年的进款。她使起性子来着实可爱,她那种姿色可以支持一个很长的时期。告诉你,朋友,高拉莉是个傻丫头,只好替你装装门面,因为漂亮哥儿不能没有情妇;可是你要不在上流社会交上一个美人儿,日子久了,和女戏子同居对你只有害处。所以,亲爱的,你还是代替等会要同加米叶·莫班一起唱歌的公蒂吧。从古到今,诗歌一向占音乐上风。"

吕西安听了台·都希小姐和公蒂的表演,他的希望立刻烟消云散。

"公蒂唱得太好了。"他对台·吕卜克斯说。

吕西安回到特·巴日东太太身边,特·巴日东太太带他往另外一间客厅去找特·埃斯巴太太。

"喂,你说,你可愿意提拔他吗?"特·巴日东太太问弟媳妇。

侯爵夫人态度又傲慢又温和,回答说:"只要夏同先生改变他目前的地位,不要连累他的保护人。如果他想得到王上的诏书,允许他丢掉那可怜的父亲的姓,改用外家的姓,不是至少先得站到我们这边来吗?"

吕西安说:"两个月之内我一切都可以安排好。"

侯爵夫人说:"好吧,那时我去见我的父亲和表叔,他们都在王上身边当差,可以向掌玺大臣提到你。"

当过外交官的夏德莱和这两位太太完全看透吕西安的弱点。诗人被贵族阶级的光彩迷了心窍,发觉踏进交际场的人物个个有头衔,有响亮的姓氏,自己被称为夏同说不出有多么难堪。几天之内他到处感到这种痛苦。仗着高拉莉的车马随从，在上流社会体体面面的出现过了，再去干他的本行，他心里格外不舒服。他学会了骑马，能挨着特·埃斯巴太太，台·都希小姐，特·蒙高南伯爵夫人的车马奔驰，这是他初到巴黎的时期不胜艳羡的特权。斐诺很乐意为他的主要编辑弄到一张歌剧院的送票，让吕西安浪费了不知多少夜晚。从此以后，在当时那个漂亮哥儿的畸形社会中，他也算一个人物了。他请了一顿体面的中饭，回敬拉斯蒂涅和交际场中的一般朋友，不幸他做错了事，酒席摆在高拉莉家里。吕西安太年轻，诗人气息太重，太单纯，不懂得某些处世的分寸；一个没有教育的女演员，心肠再好也不能教他通达人情世故。在对他不怀好意的青年前面，内地人公然暴露他和女演员在金钱方面有默契：这是每个年轻人心中嫉妒而嘴里批评的。当天晚上为此挖苦吕西安最凶的是拉斯蒂涅，他虽然用着同样的手段在交际场中混过日子，做出事来却十分得体，所以尽可把难听的议论当作毁谤。吕西安很快学会韦斯脱。他对赌博入了迷。

32

浪子

高拉莉唯恐吕西安被人抢去，非但不反对他生活放荡，反而加以鼓励，鼓励的时候和一般痴情的人一样盲目，只顾着现在，为了当前的快活牺牲一切，甚至于牺牲前程。真正的爱情始终和童年的情形相仿：轻率，冒失，放荡，逗着性子哭哭笑笑。

那个时期出现一帮年轻人，穷富不等，全都无所事事，社会上称为浪子。他们过的醉生梦死的生活的确不可思议，胃口奇好，喝起酒来尤其勇猛。他们见了钱赛过冤家对头，拼命的使花，再加撒野胡闹，生活不仅荒唐，竟是发疯；任何做不到的事都要试一试，还夸耀自己的胡作非为，可是也不敢过分越轨；捣乱的时候用别出心裁的聪明掩饰，叫人不能不加以原谅。复辟政府把青年人逼上腐化堕落的路，在这件事情上表现得再清楚没有了。他们的精力没有地方发泄，不仅消耗在新闻事业，政治阴谋，文学方面和艺术方面，而且年轻一代的法国人元气太旺，还要做出奇奇怪怪的过火的事来。用功的人要求权势和享受，从事艺术的要求金银财富，游手好闲的要求情欲的刺激；他们无论如何要一个位置，政府却不给他们安插。所谓浪子几乎都有一些出众的才能，有的经不起生活的消耗，丧失了能力；有的顶过去了。其中最出名最风趣的一个，拉斯蒂涅，后来跟着特·玛赛，走上正路，居然出人头地。那帮青年闹的笑话遐迩闻名，给人做了好几出戏剧的题材。吕西安被勃龙台引进浪子集团，同皮克西沃两人着实出了一番风头；皮克西沃是当时说话最尖刻的家伙，一张贫嘴老是滔滔不绝。整整一冬，吕西安的生活赛过长时期的沉醉，清醒的时候只替报纸做些容易的工作；他继续供应他的巴黎小品，有时费了九牛二虎之力写出几篇用心的精彩的评论。而这种情形是例外，诗人只要迫不得已才肯用功；中午和晚上的宴会，花天酒地的作乐，上流社会的应酬，打牌赌钱，占去他所有的时间，剩下的一部分又给了高拉莉。吕西安不让自己想到明天。他看见一般自称为他朋友的人行动和他一样，代出版商起草报酬优厚的说明书，为投机事业写写稿子，到手一些外快作为开销，把自己的前程都吃到肚里去了，好在他们也不在乎前程。吕西安发觉，在报界和文坛上一朝受到和别人同等的待遇以后，再要跨上一步就难之又难：个个人答应他平起平坐，谁也不愿意他高人一等。他不知不觉的放弃了靠文学成名的念头，以为进政界更容易发迹。

　　吕西安已经同夏德莱言归于好，有一天夏德莱和他说："权术不像才干挑起那么多利欲的冲突，暗地里的活动不会引人注意。并且权术胜过才干，能够无中生有打出一个局面来；能干角色有了天大的本领，往往惹祸招殃。"

　　在俾昼作夜的狂欢生活中，吕西安答应人家的工作老是交不出来，只抱着一个主要的念头：他不断的出入上流社会，趋奉特·巴日东太太，特·埃斯巴侯爵夫人，特·蒙高南伯爵夫人，绝不错过一次台·都希小姐的晚会。他或是出席了作家或出版商的饭局,在参加后半夜的宴会之前赶往上流社会;或是从上流社会的客厅中出来,还有人输了东道请吃宵夜。沉湎无度的生活只给他留下很少的一点儿思想和精力,而这点儿思想和精力还要消耗在巴黎式的谈天和赌博上面。诗人丧失了清明的理智,冷静的头脑,也就没法观察周围的形势,再没有暴发户所必不可少的那种随机应变的本领。他分辨不出什么时候特·巴日东太太对他回心转意,什么时候对他生气,回避,什么时候原谅他,什么时候责备他。夏德莱发现他的情敌还有机会成功,尽量同吕西安亲热,引诱他继续放荡,浪费精力。拉斯蒂涅嫉妒他的同乡,又觉得和男爵结成党羽比吕西安更可靠更得力,也就站在夏德莱一边。安古兰末的彼特拉克和洛尔相会过后几天,拉斯蒂涅在仙岩饭店请一顿场面阔绰的宵夜,趁此替诗人同帝政时代的美男子劝和了。吕西安经常天亮回家,中午起床,对于近水楼台的爱情不能克制。他的懒惰使他把看清自己处境的时候的英勇的决心置之脑后,让意志的动力不断软化,终于完全消灭,到了贫穷潦倒的紧急关头再也得不到意志的帮助。高拉莉先是鼓励他游荡,以为一手养成了他的嗜好,他就受着自己束缚,长时期内不会变心,所以看见吕西安作乐很高兴。到了后来,温柔和顺的高拉莉也鼓着勇气,劝情人别忘了工作,好几次迫不得已的提醒他本月份没有挣多少钱。两个情人亏空的速度惊人。出卖诗集剩下的一千五百法郎,吕西安开头挣的五百法郎,很快的花完了。三个月之内,诗人自以为做了一大堆工作,其实稿费并没超过一千法郎。可是吕西安已经用浪子的轻佻的态度对待债务。殊不知二十五岁的青年背债还表示他们风流,过后就没人原谅了。值得注意的是，某些真有诗人气质而意志薄弱的人，为了要用形象来表达自己的感觉，只知道感受，而完全缺乏做任何观察都需要的道德观念。诗人只接受自己的印象，不愿深入别人的内心，去研究思想感情的作用。吕西安从不追问那批浪子，他们之中怎么有些人会销声匿迹；他也看不见他的酒肉朋友的前途，有的遗产已经到手，有的十拿九稳，有的才能已经得到社会的承认，有的对自己的前程抱着坚强的信念，存心玩弄法律。吕西安对于自己的前途只是相信勃龙台说的一些至理名言：

"船到桥，自会直。——一无所有的人没有什么可损失。——大不了我们追求的家业到不了手！——随波逐流，到头总有一个归宿。——有才气的人只要踏得进上流社会，随时可以发迹！"

那个尽情欢乐的冬天，丹沃陶·迦亚和埃克多·曼兰正好用来为《觉醒报》筹措基金，创刊号到一八二二年三月才出版。这件事就是在杜·华诺勃太太家策划成功的。那漂亮而风趣的交际花曾经指着她华丽的屋子说："这不是'一千零一夜'吗？"她在保王党的银行家，大贵族和作家中间有些势力，他们常常在她家里集会，商量一些别处不便商量的事。埃克多·曼兰内定为《觉醒报》的总编辑，要吕西安做他的副手。吕西安变了他的知己，还有希望进一家政府党的报馆编副刊。吕西安一边作乐，一边私下活动，准备转移阵地。天真的孩子自以为精明透顶，把这桩惊人的把戏瞒得紧紧的；他一心指望政府党慷慨解囊，让他弥补亏空，消除高拉莉暗地里的烦恼。女演员老是笑盈盈的，不露出心中的焦急；贝雷尼斯却大着胆子告诉吕西安。未来的大人物和所有的诗人一样，看见苦难临头，一下子动了感情，说要用功了，结果是句空话,他用吃喝玩乐来排遣暂时的愁闷。高拉莉有一天发现情人愁云满面,便埋怨贝雷尼斯,告诉诗人风浪已经平静。特·埃斯巴太太和特·巴日东太太但等吕西安改变党派,她们说那时就托夏德莱请求部长,把他渴望已久的诏书弄到手,准许他改姓。吕西安向侯爵夫人许愿,要拿《长生菊》题献给她,她表示很高兴;自从作家在社会上成为一股势力以后,这一类的献礼难得看到了。晚上吕西安去见道利阿,打听他的诗集进行得怎么样,出版商振振有词的说出一番理由,认为暂时不宜付印。道利阿手上有好几桩买卖,一时忙不过来;卡那利斯有一部新的集子要出版,你不能跟他唱对台;拉马丁先生的第二部《默想集》正在印刷,两部重要的诗选不宜于同时出现;况且作者应当相信出版家的手腕。吕西安急于用钱,只能向斐诺通融,预支一部分稿费。晚上吃宵夜的时候,兼做新闻记者的诗人同一般酒肉朋友谈起他的境况,他们一边用香槟酒解除他的心事,一边说笑打趣。背债吗?哪个有气魄的人不背债!债务是说明你的需要和嗜好得到满足。一个人只有在贫穷的铁掌压迫之下才能发迹。

勃龙台对吕西安嚷道:"当铺最感激大人物!"

皮克西沃道:"样样要,就是样样赊欠。"

"不是的,"台·吕卜克斯说,"样样赊欠,就是样样享受过了!"

那些浪子向天真的孩子证明,他的债务是一条黄金的鞭子,可以鞭策他的坐骑去追求荣华富贵。他们搬出老故事来,说恺撒欠过四千万债,腓特烈二世从老子手里只领到一个杜加的月费,还举出许多大人物的出名的,败坏人心的榜样,揭露他们行为恶劣的一面,而不提他们的勇气和想象的力量!最后,高拉莉欠到四万法郎，车辆，马匹，家具，被几家债主查封了。吕西安赶去向罗斯多讨还一千法郎，罗斯多拿出几件公文来，说明佛洛丽纳的处境跟高拉莉差不多。罗斯多还有几分情义，自愿代他活动，想法卖掉《查理九世的弓箭手》。

吕西安问："怎么佛洛丽纳会落到这一步的？"

罗斯多回答说："玛蒂法着了慌，丢下我们不管了。他来这一手，我们也有办法报仇，只要佛洛丽纳愿意。事情慢慢讲给你听。"

33

第五种书店老板

吕西安在罗斯多家空跑一次以后，过了三天，两个情人在漂亮的卧室内靠着火炉垂头丧气的吃中饭；贝雷尼斯在壁炉上替他们煮了几个鸡子。厨娘，马夫，当差，都走了。查封的家具没法变卖。屋子里的金银器皿，真正值钱的东西，一样都不剩了，全部变为当铺的收据，可以钉成一册小小的八开本，增长我们见识。贝雷尼斯保存着两份刀叉。小报帮了吕西安和高拉莉极大的忙，男女裁缝和做帽子的还跟他们维持关系，唯恐得罪了记者，影响营业。吃饭中间，罗斯多进来叫道："好啊！**查理九世的弓箭手万岁！**孩子们，我卖了一百法郎的书，咱们来对分！"

他给高拉莉五十法郎，要贝雷尼斯去叫一席丰盛的饭菜。

"昨天我和埃克多·曼兰同几个书店老板吃饭。我们旁敲侧击，花了一番工夫推销你的小说，说你正在跟道利阿谈判，你要六千，道利阿啬刻，只肯出四千法郎印两千部。我们把你说得比沃尔特·司各特伟大两倍，肚子里不知有多少部精彩的小说！你不是给人家一部稿子，而是一笔大交易；你这个作家不是只写一部有趣的小说的人，将来会写出一部丛书！丛书这句话发生了效果。所以你别忘了你的台词：你存的稿子有《蒙邦蒂埃公爵夫人》，一名《路易十四朝的法兰西》，——《高蒂翁一世》，一名《路易十五的初期》，——《王后和红衣主教》，一名《弗隆特党时代的巴黎景象》，——《公契尼的儿子》，一名《黎希留的一桩阴谋》……这些题目将来在封面上做预告。我们这个手法叫作钓鱼。书名在封面上不断的登下去，弄得家喻户晓，那你没有写的书可以比你已经写的书使你名气更大。**印刷中**三个字可以在文坛上做抵押品！好吧，快活一下吧。——噢，香槟来啦。告诉你，吕西安，那几个家伙听着，眼睛睁得像你碟子那么大……哦，你居然还有碟子？"

"碟子也查封了。"高拉莉道。

"我明白了，我的话还没完呢。"罗斯多接着说，"书店老板只要见到一部稿子，随你说还有多少部他都相信。出版商老是问你讨稿子看，好像要拿去拜读。其实是装腔，他们从来不看书，否则也不会出版那么多了！我和埃克多两人露了些口风，说给你五千法郎发行两版，印三千部，大概你会答应的。你把《弓箭手》的原稿给我，后天咱们到出版商那儿吃中饭，叫他们上钩就是了！"

"他们是什么人呢？"吕西安问。

"两个合伙老板，脾气不错，做交易还痛快，一个姓方唐，一个姓卡瓦利埃。方唐在维大和包熏的铺子里做过领班伙计，卡瓦利埃是奥古斯丁河滨道上最能干的捐客。两人开店才开了一年，印过几部翻译的英国小说，蚀掉一点儿资金，现在想改做国产小说了。听说两个做字纸生意的只拿别人的本钱冒险，我想你也未必关心稿费是谁拿出来的。"

第三天，两个新闻记者应邀到赛邦德街去吃中饭。吕西安住过那个区域，罗斯多还保留竖琴街上的房间。吕西安先去接他的朋友，发现罗斯多的情形同他第一次进文艺界的那天晚上没有分别，可是这一下吕西安不以为奇了：他受的教育使他懂得记者生活的动荡，一切都在他意料之中。就拿内地大人物自己来说吧，他在牌桌上送掉多少稿费，连带把写作的兴致也扫尽了。当初和罗斯多从竖琴街到王宫市场，一路听他描写一套巧妙的手法，吕西安已经用那套手法写过不少稿子。如今他不但仰仗巴贝和勃劳拉两人，拿赠书和戏票做买卖；并且要他写无论什么捧场文章或者骂人文章，他都不会推辞了；那时他还觉得，在脱离进步党之前尽量利用一下罗斯多非常痛快，认为对进步党人看得越透，将来攻击起来越有力。至于罗斯多，他也沾了吕西安的便宜，以佣金的名义从方唐和卡瓦利埃手中拿到五百法郎现款，因为他替正在访求法国司各特的两个出版商找到了未来的沃尔特·司各特。

方唐和卡瓦利埃一点资金都没有就开起铺子来。当时这一类书店很多，将来也不会绝迹，只要纸铺和印刷所继续赊账，让书店老板能发行七八种新书来博一博。那个时候和现在一样，收买作者原稿是出的六个月，九个月，一年的期票，这个付款的方式是根据书店收账的方式，书店同业之间出的票据期头还要长。书店老板欠的纸张费和印刷费，也用期票支付，所以一年之内能不花一个钱出到一二十种作品。假如有两三种书畅销，赚的钱正好贴补冷门货，老板就能把书一部接一部的印出来，维持下去。万一每桩买卖都成问题，或者倒霉碰上一些好作品，要等真正的读者爱好和赏识之后才能脱手，或者送去贴现的票据出了毛病，再不然受了别人破产的累，他们便满不在乎的宣告清理，一点不着急，这个结局本在他们意料之内。可见无论什么局面都对他们有利，在投机的赌台上下的注是别人的资本，不是他们的。方唐和卡瓦利埃的铺子就是这个情形。卡瓦利埃有的是做生意的门道，方唐有的是巧妙的手段。所谓合伙的本钱倒是名副其实，是他们的情妇熬辛吃苦攒下的几千法郎；两人从中支一份优厚的薪水，小心翼翼的使花，或者用来请记者和作家吃饭，或者上戏院，据说也是为了做生意。两个半真半假的骗子似乎都有一手，可是方唐比卡瓦利埃更狡猾。卡瓦利埃不辜负他的姓氏[1]，专门跑码头；方唐专管巴黎的业务。这样的合作关系也免不了勾心斗角，两个书店老板碰在一起反正是这么回事。

赛邦德街上有些古老的住宅，两个合伙人就在这样一幢屋子里租着一个底层，原来的几间大客厅改成货栈，后面一部分做办公室。他们出过好几部小说，例如《北塔》《贝那兰斯的商人》《墓地喷泉》《丹格里》，还有在法国不受欢迎的英国作家高尔特的小说。自从沃尔特·司各特风行以后，出版界特别注意英国出品，书店老板都拿出诺曼人[2]的本色，想征服英吉利，拼命物色沃尔特·司各特的著作，正如后来大家在砂砾区找柏油，在沼泽地带寻沥青，拿计划中的铁路做投机。巴黎的商人犯一样极可笑的毛病，想做同样的生意发财，其实只有走相反的路才行。他们不知道第一个人的成功阻断了别人的成功，尤其在巴黎。方唐和卡瓦利埃在《斯德累列兹民兵》，一名《百年前的俄罗斯》的题目底下，用大字印着：**沃尔特·司各特派的小说**。他们急于要一

---

[1] 卡瓦利埃一字的本意是骑马的人或骑兵。
[2] 法国人惯于把法国北部的诺曼底人（即诺曼人）说做善于经营的商人，此处又借用历史上诺曼人征服英吉利的故事做双关语。

部畅销的作品，一本好书可以帮助他们出清存货；能在报纸上有些文章吹嘘他们的出品，对他们更是一种诱惑。那时图书的销路主要靠报纸推广，而读者买书难得是为了一部书本身的价值，一部作品能够出版也往往不是为了内容精彩。方唐和卡瓦利埃看中吕西安是新闻记者，以为他的书销掉一版就好帮他们过一个月的关。两位记者在办公室里见到两个老板，合同早已写好，期票也签了。事情办得这样迅速，吕西安喜出望外。方唐是瘦瘦的矮个子，相貌阴险，神气像蒙古族的卡摩克人：额角又低又窄，塌鼻梁，瘪嘴巴，一双小眼睛很精神，脸孔歪歪扭扭，皮色难看，声音像破钟，总之，老奸巨猾的外表一应俱全；可是他有办法补救这些缺点，他嘴巴很甜，能够用花言巧语来达到他的目的。卡瓦利埃身子滚圆，你看了只道是赶班车的，想不到他会开书店；头发似黄非黄，脸色很红，肩背厚实，满嘴都是掮客的谈吐。

方唐朝着吕西安和罗斯多说："咱们不用费口舌，我看过作品，文学气息很浓，对我们再合式没有，原稿已经发给印刷所了。合同是照谈好的条件订的；其中的细目我们绝不违反。我们出的本票有六个月的，九个月的，一年的，贴现很方便，利息归我们负担。我们保留更改书名的权利，《查理九世的弓箭手》这个题目，我们不喜欢，不够刺激读者的好奇心，好几个国王都叫查理，中世纪的弓箭手也多的是！如果说**拿破仑的兵**，当然谁都明白，**查理九世的弓箭手**可不同了！……将来卡瓦利埃到内地去推销，简直需要讲一堂法国史。"

卡瓦利埃说："你们不知道我们接触的是怎么样的人。"

方唐说："改为《圣-巴丹莱米》好多了。"

卡瓦利埃说："再不然叫作《凯塞琳·特·梅提契》或者《查

理九世时代的法兰西》,那更像沃尔特·司各特的题目。"

方唐说:"等书印好了再决定吧。"

吕西安回答:"随你们吧,只要我认为题目合式。"

合同宣读了,签过字,双方各执一份;吕西安心满意足,把票据放进口袋。然后四个人上楼到方唐家吃了一顿极普通的中饭:牡蛎,炸牛排,香槟煨腰子,勃里乳饼;酒倒挺好,因为卡瓦利埃认识一个做酒生意的掮客。正要入席,排小说的印刷商来了,出乎吕西安意外,带来开头两页校样。

"我们想快快进行。"方唐告诉吕西安,"我们对你的作品抱着很大的希望,我们急于要一部畅销书。"

一顿饭从中午开始,吃到五点。

"哪儿去弄现款呢?"吕西安问罗斯多。

"找巴贝去。"埃蒂安纳回答。

两个朋友热哄哄的带着酒意,走往奥古斯丁河滨道。

34

敲竹杠

吕西安和罗斯多说:"高拉莉听说佛洛丽纳倒霉,诧异得不得了。佛洛丽纳昨天才告诉高拉莉,说被你害苦了,她气得要命,甚至要跟你拆伙了。"

罗斯多一时冒失,向吕西安说出真话来。他道:"不错。吕西安,你是我的朋友,你借给我一千法郎,只问我讨过一次。我劝你一句话:千万赌不得。我要不赌钱,日子过得挺舒服。如今欠了一身债,被商务法庭的差役到处盯着,上王宫市场也得绕远儿了。"

在浪子嘴里,在巴黎绕远儿的意思是不在债主门前走过,或者避开可能遇到债主的地方。吕西安也不能在每条街上随便出现了,他懂得这门道,只不知道名称。

"你欠的数目很大吗?"

"小意思!"罗斯多回答,"只要三千法郎就好解围。我打算戒赌,从此收心;为了料清账目,我敲了一下**竹杠**。"

"什么叫作敲竹杠?"吕西安没听见过这句话。

"敲竹杠是英国出品,最近才进口到法国来。敲竹杠的人总是有办法控制报纸的人。经理和总编辑从来不插手,只让奚罗多和腓列普·勃里杜一流的角色出面。这帮**好汉**去拜访一般为了某些理由不愿被人提到的人物。好多人良心上有些小疙瘩,有的性质比较特别,有的比较普通。来历不明的财产,走着合法或者不合法的路子,往往还是用犯罪的手段弄来的家业,巴黎多的很,说出来全是怪有趣的故事。例如傅希手下的宪兵包围警察总署的暗探,因为暗探不知道假造英国钞票的底细,跑去搜查秘密的印刷厂,不料印刷厂有部长做靠山。还有迦拉蒂奥纳公主的钻石案,摩勃滦伊案,庞勃勒东遗产案等等。敲竹杠的人拿到一些证据,一宗重要文件,去跟发横财的人约期面洽。如果当事人不拿出一笔钱来,就给他看报纸的清样:揭露秘密,向他开火的文字已经排好。有钱的家伙害怕了,只得破钞。事情也就得手了。再不然你正在经营一桩担风险的买卖,唯恐报上来几篇文章拆你的台,那时便有敲竹杠的朋友来找你,请你收买稿子。有些部长和敲竹杠的人谈判,要求报纸攻击他们的政治措施,而不要攻击他们本人,或者宁可本人受攻击而要人放过他们的情妇。你认识的那个漂亮评议官,台·吕卜克斯,天天同新闻记者开这一类谈判。那小子靠着各方面的关系,在政府里极有地位:他既是报界的代理人,又是部长们的全权代表,忙着替人遮面子,甚至把这种交易扩展到政治方面,疏通报界不要提某一项借款,不要披露某一桩私相授受的好处,那是既不张扬,也不许别人竞争,只让进步党金融界的豺狼独吞的。你也敲过道利阿竹杠,他给你三千法郎,要你停止诽谤拿当。十八世纪,新闻事业还在摇篮里的时候,敲竹杠的方法是印小册子,叫一般勋贵近臣买去销毁。发明敲竹杠的老祖宗是一个伟大的意大利人,阿雷蒂诺[1],我们此刻要挟演员,他当时要挟国王。"

"你用什么方法敲诈玛蒂法三千法郎?"

"我叫人在六家报纸上攻击佛洛丽纳,佛洛丽纳向玛蒂法诉苦,玛蒂法托勃劳拉打听捣乱的原因。勃劳拉上了斐诺的当。我本是为斐诺的利益敲竹杠的;斐诺却告诉药材商,说是你吕西安为着高拉莉而破坏佛洛丽纳。另一方面,奚罗多跑去点醒玛蒂法,只要他肯把斐诺杂志的六分之一股权作价一万法郎出让,就好风平浪静。事情成功的话,斐诺给我三千法郎。玛蒂法正要应允,以为三万法郎的投资大有问题,能够收回一万也很侥幸了;前几天他听佛洛丽纳说,斐诺的杂志销路不好,非但分不到红利,还需要股东增资。不料全景剧场的经理在宣告清理以前,有几张徇情票据[2]要托玛蒂法周转,把斐诺的把戏告诉玛蒂法。玛蒂法这个精明的生意人,看穿了我们的主意,便丢开佛洛丽纳,留着六分之一的股权。斐诺和我急得直嚷,算我们倒霉,碰到那家伙不在乎姘头,竟是个没心没肺的混账东西。可恨玛蒂法做的买卖不受报纸管辖,不怕我们损害他利益。药材不像帽子,时装用品,戏剧,文艺,可以任意中伤。可可粉,胡椒,颜料,染料,鸦片,你没法叫他们贬值。佛洛丽纳走投无路,全景剧场明天关门了,她不知道怎么办。"

吕西安道:"既然全景剧场关了门,过几天高拉莉就能在竞技

---

[1] 阿雷蒂诺(1492—1556),意大利文艺复兴时期有名的文学家,有才无行,写过不少小册子,揭发帝皇与诸侯的阴私,借此勒索巨款。权倾一世的西班牙王兼日耳曼皇帝查理五世及法王法朗梭阿一世都受过他的敲诈。
[2] 凡并无银钱来往而允许出票人开出本票,把自己作为付款人,以便出票人在外周转的票据,法律上称为徇情票据。

剧场登台，可以帮佛洛丽纳的忙。"

"才不会呢。"罗斯多说，"高拉莉尽管没有头脑，也不至于那么傻，肯荐个角儿去同自己竞争！我们的事糟糕透了！斐诺又等不及的要收回六分之一的股权……"

"为什么？"

"因为是笔好生意啊，朋友。杂志有希望盘出去，作价三十万。斐诺除了到手三分之一，还有合伙人给的佣金让他和台·吕卜克斯两个均分。所以我要向斐诺提议再敲一次竹杠。"

"难道敲竹杠像拦路抢劫，不留下买路钱就要人性命不成？"

"比这个可怕多呢，"罗斯多回答，"不留下买路钱叫你身败名裂。前天有一家小报因为老板向人借款碰了钉子，登出一条新闻，说巴黎某名人有一只镶满钻石的打簧表，不知怎么落在王家卫队的一个士兵手里，内幕离奇不亚于《一千零一夜》，不久就好向读者报道。那位名人赶紧约小报的主编吃饭。主编当然得了好处，可惜近代史上少了一段打簧表的掌故。每逢你看到报纸拼命攻击某个有势力的人物，就该知道幕后准是借钱不遂，或者有什么请托遭到拒绝。英国的财主最怕涉及阴私的敲诈，英国报纸的秘密收入多半是这个来源，他们的新闻界比我们的不知要腐败多少！相形之下，我们是小孩儿！在英国，有人花到五六千法郎收买一封名誉攸关的书信，拿去转卖。"

吕西安道："你有什么办法挟制玛蒂法呢？"

"告诉你，朋友，"罗斯多回答，"这个下流的杂货商[1]给佛

---

[1] 杂货商是一般法国人鄙薄生意人的通称。

洛丽纳写过一些挺好玩的信：拼法，文字，内容，没有一样不滑稽透顶。玛蒂法怕老婆怕得厉害，他自以为在家太平无事，我们偏偏跑进他家庭里去伤害他，不提姓名，叫他没法控告。我们编一段短短的社会小说，题目叫作：《一个药材商的痴情》，只要登出第一篇，你想他看了会急成什么样子！我们派人坦坦白白通知他，说他有些信件碰巧落在某报的主编手中，他在信里提到什么小爱神，把从来写作**重来**，说佛洛丽纳帮他渡过人生的沙漠，口气仿佛佛洛丽纳是一匹骆驼。总之，这批笑话百出的书信可以叫读者笑痛肚子，消遣半个月。我们再吓他一下，说要写匿名信给他老婆，报告这件妙事。问题在于佛洛丽纳肯不肯跟玛蒂法公然作对。现在她还讲道德，就是说还存着希望。也许她要把信抓在自己手中，分点儿好处。她是我的徒弟，精明得很。可是等她知道差役上门不是儿戏，等斐诺送她一份相当的礼，或者答应她弄一份戏院合同，她准会交出信件，让我卖给斐诺，斐诺再交给他舅舅，由奚罗多去叫药材商投降。"

这番心腹话使吕西安头脑清醒了。他先是觉得他的一帮朋友非常危险，其次认为不能和他们闹翻，万一特·埃斯巴太太，特·巴日东太太和夏德莱对他不守信用，还用得着他们的恶势力。说话之间，吕西安和罗斯多在河滨道上到了巴贝那个破烂书店前面。

35

贴现商

埃蒂安纳对书店老板说:"巴贝,我们拿到方唐和卡瓦利埃的五千法郎本票,期头有六个月的,九个月的,一年的。你愿不愿贴现?"

"我出三千法郎收进。"巴贝非常冷静的回答。

"三千法郎!"吕西安叫起来。

"这个数目只有我肯出。"书店老板接着说,"那两位先生三个月之内要破产。我知道他们店里有两部好书,一时销不出,他们又等不及;我用现钱去批发,拿他们的票据付账,我进货的成本可以减少两千法郎。"

埃蒂安纳问吕西安:"损失两千法郎你肯不肯?"

这第一笔交易把吕西安吓了一跳,他说:"不行!"

"你错了。"埃蒂安纳回答。

巴贝说:"他们的票子,随你上哪儿都换不到现钱。你先生的书,是方唐和卡瓦利埃的最后一张牌,出了书还得押在印刷所里,要不根本就没法印。一本畅销书也不过让他们拖六个月,早晚要倒掉的!那些家伙卖出的书还没有灌在肚里的老酒多!

他们的票据对我来说是一笔交易，所以出的价比随便哪个贴现商都高。换了别人，不要估量一下票子上每个签名值多少钱吗？你的票子只有两个人签名，每个人的身价还抵不到票面的十分之一。"

两个朋友听着面面相觑，没想到这个酸溜溜的家伙三言两语道破了贴现的关键。

罗斯多说："废话少说。我们找哪个去贴现呢？"

"方唐上个月底是向圣·米希河滨道上的夏蒲阿梭老头调的头寸；你们不接受我的条件，不妨上他那儿去试试。可是你们仍旧要回来的，那我只给两千五了。"

夏蒲阿梭专门做出版业的贴现。埃蒂安纳和吕西安在圣·米希河滨道上找到一幢有过道的屋子，夏蒲阿梭住在二楼，室内的陈设非常别致。等级虽低而也有百万家财的银行家爱好希腊风格。墙角顶上的嵌线是希腊式。紫红帐帷按照希腊款式沿壁挂下来，像大维画上的背景；式样很标准的床还是帝政时代的出品，那时样样东西都是这个派头。靠椅，桌子，油灯，烛台，零星杂物，全是从木器店里耐心挑选得来的，有一种古代的细巧，苗条，典雅的风味。带着神话色彩的轻巧的陈设，和贴现商的生活成为一个奇怪的对比。值得注意的是，银钱帮中颇有些不可思议的怪物。他们可以说在思想上贪欢纵欲。因为要什么有什么，对样样东西感到腻味，他们只要花足气力才能摆脱那种麻木的心情。你如果善于研究，准能发现他们都有一种嗜好，心坎里必有一个地方可以打动。夏蒲阿梭似乎把古希腊作为藏身之处，当作他的堡垒。

"有怎么样的招牌必有怎么样的人物[1]。"埃蒂安纳笑着对吕西安说。

矮小的夏蒲阿梭头发扑着粉,穿着似绿非绿的外套,栗色背心,黑扎脚裤,花袜子,一双皮鞋踏在地上咯吱咯吱的响。他接过票据,仔细看了看,郑重其事的交还吕西安。

他声气柔和的说:"方唐和卡瓦利埃两位先生人都挺好,年纪轻轻,很聪明,可是我手头没有钱。"

埃蒂安纳答道:"我朋友对贴现的条件很迁就。"

"条件再好我也不收这些票子。"小老头儿回答罗斯多的话,像断头台上的刀子落在你头上。

两个朋友告辞了,夏蒲阿梭小心翼翼的送他们到穿堂。开过书店的贴现商在穿堂里放着一堆买来的旧书;吕西安眼睛一亮,看见建筑师杜赛尔梭的一部著作,描写法国的王宫和有名的古堡,图样画得非常准确。

吕西安问道:"这部书能让给我吗?"

"可以。"做贴现的夏蒲阿梭又变了书店老板。

"多少钱?"

"五十法郎。"

"好贵啊,书倒用得着,只是付不出钱,你又不收我的票子。"

夏蒲阿梭道:"你有一张六个月期五百法郎的票子,我可以收下来。"他大概有这样一个零数要跟方唐和卡瓦利埃清账。

两个朋友回进希腊式的房间,夏蒲阿梭开好一张单子,写明

---

[1] 招牌是指屋内的希腊式陈设,希腊人是骗子与坏蛋的代名词。此外以希腊装饰影射主人是坏蛋。

六厘利息，六厘佣金，一共扣除三十法郎，再去掉杜赛尔梭的书价五十法郎。他打开柜子，里头全是雪白的现洋，拿出四百二十法郎。

"啊！怪了，夏蒲阿梭先生，一样的本票，或者全要得，或者全要不得。为什么别的几张你不肯贴现呢？"

老头儿说："我这不是贴现，是收一笔账。"

埃蒂安纳和吕西安到道利阿书店的时候还在笑话夏蒲阿梭，始终不了解这个人。罗斯多在书店里要迦皮松介绍一个贴现商。两个朋友拿着介绍信，雇了一辆街车，讲明按钟点计算，直奔鱼市大街。照迦皮松说来，对方是个最特别最古怪的怪物。

他说："萨玛农要不收你们的票据，没有人会收的了。"

萨玛农在楼下卖旧书，二楼卖旧衣服，三楼卖违禁的画片；另外还做押款。哪怕是霍夫曼小说中的人物，沃尔特·司各特笔下的凶恶的守财奴，也没有一个可以同巴黎社会产生的这个人相比，假如萨玛农还能算一个人的话。干瘪的小老头儿，骨头差不多要戳破暗棕色的皮，脸上青一块黄一块，好似你近看一幅铁相或者保尔·凡罗纳士[1]的油画，吕西安见了浑身一震。萨玛农一只眼冷冰冰的一动不动，一只眼亮晶晶的很精神。吝啬鬼仿佛用那只死人眼睛做贴现，用另外一只眼睛卖猥亵画片。头上戴一副小小的扁平的假头发，黑里带红，底下露出白头发；黄黄的脑门有股杀气，腮帮完全瘪了，只看见凸出的牙床骨，牙齿还白，似乎长在嘴唇外面，像打呵欠的马。两只表情相反的眼睛，歪七扭八的嘴巴，看上去狰狞可怖。又硬又尖的胡子像针一样，准会刺

---

[1] 意大利文艺复兴时期威尼斯派的两大画家，以颜色鲜艳著称，青黄二色用得特别多。

人。紧窄的外套经纬毕露,同火绒差不多,褪色的黑领带被胡子磨烊了,露出火鸡般打皱的脖子,说明他并不想用衣着来补救他凶恶的长相。两个记者看见他坐在一张肮脏透顶的账台后面,在拍卖来的旧书背后贴标签。吕西安和罗斯多对着这样一个人物不知有多少感想,彼此望了一眼。他们向萨玛农打了招呼,把迦皮松的信,连同方唐和卡瓦利埃的票据递过去。萨玛农看着信,黑洞洞的铺子里忽然走进一个极有才气的人,短小的外套用许多不相干的东西打满补钉,硬得像白铁皮。

他给萨玛农一张号码卡,说道:"我要拿我的礼服,黑裤子和缎子背心。"

萨玛农抓着铜钮拉了一下铃,楼上走下一个女的,皮色红里泛白,大概是诺曼底人。

萨玛农吩咐道:"把这位先生的衣服借给他。"一边向作家伸出手去,说道:"跟你打交道我很高兴;可是你有位朋友介绍一个年轻人来,给我上了一次大当。"

"他会上当!"作者用一个挺滑稽的手势指着萨玛农对两位记者说。

那不勒斯的穷光蛋往往向当铺出了钱把自己的衣衫借出去穿一天,那个大人物也付了三十铜子,贴现商伸出蜡黄的开裂的手接过去,丢入钱柜。

"你这种交易倒很古怪!"罗斯多对那艺术家说。那艺术家抽上鸦片,只管腾云驾雾,欣赏仙山楼阁,不愿意创作或是不能创作了。

他回答说:"向萨玛农当东西比一般当铺钱多一些。他还有这种可怕的慈悲心,肯让你需要穿扮的时候把衣服借出去。今晚我要带着情妇上格莱弟兄家吃饭。三十铜子比两百法郎容易张罗,所以我来领我的衣服。六个月到现在,我的衣服已经替这位慈悲的债主赚到一百法郎。我的藏书被萨玛农一本一本的吞掉了。"

"也是一个子儿一个子儿[1]吞掉的。"罗斯多笑着说。

"你的票据,我出一千五百法郎收进。"萨玛农对吕西安说。

吕西安直跳起来,仿佛被萨玛农拿一根烧红的铁签戳进胸膛。萨玛农瞧着票面,查看日期。

贴现商说:"不过我还得和方唐谈一谈,要他送书来抵押。你谈不到什么身价,"他对吕西安说,"你和高拉莉同居,家具都查封了。"

罗斯多只见吕西安抓起票据,从铺子里直窜到大街上,说道:"莫非是魔鬼吗?"诗人呆呆的望了一会那个小店。可怜巴巴的门面,又脏又单薄的小木箱插着账好标签的旧书,每个过路人看着都要微笑,心上想:"这里头做的什么生意啊?"

一会儿,了不起的陌生人,十年以后参加圣西门派那个伟大而没有根基的事业[2]的人,衣冠楚楚的出来,朝两个记者笑笑,和他们一同走到全景巷;他要把浑身上下都收拾干净,预备在那儿叫人**擦靴子**。

他和两位作家说:"开书店的,做纸生意的,开印刷所的,只要看见萨玛农上门就完啦。那时萨玛农好比殡仪馆的执事跑来量棺材的尺寸。"

---

1 法文中livre一字,阳性是书,阴性是旧时代某种货币(值一法郎)的名称。上文说到一本一本的书,故此处借用铜子作双关语。
2 圣西门派由安方丹(1796—1864)领导的一支,于一八三二年组织一个宗教性质的社会主义集团,被警察当局解散。

埃蒂安纳和吕西安说:"现在你不用再想贴现了。"

陌生人说:"萨玛农拒绝了,没有人再会接受,他说的是最后一句话!他是羊腿子,巴尔马,韦勃罗斯脱,高勃萨克,一切在巴黎市场上游来游去的鳄鱼[1]的爪牙。不管你是谁,在成家立业或者倾家荡产的时候,早晚都得碰上这些鳄鱼。"

埃蒂安纳接着说:"你的票据连对折都贴不到,就得全部兑现。"

"用什么办法?"

"把票子给高拉莉,让她交给加缪索。"罗斯多看见吕西安跳起来打断他的话,又道,"你听不下去,真是孩子气!难道这样无聊的顾虑抵得上你的前途吗?"

吕西安说:"反正我手头这笔钱可以交给高拉莉。"

罗斯多说:"又来胡闹了!你要四千法郎才能应付,四百管什么用!不如上赌台去,先留下一个数目,赌输了咱们还能大醉一场。"

了不起的陌生人说:"这主意不错。"

他们离开弗拉斯卡蒂[2]只有几步路,这几句话的作用就像吸铁石一样。两个朋友打发了车子,走进赌场。先赢到三千,退到五百;又赢到三千七;后来只剩五法郎,又回到两千,想马上倍一倍,把两千法郎全部押"双";连续五次不出"双"了,不料出来的又是"单"。吕西安和罗斯多神魂颠倒的消磨了两小时,奔下那所有名的屋子的楼梯。他们还有保留的一百法郎。门外是个小小的廊子,只有两根柱子,上面是铁皮顶;瞧着顶棚得意扬

---

[1] 称呼高利贷者或债主的俗语。
[2] 当时巴黎最大的一家赌场。

扬或者灰心绝望的人不止有过一个。罗斯多站在台阶上看见吕西安两眼通红，便说："咱们只吃五十法郎吧。"

两个记者回到楼上，不出一小时赢了三千法郎。"红"[1]连出了五次，想到刚才连出六次"单"，害他们输了钱，这回说不定会出第六次"红"，便把三千法郎一齐押上，结果出了黑。那时正是下午六点。

吕西安说："咱们只吃二十五法郎吧。"

这回新的冒险不久就结束，押了十次，二十五法郎全部送光。吕西安发疯似的把最后二十五法郎押在他年龄的数目上，赢了。庄家把赔的钱一块一块丢在桌上，吕西安抓起耙子收钱，手索落落发抖的样子简直没法描写。他给罗斯多十个路易，说道："赶快上万利酒家！"

罗斯多懂得吕西安的意思，上饭馆定菜去了。吕西安独自留下，把三十路易押"红"，赢了。赌客耳朵里有时会听见一个声音给他指点门道；吕西安受着这声音鼓励，连本带利再押一次"红"，又赢了；他肚子里热得像火烧。接着他不听那声音劝告，把一百二十路易押"黑"，输了。他经过那阵可怕的激动，倒反浑身舒畅；赌棍弄到无可再输，做了多少短促的梦，离开灼热的迷宫的时候，都有这个感觉。他到万利酒家和罗斯多相会，像拉·封丹纳说的直扑菜肴，把烦恼淹没在酒里。到九点，他完全醉了，不懂为什么王杜姆街上的看门女人打发他上月亮街。

"高拉莉小姐搬走了，地址在这张纸上。"

吕西安醉得厉害，听着不以为意，踏上来时的街车，转往月

---

[1] 轮盘赌除了三十六门（即三十六个数目）以外，还有红黑单双，庄家赔钱的倍数和三十六门不同。

亮街，还对着这个街名想起许多双关语[1]。当天早上，全景剧场宣告破产。高拉莉着了慌，马上商得债主同意，把全部家具转让给加陶老头；屋子被加陶派做同样的用场，安插了佛洛朗蒂纳。高拉莉还掉所有的欠账，房租也付清了。正当她赶办这些手续，像她所谓来一次**大清洗**的时候，贝雷尼斯出去置办一些必不可少的旧家具，在月亮街上紧靠竞技剧场的地方，一所屋子的五层楼上，布置一套三个房间的小公寓。高拉莉在那儿等候吕西安。她在大风浪中保住了她纯洁的爱情，还抢救出一千两百法郎。吕西安醉醺醺的把他的倒霉事儿讲给高拉莉和贝雷尼斯听了。

女演员抱着他说："你做的对，小宝贝。贝雷尼斯准有办法拿你的票子去向勃劳拉商量。"

---

[1] 法文中月亮一字常用来譬喻荒唐的幻想。还有一句俗语叫作"把月亮戳一个窟窿"，指欠了债逃走或破产倒闭的意思。

36

转移阵地

第二天,吕西安早上醒来,受着高拉莉的抚慰,十分快活。女演员对他格外温柔,恩爱,似乎要用最丰富的感情补偿他新生活的清苦。那天她娇艳无比,又白又嫩,团皱的头巾底下露出几绺头发,眼睛笑眯眯的,说话兴高采烈,像窗里射进来的朝阳,把这个寒碜而动人的场面蒙上一层金光。卧房还过得去,壁上是红镶边的湖色花纸,有两面镜子,一面在壁炉架上,一面在五斗柜上面。贝雷尼斯不听高拉莉阻止,自己花钱买来一条旧地毯,把光秃寒冷的地砖遮盖了。一口有镜子的大橱和一口五斗柜放着两个情人的衣衫。桃花心木的家具订着蓝布面子。贝雷尼斯在患难中抢救出一只座钟,一对瓷花瓶,四套银刀叉,六把小羹匙。卧室外面的餐室,同年薪一千二的公务员家里的差不多。厨房在楼梯台对面。贝雷尼斯睡在厨房顶上的阁楼上。房租不超过三百法郎一年。难看的屋子,临街的大门有一扇堵死了,改做看门人住的小房间,开着一个小窗洞监视十七个房客的进出。在公证人嘴里,这种鸽笼式的屋子叫作生息的房产。吕西安发现房内摆着一张书桌,一把靠椅,纸笔墨水一应俱全。贝雷尼斯相信高拉莉在竞技剧场登台一定成功,高拉莉看着用蓝缎带钉的台词本子,她们俩都兴致挺好,把诗人酒醒以后的忧急跟愁闷一扫而空。

他说:"只消上流社会不知道我这个跟头,咱们就好爬起来。不管怎么样,眼前还有四千五百法郎!我要在几家保王党的报纸上尽量利用我的地位。《觉醒报》明天创刊,现在我对新闻界内行了,要好好的干一下!"

高拉莉亲着吕西安,只觉得他的话是一片深情。贝雷尼斯在火炉旁边摆好桌子开饭,端上几样家常菜:一盘炒鸡子,两块猪排,还有咖啡和奶油。有人敲门。进来三个真心朋友:大丹士,雷翁·奚罗,米希尔·克雷斯蒂安。吕西安又诧异又感动,请他们坐下来一同吃饭。

"不客气,"大丹士说,"我们有事找你,比慰问更要紧;我们才从王杜姆街来,你的事都知道了。吕西安,我的主张,你清楚得很。在别的情形之下,看见你采取我的政治立场,我只有高兴;可是以你眼前的地位,参加了进步党的报纸再变为极端派,你不能不丧失人格,一辈子都洗刷不了你的污点。希望你看在我们的友谊份上,不管这友谊减淡了多少,别这样污辱自己。你攻击过浪漫派、右派、政府,如今不能再替浪漫派、右派、政府辩护。"

吕西安说:"我的行动自有不平凡的想法做根据。目的正当,任何手段都行。"

雷翁·奚罗说:"或许你还不了解目前的局势。政府,宫廷,波旁王室,专制派,总括一句,一切反对立宪制的政体,尽管对于镇压革命的方法分成许多不同的派别,至少在必须取缔舆论这一点上是一致的。《觉醒报》《霹雳报》《白旗报》的创立,都是为反击进步党的诽谤,侮辱和嘲笑。这些行为我也不赞成。正因为作家的神圣的天职受到亵渎,我们才创办一份态度严正的刊物,不久就能发生显著的影响,成为一股有威信的,受人尊重的势力。"奚罗顺便插进这几句,"保王党和政府派的炮火是报复的第一步,准备对进步党以牙还牙,以眼还眼。吕西安,你知道结果怎么样?报纸的订户多数在左派方面。舆论跟战争一样,总是人多的一边得胜。将来你们全是无赖,说谎的人,国民公敌;对方却是卫国的战士,正直的君子,殉道的圣者,其实他们也许比你们更虚伪,更恶劣。这种以毒攻毒的办法势必助长报纸的恶势力,把新闻界最卑鄙的行为肯定为正当的。谩骂啊,人身攻击啊,都成为报纸应有的权利,用来迎合订户的利益,而且因为双方都用,变了没法推翻的力量。等到祸害的范围全部显出来了,为了贝利公爵被刺而颁布的,从国会开幕以来暂停执行的,限制和取缔的法令,又要恢复。临了法国公众如何看待两派报纸的论战,你知道没有?他们会听信进步党的暗示,以为波旁家有心取消大革命的物质成果,大家已经到手的成果,他们早晚要起来把波旁家轰走的。你不但污辱了自己的人格,将来还落在打败的一面。你年纪太轻,在报界中资格太浅,对于幕后的策动,种种的阴谋诡计认识不足,而嫉妒你的人只嫌太多,进步党的报刊对你一齐喊打的时候,你可抵抗不住。你势必卷入党派的恶斗。那些党派至今还在发高热,不过他们的疯狂从一八一五和一八一六年的暴行[1]转到了思想方面,变成议会中的舌战和报上的笔战。"

"各位朋友,"吕西安说,"我不是你们想象中的糊涂虫,

---

[1] 指拿破仑二次下野,王政复辟以后,大杀拿破仑党徒及共和党人。

诗人。不管将来有什么遭遇，反正好处已经到了我手里，那是进步党即使成功也不可能给我的。等到你们胜利，我的目的早已达到了。"

米希尔·克雷斯蒂安笑道："我们可以割掉你的……头发！"

吕西安回答："那时我有了孩子，割掉我脑袋也没用。"

三个朋友不懂吕西安的意思。他自从交结了上流社会，贵族的骄傲和虚荣心发展到顶点。诗人看得很准，认为仗着特·吕庞泼莱伯爵的姓氏和头衔，他的美貌和才气便是一笔巨大的财产。特·埃斯巴太太，特·巴日东太太，特·蒙高南太太，用这根线像小孩儿拴一个金壳虫一般拴着吕西安。吕西安再也飞不出那个固定的圈子。三天以前，台·都希小姐的客厅里有人说："他是我们的人，他思想正确！"叫吕西安听着得意非凡，何况特·勒农古，特·拿华兰，特·葛朗里欧三位公爵，拉斯蒂涅，勃龙台，美丽的特·莫弗利原士公爵夫人，特·哀斯葛利浓伯爵，台·吕卜克斯，一般最有势力的人物，在宫廷中最得宠的保王党，都祝贺他转移阵地。

大丹士道："话说完了。将来你的清白跟自尊心，比谁都不容易保持。即使你真心对待的人也要瞧你不起，那时你就非常痛苦了，我知道你的性格。"

三个朋友和吕西安告别，没有向他亲热的伸出手来。吕西安郁郁不乐，愣了一会。

"嗳！别把那些傻瓜放在心上。"高拉莉说着，跳上吕西安的膝盖，拿鲜嫩美丽的手臂绕着他的脖子。"人生是儿戏，他们竟那么当真！何况你马上要成为吕西安·特·吕庞泼莱伯爵了！必要的话，我可以和掌玺局勾搭一下。我也有办法进攻那色迷迷的台·吕卜克斯，要他把诏书弄到手。我不是早说过吗，如果你只差一块垫脚石达到你的目的，尽管踩在高拉莉的尸首上！"

第二天，吕西安同意《觉醒报》把他列入撰稿人的名单。政府发出十万份说明书，提到吕西安的名字仿佛保王党收服了一个人。吕西安参加庆功宴，在弗拉斯卡蒂附近的劳贝酒家吃了九个钟点，出席的全是保王党新闻界的要人：玛丹维尔，奥日，台斯丹，还有至今在世的一大批作家，照流行的说法，**他们都跟君主政体和教会勾搭上了。**

埃克多·曼兰说："咱们一定要给进步党看看颜色！"

拿当打算弄戏剧，认为在这方面打天下不能让官方跟自己作对，也就投入这个阵营。他说："诸位，要同他们开仗就得一本正经的干，不能拿软木塞当子弹！所有古典派的进步党作家，不问年龄性别，都是我们笑骂的对象，一个都不能放过。"

"咱们要清清白白，不受出版商的样书，礼物，金钱的勾引。新闻事业也得整顿一番。"

"对，"玛丹维尔说，"**不屈不挠，抱定主张**。要跟敌人势不两立，说话越尖刻越好。我要揭穿拉斐德的真面目，说明他是奚勒一世[1]！"

吕西安道："我吗，我来对付《立宪报》上的英雄，迈尔西埃军曹，儒依先生的全集，以及有名的左派议员！"

清早一点，撰稿人一致通过要跟进步党拼个你死我活，一边喝着火辣辣的杂合酒，把他们各种不同的见解和所有的主张淹没了。

---

[1] 走江湖戏班的戏码中有一个愚蠢可笑，胆小无用的丑角，叫作奚勒。从十八世纪起这个人物被戏剧界普遍采用。

在饭店门口,浪漫派中最出名的一个作家说:"我们为了颂扬君主政体和教会,说了不知多少废话。"

这句有历史意义的话被参加宴会的一个出版商泄漏了,下一天登在《明镜报》上,透露的人变了吕西安。吕西安叛变的消息引起进步党报纸大叫大骂;吕西安变成他们的死冤家,受到最恶毒的攻击:他们讲他的十四行诗如何如何碰钉子,告诉读者道利阿宁可损失三千法郎,不愿意印出来;他们称吕西安为空头诗人!

有一天,就在吕西安发表辉煌的处女作的报上,吕西安读到下面一段文字,显见是写给他看的,群众不可能了解这种讽刺:

未来的法国彼特拉克的十四行诗,虽然出版家道利阿坚绝不印,我们做敌人的倒愿意宽宏大量,腾出篇幅来发表。下面一首是从作者的朋友那儿得来的,我们读了这件样品,不难推想他的诗歌多么有趣。

说明后面登着一首十四行诗,吕西安读了大哭一场。

一株瘦小的植物,模样儿鬼鬼祟祟,
忽然有一天在花坛中探出头来,
自称凭着华丽的色彩,
将来能证明她种子高贵。

大家也就勉强容忍。谁知她不知感谢,
反而作践比她美丽的姊妹。

她们气不过她耀武扬威,
要她把家世细细交代。

她居然开了花。谁知整个庭园
对恶俗的花朵厉声嗤斥,
连下贱的小丑也没受过这种羞辱。

主人过来,随手把她连根拔起,
黄昏时只有一匹驴子在她墓旁哀叫,
原来她只是一棵不登大雅的蓟草[1]。

凡尔奴提到吕西安好赌,预告《查理九世的弓箭手》是一部反民族的作品,说作者袒护杀人不眨眼的旧教徒,攻击受难的加尔文主义者。不到一星期,报上的叫骂更凶了。吕西安只道他的朋友罗斯多会替他解围,罗斯多欠他一千法郎,还同他有过默契;谁知罗斯多也变了吕西安的死敌。内情是这样的:三个月以来,拿当爱上罗斯多的命根子佛洛丽纳,想不出办法把她从罗斯多手中抢过去。那女演员没有戏院聘请,境况艰苦,心里焦急。拿当既是吕西安的同道,便去找高拉莉,要她约佛洛丽纳在拿当编的一出戏里当个角色,拿当负责安插她进竞技剧场,作为编剧向戏院提的条件。雄心勃勃的佛洛丽纳一口答应了。她早已看透罗斯多。拿当在文坛上政界上都有野心,欲望不小,魄力也大,不像罗斯多的意志完全被坏习气消磨了。女演员只想登台露面,

---

[1] 蓟草是影射吕西安的本姓夏同,参看《幻灭(上)》注。

重放光辉，把药材商的信给了拿当；拿当叫玛蒂法交出斐诺觊觎的六分之一股单，赎回信件。于是佛洛丽纳住进奥德维街上一所华丽的公寓，当着新闻界和戏剧界的面投靠拿当。罗斯多为此大受打击，朋友们安慰他，请他吃饭，吃到末了他哭了。在那次大吃大喝的席面上，在座的人认为拿当是明枪交战。有些作家，如斐诺，凡尔奴等等，早知道拿当迷着佛洛丽纳，可是吕西安从中牵线，照众人的说法，是违反了朋友之间最神圣的原则。党派观念和巴结新朋友的心思，使初进保王党的吕西安变得无可原谅。

皮克西沃道："拿当是动了情，身不由主；内地大人物却像勃龙台说的，完全出于阴谋！"

于是吕西安成为混进队伍的捣乱分子，想把所有的人一齐吞掉的小坏蛋；大家一致同意要打倒他，还定下周密的计划。凡尔奴素来讨厌吕西安，决意盯着他不放。斐诺有心赖掉罗斯多三千佣金，怪怨吕西安不该把对付玛蒂法的秘密告诉拿当，使他斐诺没有赚到五万法郎。事实上拿当听着佛洛丽纳劝告，为了要斐诺撑腰，仍把六分之一的股权卖给斐诺，得了一万五。罗斯多三千法郎没拿到，再也不肯原谅吕西安使他经济上受这么大的损失。一个人伤了面子，再加银钱的氧化作用，创口越发医不好了。

37

弄神捣鬼

作家的自尊心受伤以后的愤怒,或者中了讽刺的毒箭以后所表现的精力,无论用什么辞藻什么手法都描写不出。凡是受了攻击而鼓足力量抵抗的人,很快要倒下来的。唯有头脑冷静,把报上的辱骂看作过目即忘的东西,才真正表现一个作家的勇气。弱者初看像强者,其实只能抵抗一时。最初半个月,吕西安怒不可遏,在他和埃克多·曼兰两人分担评论栏的保王党报刊上,像下冰雹一般发表一大堆文章。他每天伏在《觉醒报》的垛口后面,拿出他所有的才情向敌人开火,同时有玛丹维尔在旁支持。没有企图而真心帮助他的作家只有这一个,人家也不让玛丹维尔知道,始终维持关系的两派记者在酒后说笑的时候,在木廊商场的道利阿书店或者在戏院的后台见面的时候,彼此有过默契。吕西安跨进杂剧院的休息室,谁也不再当他朋友,只有保王党的人跟他握手。可是拿当,埃克多·曼兰,丹沃陶·迦亚,见了斐诺,罗斯多,凡尔奴,以及一般号称为脾气随和的记者,照样老着面皮很亲热。那个时期,杂剧院的休息室是文坛上飞短流长的大本营,近乎女太太们的小客厅,看得见各党各派的人,有政客,有法官。在某次司法官会议上，庭长指责一位同僚不该跑到戏院后台，亵渎法官的尊严；受批评的法官事后在杂剧院休息室中遇到庭长，原来他也亵渎了法官的尊严。罗斯多终于在那儿跟拿当握了手。斐诺几乎每晚必到。吕西安空闲的时候也去研究敌人的意向，倒霉的孩子始终只看见冷冰冰的敌意。

党派的意气所产生的仇恨，当时比现在严重得多。现在发条上得太紧，样样变成强弩之末，劲道不大了。如今批评家打击了某人的作品，依旧向他伸出手去。作者受了鞭挞，还得拥抱刽子手，否则就被人笑话，说他脾气坏，不容易相处，死要面子，没法接近，只晓得记恨，报仇。如今一个作家受到暗算，背上挨了一刀，或者看破了别人的虚假，不上圈套，或者吃了最卑鄙的手段的亏，凶手不但会向他问好，还自以为应当得到作者的尊重，甚至于友谊。在美德变作缺点，某些缺点成为美德的时代，一切都可原谅，都可辩解。同道之间的亲昵，在各种自由中变了最神圣的一项。政见截然相反的一些领袖，彼此交谈措辞都很温和，俏皮话也说得很客气。可是在过去那个时代，倘使我们还记得的话，某些保王党作家和进步党作家的确要有些勇气才敢在同一个戏院露面。那时他们会听到咬牙切齿的挑战。恶狠狠的眼睛赛过子弹上膛的手枪，一点儿火星就好挑起一场恶斗。每个党派都有几个人在对方眼中是众矢之的，他们一进场，你旁边的看客立刻大声咒骂，这种情形不是谁都见过的吗？当时只有两派，保王党和进步党，浪漫派和古典派，同一仇恨的两种面目，这仇恨可以使你对国民议会的断头台有所了解。吕西安一开场是狂热的进步党和伏尔泰派，此刻变为狂热的保王党和浪漫派，压在玛丹维尔身上的敌意也就压在吕西安身上。玛丹维尔是那时进步党深恶痛绝的人，也是唯一回护而喜欢吕西安的人。他的帮助害了吕西安。党派对手下的哨兵素来不讲情义，子弟们倒了楣就一脚踢开。尤其在政界，想向上爬的人非跟大队人马走不可。小报界的坏主意主要是拿吕西安同玛丹维尔配对，就是说进步党硬把这一个推入另一个怀抱。这番友谊，不管是真是假，替两人招来凡尔奴许多恶毒的文章。凡尔奴看见吕西安在上流社会走红，气愤不过，并且和诗人所有过去的伙伴一样，以为他不久就要高升。所谓诗人的叛变，被他们添枝接叶加上一些严重的罪状，更显得恶劣。吕西安被称为小犹大，玛丹维尔被称为大犹大，因为有人指控玛丹维尔，也不知有无根据，说他替外国军队做过向导，带他们过班克桥[1]。吕西安笑着回答台·吕卜克斯，说他吕西安的确把驴子带过了桥[2]。吕西安的奢华生活虽是空架子，而且只建筑在未来的希望上面，朋友们看了却大起反感，对于他以前在王杜姆街上的阔绰，高车肥马，招摇过市的排场，绝对不肯原谅；在他们心目中，吕西安始终坐着车子。大家隐隐然感觉到，一个年轻貌美，风趣十足，被他们一手教坏的人，快要万事如意了，因此要用尽手段打倒他。

正当高拉莉在竞技剧场登台的前几天，吕西安和埃克多·曼兰手挽着手走进杂剧院的休息室。曼兰埋怨他的朋友不该帮拿当勾引佛洛丽纳。

"罗斯多和拿当成了你两个死冤家，这都是你自己招来的。

---

[1] 在历史上实有玛丹维尔（1776—1830）其人，是极顽固的保王党作家，《白旗报》的创办人。相传一八一五年拿破仑败退时，玛丹维尔住在班克，带领普鲁士军队渡过塞纳河。
[2] 驴子在法文中本是骂人话，驴子过桥又是一句成语，意思是笨蛋见到困难就像驴子过桥一样害怕；这里是骂进步党。

我劝过你一番好话,你没有听。你赞美人家,帮人家忙,你做的好事只会受到残酷的惩罚。佛洛丽纳和高拉莉同在一个戏院登台绝不会和睦,将来只想你压倒我,我压倒你。你只有咱们的报纸替高拉莉撑腰。拿当除了以编剧的身份占到便宜之外,在戏剧方面还能调动进步党的报刊,而且他在新闻界混的时间比你长一些。"

吕西安暗地里担的心事被这句话说中了。无论是拿当,是迦亚,对他都并不坦白,照理他是有权利要人推诚相见的;可是他不能抱怨,他才投到这边来,资格太浅了!迦亚告诉他,新人要经过长时期的考验才能取得党内的信任,吕西安听着很丧气。在保王党和政府派报纸的内部,诗人发现他从来没想到的嫉妒,那些人在赃物面前竟像群犬争食一样的猖猖狂吠,张牙舞爪,本性毕露。作家们暗中玩着层出不穷的手段,在当局面前互相阴损,指控别人对党不够热心;为了排挤一个对手,什么恶毒的计策都想得出。进步党政权不在手中,没有好处可得,也就没有引起内讧的题目。吕西安看出保王党内错综复杂的野心,没有勇气用快刀斩乱麻的办法对付,也没有耐性去理出一个头绪来;他既不能做阿雷蒂诺,也不能做博马舍或者弗雷隆[1],他只存着一个愿望,就是拿到诏书,以为改了姓准能攀上一门有钱的亲事。可见他的前程除了美丽的相貌多少有些帮助而外,完全要靠运道。过去多么信任他的罗斯多完全知道他的秘密,知道在哪一点上可以击中安古兰末诗人的要害;曼兰带着吕西安上杂剧院那一天,埃蒂安纳就设下一个可怕的圈套,这孩子钻进去,摔倒了。

---

[1] 十八世纪的剧作家博马舍和文人弗雷隆都写过不少激烈的小册子攻击当时的人。阿雷蒂诺见前注。

斐诺正在和台·吕卜克斯谈话，见了吕西安便挽着台·吕卜克斯过来跟他拉手，一副奉承讨好的神气装得逼真，说道："啊，我们漂亮的吕西安来了。像他这样一步登天的人，我从来没见过。"斐诺说着望望吕西安，望望台·吕卜克斯，"在巴黎，发迹有两种：一种是物质方面的，就是谁都可以捞到的金钱；一种是精神方面的，包括交游，地位，进入某个阶层，那是有些人财运再好也走不进的，而我的朋友……"

"**我们的朋友。**"台·吕卜克斯插进一句，好不亲热的瞟了吕西安一眼。

斐诺轻轻拍着吕西安的手，往下说："我们的朋友在这方面的成功简直了不起。吕西安的手腕，能力，聪明，的确比所有对他眼红的人高出一等，再加他长得这样美；他过去的一些朋友看他走红，心里不服，说他是运气好。"

台·吕卜克斯说："这种运气永远轮不到傻瓜或者饭桶。嘿！波那帕脱的一生，能够用好运气来解释吗？在他之前，统率意大利方面军的将领有过一二十，正如此刻想踏进台·都希小姐府上的青年有上百个；可是交际场中已经把她和你看作天生的一对了，亲爱的朋友！"台·吕卜克斯说着，拍拍吕西安的肩膀。"啊！你真是大红特红了。特·埃斯巴太太，特·巴日东太太，特·蒙高南太太，都为你入迷了。今天斐尔弥阿尼太太家的晚会不是请了你吗？明儿你不是要上特·葛朗里欧公爵夫人家应酬吗？"

"是的。"吕西安说。

"允许我替你介绍一位年轻的银行家，杜·蒂埃先生，他跟你异曲同工，短时间内挣了一笔可观的家业。"

吕西安和杜·蒂埃彼此打了招呼，谈起话来，银行家定了日子约吕西安吃饭。杂剧院的休息室里摆着几张半榻，斐诺和台·吕卜克斯朝一张半榻走过去，似乎要继续他们刚才的谈话。两人都极有心计，而且知己知彼，永远不会反目。他们让吕西安，曼兰，杜·蒂埃，拿当，另外在一块儿谈天。

斐诺对台·吕卜克斯说："喂，亲爱的朋友，老实告诉我，吕西安可是真的有人帮衬？我的编辑都把他当作眼中钉；我还没决定支持他们，先要向你讨教一下，假定破坏我编辑们的计划，反过来帮吕西安，是不是更好？"

谈到这里，参事院的评议官和斐诺聚精会神，对瞧了一会。

"怎么，朋友，"台·吕卜克斯回答，"你以为特·埃斯巴侯爵夫人，夏德莱，特·巴日东太太，受过吕西安的攻击，还肯原谅他吗？特·巴日东太太替夏德莱男爵谋到夏朗德州州长的缺，让他封了伯爵，准备得意扬扬的回安古兰末。两位太太就是要毁掉吕西安，才送他进保王党的。此刻大家正在找借口把答应这孩子的话推翻；只要你想得出办法，便是帮了两个女人极大的忙，她们不会忘记你的功劳的。我知道两位太太的心思，她们恨这个小家伙恨到这个田地，我也觉得奇怪。当初吕西安很可以把他凶狠的敌人，特·巴日东太太，彻底解决，只消在报上停止攻击之前，提出所有的女人都喜欢接受的条件，你明白没有？他漂亮，年轻，尽可以用爱情来淹没对方的仇恨，那么一来，他就成了特·吕庞泼莱伯爵，乌贼鱼还会替他在宫中谋一个差事，领干薪呢！叫吕西安做路易十八的内廷侍读，不是妙得很吗？再不然当个图书馆馆员啊，挂名的评议官啊，宫廷的娱乐总管啊，都可以。傻小子错过了机会。人家不原谅他也许就在这一点。他自己不提条件，反而接受别人的条件。人家答应他活动王上的诏书，他相信了；从那天起夏德莱就迈了一大步。高拉莉把这个孩子断送了。吕西安要没有高拉莉爱他，会仍旧要乌贼鱼，而且准定成功。"

斐诺道："那么我们好把他打下去了。"

"用什么方法呢？"台·吕卜克斯漫不经意的问，他想先拿这件事在特·埃斯巴太太面前邀功。

"他签好合同，不能不替罗斯多的小报写稿，此刻他一个钱没有，要他动笔更容易。如果有篇俏皮文章把掌玺大臣给得罪了，再有人证明作者是吕西安，掌玺大臣必定认为他不配得到王上的恩典。为了叫内地大人物发慌，我们已经做好手脚轰高拉莉下台，让吕西安眼看他的情妇被人大喝倒彩，没有戏做。等到王上的诏书无限期搁置以后，我们再取笑他痴心妄想做贵族，谈谈他那个做收生婆的娘，开药房的老子。吕西安只有一些浮面的勇气，不堪一击，我们要不打发他回家乡去才怪呢。玛蒂法所有的六分之一的杂志股份，拿当叫佛洛丽纳弄来卖给我了，纸商的一份也被我收回了，现在只剩我和道利阿两个。我和你不难讲好条件把刊物转换方向，靠拢宫廷。我为了要收回六分之一的股权，才给佛洛丽纳和拿当撑腰；他们既然把股权卖给我了，我就得帮衬他们；不过先要知道吕西安的地位到底怎么样……"

台·吕卜克斯笑道："你真是名副其实[1]。老实说，我就喜欢你这种人……"

"那么你能替佛洛丽纳弄一份正式的合同吗？"斐诺问评

---

[1] 参看《幻灭（上）》注。

议官。

"没有问题,不过你先要解决吕西安;拉斯蒂涅和特·玛赛不愿意再听到他的名字。"

斐诺说:"你放心。迦亚答应拿当和曼兰,他们俩的稿子有一篇登一篇,可不让吕西安发表一个字,这样我们就断了他的生路。他只能利用玛丹维尔的报纸保卫他自己跟高拉莉。一份报对抗所有的报,有什么用!"

"我可以把部长的痛疮告诉你,将来你叫吕西安写的文章,原稿要交给我。"台·吕卜克斯回答斐诺,他绝口不提答应吕西安的诏书根本是个骗局。

台·吕卜克斯离开了休息室。斐诺过去找吕西安,说明为什么他不能放弃预约的稿子,那种亲切的口气,不少人上过当。斐诺不愿意打官司,破坏吕西安在保王党内的希望。斐诺喜欢有魄力的,不怕改变主张的人。吕西安和他见面的日子不是长得很吗?需要彼此帮点儿小忙的地方不是多得很吗?吕西安应当在进步党内有个可靠的朋友,万一政府派或极端派不讲交情,可以替他报仇。

最后斐诺还说:"如果人家玩弄你,你怎么办?如果有个部长以为你叛变了进步党,从此他便拴着你的脖子,对你不再忌惮,不再理睬,你不是需要放出几条狗去咬他的腿肚子吗?可是你已经跟罗斯多闹翻,他恨不得砍下你的脑袋。番利西安和你,见了面连话都不说了。同你来往的人只剩我一个了!干我这一行,最要紧的是同真有魄力的人和睦相处。我在新闻界帮你的忙,你在你的圈子里回敬我。不过闲话少说,正事第一!你得给我送几篇纯文艺的稿子来,对你没有妨碍,同时你履行了咱们之间的合同。"

吕西安觉得斐诺的建议除了算盘精明之外，还有几分交情。斐诺和台·吕卜克斯的恭维使他心情快活，他还向斐诺道谢呢！

38

生死关头

　　凡是有野心的人，凡是要靠别人和形势的帮助，要依赖一个多多少少经过安排，贯彻，坚持的行动方案才能成功的人，一生必有一个危险时间，有种莫名其妙的威力给他们受一些艰苦的考验：样样事情同时失败，各方面的线不是断了就是搅乱了，碰来碰去都是倒霉事儿。遇到这种精神上的骚乱，只要心里一慌就完事大吉。顶得住恶劣的形势，能站定脚跟等风暴过去，拼命爬到高地上去躲避的人，才算得上真有魄力。无论是谁，除非是生来有钱的，都有他的生死关头。拿破仑的生死关头是莫斯科的溃退。这个危险时间现在临到吕西安头上了。他前前后后在上流社会和文坛上的遭遇太顺利了；他太得意了，如今要看到所有的人，所有的事情，一齐跟他作对。第一阵痛楚最剧烈最难受，伤害到他自以为最安全的地方，伤害到他的心和他的爱情。高拉莉也许谈不上风雅，却有一颗高尚的灵魂，能在热情冲动之下表现出来，这冲动便是造成名演员的主要因素。这个奇怪的现象，在没有经过长期的应用而成为习惯之前，完全受捉摸不定的气质支配，也往往受羞耻心支配；而在一般年纪还轻的女演员身上，这种值得赞美的羞耻心是很强的。高拉莉表面上轻狂、放肆，和普通的女角儿没有分别，骨子里却天真、胆怯，而且还充满爱情，她对于自己在舞台上的嘴脸本能的感到厌恶。表达感情的艺术是一种崇高的做作，高拉莉还不能让这作假的艺术克服她的本性。她不能钝皮老脸，把只属于爱情的东西向观众公开。此外她还有真正的女性所特有的一个弱点：明知道自己压得住台，仍旧需要观众的称赞。她怕面对她不喜欢的群众，上台老是战战兢兢：看客的冷淡可以使她毛骨悚然。因为情绪这样紧张，她每次扮一个新角色都等于第一次登场。掌声使她心神陶醉，她并非要满足自尊心，而是要用来鼓动自己的勇气。场子里唧唧哝哝表示不满，或是静悄悄的表示观众心不在焉，她的本领会不知去向。倘若卖了满座，台下聚精会神，对她只有钦佩和友好的目光，她就精神兴奋，可以和观众高尚的品质交流，觉得自己有感动人心的力量，能使它们向上。这一类的消沉和兴奋说明她有神经质的性格和天才的素质，也显出这可怜的女孩子的敏感和温柔。吕西安终究赏识了她的内心的宝藏，看出他的情妇还是单纯的少女。高拉莉没有一般女角儿弄虚作假的能耐，无法拒抗同事之间的倾轧，后台的勾心斗角，不像佛洛丽纳是此中老手，她的阴险可怕同高拉莉的忠厚慷慨正好是极端。高拉莉担任角色是要人家邀请的，她生性高傲，不肯央求作家，接受他们的屈辱的条件，不能因为有什么记者用爱情和笔杆子威胁她而投降。在性质非常特殊的舞台艺术中，卓越的才能已经极其少有，但只不过是成功的条件之一；倘使像高拉莉那样不同时具备玩弄手段的本领，才能反而使人长期受累。吕西安料到高拉莉在竞技剧场第一次出台的痛苦，不惜代价要保证她成功。变卖家具剩下的款子和吕西安的稿费，统统拿去置办服装，布置更衣室，开发第一次出场的各种费用。几天以前，吕西安为爱情所迫，做了一件屈辱的事：他带着方唐和卡瓦利埃的票据，到蒲陶南街上金茧子铺子去见加缪索，要求贴现。诗人还没堕落到能够满不在乎的干这种勾当。他一路受着痛苦煎熬，想着许多可怕的念头，翻来覆去对自己说着：去吧——不去！临了还是走进一间又冷又黑，只靠天井取光的办公室；里面一本正经坐着的可不是那个迷着高拉莉的老头儿，忠厚没用，游手好闲，爱女人，不相信宗教，吕西安一向认识的加缪索；而是一个严肃的家长，精明而又规矩的商人，摆着一副商务裁判的道学面孔，用冷冰冰的老板神气做挡箭牌，周围簇拥着伙计，出纳，绿的文件夹，发票，货样，还有他的老婆保驾，还有他的衣着朴素的女儿陪着。吕西安走近去从头到脚打了一个寒噤，因为尊严的商人把他瞅了一眼，那副冷淡傲慢的目光就是吕西安在一般贴现商脸上领教过的。

加缪索坐着，吕西安站着说："先生，你要肯收下这几张票子，我非常感激。"

加缪索说："我记得，先生，你拿过我的东西。"

吕西安凑着丝绸商的耳朵悄悄的说出高拉莉的处境，加缪索连屈辱的诗人心跳的声音也听见了。加缪索没有意思让高拉莉栽跟头。他一边听一边看着票据上的签名，微微一笑，他是商务法庭的裁判，知道两个出版商的情形。加缪索给了吕西安四千五百法郎，要他在票子上加一个背书，写明**付丝绸账**。吕西安马上去找勃劳拉，把保证高拉莉成功的办法谈妥了。勃劳拉答应彩排的时候到场（那天他的确到了），约定在哪些段落叫他的罗马人鼓掌，使高拉莉成功。吕西安把剩下的钱，不说向加缪索调来的，交给高拉莉，让她和贝雷尼斯定下心来，她们已经不知道怎么维持生活了。玛丹维尔是当时精通戏剧的行家，好几次跑来帮高拉莉排练。吕西安请几个保王党记者写文章捧场，他们应允了，因此他想不到会出乱子。高拉莉上台的前一天，吕西安却遇到一桩极不幸的事。大丹士的书出版了。埃克多·曼兰的报纸的主编把作品交给吕西安，认为由他来评论最胜任：算他倒霉，他批评过拿当，出名会写这一类稿子。办公室里人很多，全体编辑都在场。玛丹维尔为了攻击进步党报刊，有问题要商量，也在那儿。拿当，曼兰，所有参加《觉醒报》的记者正在谈论雷翁·奚罗的半周刊，认为那刊物措辞谨慎，有分寸，有节制，所以对社会的影响更有害。那时大家开始注意四府街上的小团体，叫它新国民会议。保王党的刊物决定同这批危险的敌人展开一场你死我活的，有计划的斗争。后来这些敌人果然组成理论派[1]，成为一个决定大局的党团，等到保王党内最有才华的作家出于卑鄙的报复心理和他们联盟[2]以后，把波旁家推翻了。外边不知道大丹士主张专制政体，把大丹士包括在他们认为死敌的小团体内，作为第一个开刀的对象。他的书，照那时流行的说法，非一棍子打死不可。吕西安不肯写稿。在场聚会的保王党要人不胜愤慨，认为他的拒绝岂有此理。他们老实告诉吕西安，刚转变过来的新党员谈不到自由；他要感到投靠王上和教会不方便，尽可回到他原来的阵营。曼兰和玛丹维尔把吕西安拉过一边，好意点醒他，失去了保王党和政府派报纸的援助，等于听凭进步党报刊拿高拉莉出气。

---

[1] 王政复辟时期保王党内的一个支派，亦称正中派，主张君主立宪政体；一八三〇年七月革命以后成为执政党，首领即有名的史学家基佐（1787—1874）。
[2] 指夏多布里昂于一八二四年被政府免去部长职位以后的行动。

否则的话，高拉莉可以引起一场激烈的笔战，借此出名，这是所有的女演员求之不得的。

玛丹维尔对吕西安说："你完全不懂此中奥妙。她将来在两派报刊交锋的期间演上三个月戏，再利用三个月假期到内地去走一遭，可以捞进三万法郎。你那些顾虑一定要破除，否则你当不了政治家，只能断送高拉莉，破坏你的前途，砸破你的饭碗。"

吕西安发现对大丹士和高拉莉没有两全的办法：要不在大报和《觉醒报》上扼杀大丹士，就得牺牲自己的情妇。可怜的诗人回到家里伤心至极；他坐在卧房的火炉旁边念了大丹士的书，近代文学中最美的一部作品。他一边看一边哭，每一页上都留着泪痕，迟疑了半天。可是他终于用他的拿手好戏写下一篇含讥带讽的稿子，像孩子抓着一只美丽的鸟，拔掉羽毛，叫它受尽毒刑。他的恶毒的嘲笑完全是损害作品。等到把精彩的原作重读一遍的时候，吕西安所有的高尚的感情又冒起来了；他在半夜里穿过巴黎城赶往大丹士家。这个真正的大人物的始终不渝的操守，他是佩服过来的；大丹士窗上的烛光，他从前抱着敬仰的心情不知望过多少回，此刻他又透过窗子看到那道摇曳不定的纯洁的微光。他没有勇气上楼，靠着路旁的界石站了一会。最后他受着良心鼓励，敲敲门，进去了，发现大丹士正在看书，屋子里没有生火。

大丹士见了吕西安，问道："出了什么事啊？"他猜到吕西安只有大祸临头才会来。

吕西安眼泪汪汪的回答："你的书真了不起，他们却要我攻击。"大丹士道："可怜的孩子，你这碗饭可不容易吃！"

"我只恳求你一件事，别让人家知道我到这儿来过。就让我在地狱里做苦工吧。也许良心上不长点儿肉茧永远成不了事。"

"还是老脾气！"大丹士说。

"你以为我没有骨气吗？不，大丹士，我是一个孩子，被爱情缠住了。"

接着他说出他的处境。

大丹士听到高拉莉的情形，感动了，说道："让我看看你的文章。"

吕西安拿出原稿，大丹士念着笑了笑，叹道："聪明误用到这个田地！"他看见吕西安在椅子上垂头丧气，的确很痛苦，便不说下去了。一会儿又道："我替你修改一下行不行？明天还你。轻薄的讪笑是侮辱作品，认真严肃的批评有时等于赞美；我能使你的书评保持你我的尊严。并且我的缺点也只有我自己知道！"

"一个人爬上荒凉的山坡，渴得要死的时候，偶尔会发现一个果子给他解渴；这个果子就是你！"吕西安说着，扑在大丹士怀里，一边哭一边亲他的额角，"我把良心寄存在你这里了，将来再还我吧。"

大丹士庄严的说道："我认为定期的忏悔是个骗局。那么一来，忏悔变了作恶的奖品。忏悔可是一种贞操，是我们对上帝的责任。忏悔过两次的人是最可恶的伪君子。我怕你只想用忏悔来抵消你的罪孽！"

吕西安听着这几句话失魂落魄，慢吞吞的走回月亮街。第二天，稿子经过大丹士修改，送回来了，吕西安带往报馆。从此他郁郁不乐，有时面上也遮盖不了。晚上他看见竞技剧场客满，少不得感到第一次登台的激动，再加他对高拉莉的爱情，情绪越发紧张。各式各样的虚荣心成了问题，他眼睛望着观众的表情，像被告望着法官和陪审员的脸；听见场子里一有唧唧哝哝的声音就发抖；台上有一点儿小事，高拉莉上场下场，音调略微有些高低，都使他心惊胆战。高拉莉演的是一出开始可能失败而以后仍会走红的戏，那天可是失败了。高拉莉出场没有人鼓掌，正厅里冷冰冰的使她吃惊。除了加缪索的包厢，别的几个都没有掌声。二楼和三楼上的人把加缪索嘘了好几回。鼓掌队拍手的方式明明过火，被楼厅的看客喝住了。玛丹维尔很勇敢的鼓掌，假仁假义的佛洛丽纳，拿当，曼兰，在旁附和。戏完全砸了。高拉莉的更衣室里来了一大批人，他们的安慰使她愈加难受。女演员回去，灰心绝望，主要还不是为她自己，而是为了吕西安。

"咱们被勃劳拉出卖了。"吕西安说。

高拉莉内心受到伤害，发了一场高烧，第二天不能登台。她的艺术生涯眼看搁浅了。吕西安藏起报纸，躲在饭间内拆看。所有的副刊编辑都说，戏失败的责任在于高拉莉：她对自己估价太高，她在大街上讨人喜欢，可不适宜进竞技剧场；她固然有心向上，可惜不自量力，不该担任那个角色。吕西安看到许多评论高拉莉的文章，跟他当初对付拿当的一套假仁假义的手法没有分别。他好比克罗多人米龙[1]劈开了橡树，一双手被树干卡住了一样，气得脸色发青。他的朋友们用殷勤、关切、仿佛是一片好心的话，替高拉莉出了一些极恶毒的主意。他们劝她演另外几种人物，正是奸诈的记者明知道跟她的路子完全相反的角色。这些保王党刊物的论调，准是拿当教唆出来的。至于进步党的大报和小报，用的又是吕西安常用的一派卑鄙和挖苦的手段。高拉莉听见一两声抽噎，从床上起来走到吕西安身边，发现了报纸，拿来

---

[1] 公元前六世纪希腊的大力士和运动健将。

看了，看完一声不响又去睡了。佛洛丽纳跟打击高拉莉的一伙通同一气，早就料到这个结局，把高拉莉的台词背熟了，还由拿当帮她排练。戏院当局不肯放弃这本戏，打算叫佛洛丽纳接替高拉莉。经理来探望可怜的女演员，她流着眼泪，生气全无；等到经理当着吕西安说出当晚不能不照常开演，佛洛丽纳能够担任高拉莉的角色，高拉莉却一骨碌坐起来，跳下床，叫道：

"我照样能上台。"

说完她晕过去了。佛洛丽纳补了她的缺，一举成名，因为她把戏救活了，受到所有的报纸赞扬，从此变了你们都知道的名角儿。吕西安看见佛洛丽纳成功，气坏了。

他对高拉莉说："这个不要脸的女人，还是你给她的饭碗！竞技剧场要是愿意，尽可以取消你的合同。等我做了吕庞泼莱伯爵，发了财，和你正式结婚。"

"废话！"高拉莉说着，两眼无神瞅了他一下。

"废话？"吕西安叫道，"要不了几天，你就好住进一所漂亮的屋子，有自备马车；让我来给你写个剧本！"

他拿着两千法郎奔往弗拉斯卡蒂。倒霉鬼一连待了七小时，心情激动得像发疯，脸上冷冰冰的装作若无其事。从白天到上半夜，他不知经过多少风浪：最多赢到三万，出门的时候一文不剩。回去发现斐诺在他家中等着，要他的小品文。吕西安还不聪明，在斐诺面前发牢骚。

斐诺回答说："嗯！情形不妙，是不是？你这次向后转，动作太快了，当然要失去进步党报刊的支持，他们的力量比保王党和政府派的报纸大得多。事先要不留好退步，补偿你意料中的损失，就不应该转移阵地；无论如何，聪明人总是先去看看朋友，说明自己的理由,把脱党的事跟他们商量一下,那他们就变成你的同谋,向你表示同情,约好互相帮助。拿当和曼兰对他们的伙伴就用这个办法。豺狼虽狠,不伤同类。你对付这件事老实得像绵羊。你在新加入的党内要不张牙舞爪,休想分到一根骨头一个翅膀。人家为着拿当自然要牺牲你了。老实告诉你,你攻击大丹士的文章惹动了公愤,外面闹得沸沸扬扬。据说和你相比,玛拉[1]竟是圣人了。大家正在布置,预备向你进攻,将来你的书非被他们打下去不可。说起你的小说,进行得怎样啦?"

吕西安指着一包校样说:"这是最后几页了。"

"政府派和极端派报刊上攻击大丹士的文章,有些没有署名,大家说是你写的。此刻《觉醒报》天天向四府街上的一帮人放冷箭,讽刺的话说得挺滑稽,所以更恶毒。雷翁·奚罗的刊物背后,的确有一个小小的政治集团,态度很严肃,我看那一派早晚能抓到政权。"

"我八天没有进《觉醒报》的门了。"

"啊!别忘了我的小文章。马上写五十条来,稿费一次给你,不过要配合报纸的色彩才行。"

接着斐诺随随便便讲了一个关于掌玺大臣的小故事,说是在交际场中流传,正好给吕西安做题目,写一篇逗笑的稿子。

吕西安虽然疲倦,为了挣回赌输的钱,照样头脑敏捷,思想清新,一口气写了三十条,每条两栏。稿子写完,吕西安带着上道利阿书店,打算碰到斐诺,私下交给他;同时也想问问出版商,为什么他的诗集搁着不印。他看见铺子里挤满了人,都是他

---

[1] 法国大革命时期左派领袖之一。

的对头。他一进去,大家寂静无声,不说话了。吕西安发觉被新闻界列入黑单,反而勇气百倍,像以前在卢森堡走道上一样暗暗发誓:"我一定胜利!"道利阿态度不软不硬,只是嘻嘻哈哈,推说他有他的权利:印《长生菊》要趁他高兴,要等吕西安的地位能保证诗集畅销,他是把全部版权买下来的。吕西安指出按照合同规定,道利阿有印行《长生菊》的义务。道利阿的意见正好相反,说是在法律上谁也不能强制他做一桩他认为要亏本的买卖,时机是否恰当只有他能决定。此外,有一个无论哪个法院都会同意的办法:吕西安不妨归还三千法郎,把作品收回去交给一个保王党的出版商承印。

吕西安走出铺子,觉得道利阿的缓和的口气比第一次见面时的傲慢更气人。这么说来,诗集要等吕西安有一个强大的帮口撑腰,或者他本人有权有势的时候,才能出版的了。诗人慢吞吞的回家;倘若一有念头立刻行动的话,他那时的绝望竟可以使他自杀。他发现高拉莉躺在床上,面无人色,病得厉害。

贝雷尼斯对吕西安说:"要不让她登台,她活不成啦。"那时吕西安正在穿扮,要到白峰街去赴台·都希小姐家的晚会,他可以在那边遇到台·吕卜克斯,维浓,勃龙台,特·埃斯巴太太,特·巴日东太太。

那晚会是为一般歌唱家举行的:先是大作曲家公蒂,业余歌唱家中声音最好的一个,还有桑蒂,巴斯塔,迦契阿,勒华瑟,以及两三个在上流社会里出名的好嗓子。吕西安溜到侯爵夫人,侯爵夫人的大姑和特·蒙高南太太的位置旁边。倒霉的青年面上装作轻松,愉快,有说有笑,同他全盛时期一样,不愿意露出要人帮忙的样子。他滔滔不绝的谈到他替保王党立的功,提出进步党对他的咒骂做证明。

特·巴日东太太嫣然一笑，说道："朋友，你一定能得到充分的报酬。后天你同鹭鹚和台·吕卜克斯上掌玺局去领王上的诏书。掌玺大臣明儿亲自送到宫里去签字，宫中有会议，他回家比较晚；我要是当夜知道结果，立刻派人给你报信。你住哪儿呢？"

"还是我自己来吧。"吕西安不好意思说他住在月亮街。

侯爵夫人接口道："勒农古和拿华兰两位公爵在王上面前提起你，称赞你全心全意，毫无保留的效忠王室，说应当给你一个特殊的荣誉，才能报复进步党对你的侮辱。况且吕庞泼莱的姓氏和爵位是你在母系方面应得的权利，将来还要在你身上发扬光大。陛下当晚吩咐掌玺大臣起草上谕，准许吕西安·夏同以最后一个吕庞泼莱伯爵的外孙身份改姓，承袭伯爵的头衔。幸而我大姑记得你那首歌咏百合花的十四行诗，抄给公爵，王上看过了说：班达山上的蓟鸟[1]应当提拔。——特·拿华兰先生回答说：是的，尤其在陛下能产生奇迹，化蓟鸟为鹰隼的时候。"

换了一个不像路易士·特·埃斯巴·特·奈葛柏里斯那样受过严重伤害的女子，看着吕西安感激涕零的表现，准会心肠软下来。可是吕西安越美，路易士报仇的心越强。台·吕卜克斯说的不错；吕西安不够机警，识不透所谓诏书根本是特·埃斯巴太太设下的骗局。成功的消息和台·都希小姐的另眼相看，使他壮起胆子，在台·都希府上守到深夜两点，打算和女主人单独谈谈。吕西安在保王党报馆里听说台·都希小姐暗中同人家合编一个剧

---

[1] 蓟鸟隐射吕西安的本姓夏同，见前注。希腊的班达山是古代祭文艺之神阿波罗和诗神缪斯的地方。因为吕西安·夏同是诗人，故说他是班达山上的蓟鸟。

本，将要由当时的名角儿小法伊演出。客厅里人走空了，他和台·都希小姐坐在内客室的沙发上，讲出他和高拉莉的不幸，话说得非常动人，那位颇有男子性格的女作家听了，答应把她剧中的主角派给高拉莉。

下一天，高拉莉听到台·都希小姐的许愿很快活，有了精神，正在和她的诗人一同吃中饭。吕西安看着罗斯多的小报，讽刺掌玺大臣夫妇的那个凭空捏造的故事登出来了。文章诙谐百出，骨子里是恶毒透顶。路易十八也被吕西安很巧妙的牵引出来，写得很可笑，只是检察署没法干涉。进步党有心把下面的事说得逼真，其实只是在他们俏皮的毁谤中间多添了一桩毁谤罢了。

路易十八特别喜欢同人家交换文字雕琢而多情的书信，其中掺杂着情歌和撩拨的话。吕西安的小品文把这个嗜好说做路易十八的风流到了最后阶段，变为纯粹的理论，从行动化为思想了。受过贝朗瑞猛烈抨击，被他称为奥太维的那个大名鼎鼎的情人[1]，近来大起恐慌，因为王上的来信变得无精打采了。奥太维越卖弄才情，她的情人的态度越冷淡越灰色。奥太维终于发现她失宠的原因是王上有了一个新的通信对象，掌玺大臣[2]的太太；新鲜的刺激动摇了奥太维对王上的影响。据说那贤惠的大臣太太事实上连一个便条都写不起来，可知幕后必有一个大胆的野心家捉刀，她不过是出面的傀儡罢了。躲在她裙子底下的到底是谁呢？奥太维留神观察之下，发觉王上原来是跟他的部长通信。于是她

---

[1] 指杜·卡拉伯爵夫人，以才思与美貌有宠于路易十八。贝朗瑞在王政复辟时代攻击，不能不用另一个名字（奥太维）影射她。
[2] 法国传统，掌玺大臣必兼司法部长，故下文又称部长。

定了计划。靠着一位忠心的朋友帮助,她有一天让部长在议会里被激烈的辩论绊住身子;她自己单独去见王上,揭穿骗局,激恼王上的自尊心。路易十八的火气不愧为波旁家出身,他对奥太维大发雷霆,不相信她的话。奥太维建议当场证明,请王上写一个条子去立等回音。可怜的部长夫人猝不及防,派人到议会去请丈夫;可是一切都算准了,部长正在讲坛上。那女的只得满头大汗,搜索枯肠,好容易挤出一点聪明写了回信。王上大失所望,奥太维笑着说:"下文如何,让部长来向陛下说明吧。"

内容虽是无中生有,那篇文章却大大的伤害了王上和掌玺大臣夫妇。据说故事是台·吕卜克斯造出来的,可是斐诺始终替他保守秘密。进步党和王弟[1]的一派看了这篇诙谐尖刻的小品乐不可支;吕西安只当作有趣的谣言,除了觉得好玩之外,看不出有什么作用。第二天他去找台·吕卜克斯和杜·夏德莱男爵一同出发。男爵要向掌玺大臣道谢。他发表了参事院特别参议,封了伯爵,上面还答应他补夏朗德州州长的缺;现任州长再做几个月,能领到最高额的养老金的时候就要退休。杜·夏德莱伯爵——他的"杜"字已经正式写在上谕上——邀吕西安坐上他的马车,把他平等相待。要没有吕西安攻击他的那些文章,也许夏德莱不会爬得那么快。进步党的迫害等于做了他加官晋爵的垫脚石。台·吕卜克斯先到部里,等在秘书长的办公室内。那位官员一见吕西安,诧异得直跳起来,眼睛望着台·吕卜克斯。

"怎么!先生,你还敢到这儿来?"秘书长对吕西安说,吕西安吃了一惊。"部长大人把准备好的上谕撕掉了,你瞧!"他

---

[1] 即后来的查理十世,未登位时称特·阿多阿伯爵,为极端派保王党的领袖,不满路易十八的施政,认为太温和,太妥协。

随手指着一张撕成几片的纸。"部长要追究昨天那篇该死的文字是谁写的,我们把底本找来了。"秘书长说着,给吕西安看他的原稿。

"先生,你说你是保王党,事实上你同这份万恶的报纸合作,这份报害得部长们添了不少白头发,给中间派[1]添了许多烦恼,把我们推入泥坑。你拿《海盗报》《明镜报》《立宪报》《邮报》[2]当中饭,拿《日报》和《觉醒报》[3]当晚饭,再同玛丹维尔吃宵夜;玛丹维尔是跟政府捣蛋最凶的人,他要王上走专制的路,那不是要煽动革命,同倒向左派一样快吗?你是一个挺俏皮的记者,可永远当不了政治家。部长已经报告王上,那篇稿子是你写的,王上气愤之极,责备他的内廷供奉特·拿华兰公爵。这一下你招了不少冤家,他们过去越器重你,现在越恨你!敌人做出这种事来倒还罢了,你却自称为政府的朋友,岂不可怕!"

台·吕卜克斯道:"亲爱的,难道你是小孩儿吗?你使我受累不浅。特·埃斯巴太太,特·巴日东太太,特·蒙高南太太,都保举过你,准要气坏了。特·拿华兰公爵要埋怨侯爵夫人,侯爵夫人要嗔怪她大姑。我劝你别去拜访她们,过一阵子再说吧。"

秘书长道:"大人来了,快快出去!"

吕西安站在王杜姆广场上呆若木鸡,仿佛当头挨了一棍。他从大街上一路回去,一路反省。他发觉被一般嫉妒,贪婪,奸诈的人玩弄了。在这个名利场中他是怎样的人呢?不过是个孩子,贪快乐,爱虚荣,为了这两样牺牲一切;不过是个诗人,不会作

---

[1] 指当时的执政党——保王党中的主宪派。
[2] 以上都是反政府的进步党报刊。
[3] 《日报》属于保王党中的立宪派,《觉醒报》属于保王党中的政府派。

深刻的思考,像飞蛾扑火似的到处乱撞,没有固定的计划,完全被形势支配,想的是好主意,做的是坏事情。

他的良心变了一个无情的刽子手。并且他的钱花光了,只觉得工作和痛苦把他磨得筋疲力尽。报纸先要登载曼兰和拿当的文章才轮到他的。他信步走去,千思百想,出神了。他一边走一边瞧见某些阅览室的招贴,那时才想出新办法,图书和报刊同样可以借阅;广告上有一个古怪的,对他完全陌生的题目,底下写着他的姓名:**吕西安·夏同·特·吕庞泼莱著**。他的小说出版了,他可不知道,报上一个字都没有提。他耷拉着胳膊,一动不动的站着,没看见前面来了一群最漂亮的青年,其中有拉斯蒂涅,特·玛赛,还有另外几个熟人。他也不曾留意米希尔·克雷斯蒂安和雷翁·奚罗两个朝着他走过来。

"你是夏同先生吗?"米希尔说话的声音使吕西安听了心惊肉跳。

他脸色发白,回答说:"你认不得我了?"

米希尔朝他脸上唾了一口。

"这是你写文章骂大丹士的报酬。如果每个人为自己为朋友像我一样做法,报纸就不敢胡来,就能成为值得尊重而受人尊重的讲坛!"

吕西安身子一晃,靠在拉斯蒂涅身上,对拉斯蒂涅和特·玛赛说:"请你们两位做我的证人。不过我先要回敬一下,让事情没法挽回。"

米希尔猝不及防,被吕西安狠狠的打了一巴掌。几个花花公子和米希尔的朋友扑上来把共和党人和保王党人拉开,免得两人的争吵变成扭殴。拉斯蒂涅抓着吕西安,带到德蒲街上他的家里去，离开出事的根特大街只有几步路。幸而那是吃晚饭的时间，没有人围拢来看热闹。特·玛赛跑来找吕西安，和拉斯蒂涅两人硬把他拉往英国咖啡馆去快快活活的吃饭，临了三个人都喝醉了。

特·玛赛问吕西安："你剑法高明吗？"

"从来没上过手。"

"手枪呢？"拉斯蒂涅问。

"一辈子没放过枪。"

特·玛赛道："那你运气一定好。你这种敌人最可怕，会把对方打死的。"

39

一文不名

吕西安回去，亏得高拉莉已经上床，睡着了。她临时演了一出小戏，受到群众鼓掌，吐了一口气，因为那掌声不是花钱买来，而是凭她的艺术得来的。那天晚上的演出，敌人没料到；经理看到成绩，决意让高拉莉担任加米叶·莫班剧中的主角；高拉莉第一天登台失败的原因，经理也弄明白了。他鉴于佛洛丽纳和拿当暗中捣鬼，想打倒一个他重视的女演员，十分气恼，答应从今以后支持高拉莉。

清早五点，拉斯蒂涅来陪吕西安出发。

"亲爱的，你住这条街再合适没有[1]。"拉斯蒂涅用这句话代替寒暄，"咱们最好先到，地点在通往格里娘谷的大路上；到的早表示有气派，咱们应当立个好榜样。"雇的街车经过圣·但尼城关的时候，特·玛赛说："让我把节目告诉你。你们俩用手枪决斗；距离二十五步，各人可以随便向前，到相隔十五步为止。各人走五步，放三枪，不能再多。不论结果怎样，事情从此结束。

---

[1] 隐射月亮街的含义，参看前注。

对方的手枪由我们上子弹，他的证人替你上子弹。武器是四个证人在一家军火铺里会同挑选的。我向你担保，我们的确想促成你的运气，挑了骑兵用的手枪。"

在吕西安看来，人生变了一场噩梦；活也罢，死也罢，对他都无所谓。自杀的勇气使他在目睹决斗的人眼中大有英雄好汉的气概。他站在他的位置上一动不动。这个满不在乎的态度仿佛他胸有成竹，大家觉得这诗人厉害得很。米希尔·克雷斯蒂安向前走了五步。两人同时发枪，因为双方受的侮辱相等。第一枪，克雷斯蒂安的子弹擦过吕西安的下巴，吕西安的子弹比对方的头高了十尺。第二枪，米希尔的子弹打中诗人外套的领子，幸而领子是细针密缝的，里面还衬一层硬麻布。第三枪，吕西安胸部中了子弹，倒下去了。

"死了吗？"米希尔问。

"没有。"外科医生[1]回答，"他死不了的。"

"糟糕。"米希尔说。

"噢！是的，糟糕。"吕西安应声说着，眼泪直淌下来。

中午，可怜的孩子给抬进卧房，放在床上；人家花了五个钟点，费了好多手脚才把他送回家。虽然伤势不重，还是得小心照料，热度可能引起危险的并发症。高拉莉把悲痛和忧急咽在肚里。在朋友危急的期间，她从头至尾和贝雷尼斯两人陪夜，念着她的台词。吕西安的危险期共有两个月。可怜的姑娘有时上演快活的角色，心里想着："亲爱的吕西安或许就在这个时候死了！"

那时吕西安由皮安训护理，他的性命就靠这位热心朋友挽救

---

[1] 决斗时照例有外科医生在场。

的。皮安训虽然受过吕西安严重的伤害,大丹士却告诉他吕西安上门的事,替不幸的诗人洗刷。皮安训疑心大丹士宽宏大量,便在吕西安神志清醒的时候盘问他,因为他一度发过神经性的高热,病情严重;吕西安说只有在埃克多·曼兰的报上发表那篇严肃的批评,此外不曾写过别的稿子攻击大丹士。

第一个月末了,方唐和卡瓦利埃的合营书店宣告破产。这个可怕的打击,皮安训吩咐高拉莉不给吕西安知道。《查理九世的弓箭手》那部有名的小说,换了一个古怪的题目出版,一点销路都没有。方唐在清理之前要捞一笔现款,瞒着卡瓦利埃把作品整批卖给杂货商,杂货商三钱不值两文的转卖给货郎担。吕西安的书那时摆在巴黎桥头和河滨道的石栏杆上。奥古斯丁河滨道的书业批进不少,市价暴跌,损失不赀:四册十二开本的小说进价四法郎五十生丁,只卖到两法郎半。书商急得直嚷,而报上始终绝口不提。巴贝没料到这阵跌风,他相信吕西安的文才,一反平时习惯,进了两百部;眼看要蚀本了,他暴跳如雷,大骂吕西安。同业尽管削价脱手,他却狠了狠心,拿出守财奴的固执脾气,把两百部书送进栈房存起来。以后到一八二四年,靠着大丹士那篇精彩的序,小说本身的优点,雷翁·奚罗的两篇评论,作品的价值显出来了;巴贝的存货一部部的零卖,卖到十法郎一部。贝雷尼斯和高拉莉尽管提防,也没法拦着埃克多·曼兰不来看他病势凶险的朋友;曼兰把那碗苦味的**肉汤**一滴滴的给吕西安喝下去。像方唐和卡瓦利埃那样,印一个初出道的作家的书而做的倒霉生意,书业的行话叫作**肉汤**。忠于吕西安的朋友只有一个玛丹维尔,他写了一篇出色的书评赞美吕西安的作品;可是不论政府派还是进步党,都痛恨这位《评论报》《王旗报》和《白旗报》

的主编,所以玛丹维尔虽是勇将,进步党骂一句,他回敬十句,他的帮助对吕西安反而不利。英勇的保王党人的攻击无论如何凶狠,也没有一份报纸出来应战。高拉莉,贝雷尼斯和皮安训,把所谓吕西安的朋友一律挡驾,听凭他们大呼小叫的生气;可是执达员上门是不好阻拦的。方唐和卡瓦利埃破产了,他们的票据需要立刻兑现,商法上这一条规定对第三者损害最大,剥夺了他们票子没有到期不用负责的权利[1]。吕西安被加缪索告了一状,逼得很紧。高拉莉看到原告的姓名,才明白她认为多么天真的诗人做过一件又可怕又屈辱的事;她因之更爱吕西安了,可是她还不愿意去央求加缪索。商务警察上门逮捕,看见被告病在床上,不敢带走,在请示庭长指定一所疗养院,把债务人送往寄押之前,先去告诉加缪索。加缪索立刻赶往月亮街。高拉莉下楼见他,回来手里拿着法院的公事,公事根据吕西安的背书,确定吕西安是商人身份[2]。高拉莉用什么方法从加缪索手中拿到这些文件的呢?许了什么愿呢?她沉着脸一声不出,回到楼上像死人一般。她演了加米叶·莫班的戏,半男半女的名作家[3]那一回的成功,多半是高拉莉的功劳。扮这个角色也是这明星的最后一道光彩。演到二十场,正当吕西安身体复原,开始散步,吃饭,说要重新工作的时节,高拉莉受不住暗中的痛苦,病倒了。贝雷尼斯始终相信,高拉莉因为要救吕西安,答应加缪索将来回到他身边去。高拉莉眼

---

1 第三者指原来的受票人。受票人将未到期的本票向人贴现,必须在票上签字,叫作背书;原出票人到期不能支付时,当由受票人清偿。倘出票人宣告破产,即使所出票据尚未到期,贴现人即可勒令受票人立刻偿付。
2 上文提过,吕西安向加缪索贴现时,背书上写明付丝绸账,故吕西安有了商人身份。
3 巴尔扎克小说中的加米叶·莫班是影射乔治·桑,乔治·桑性格刚强,独立不羁,故称之为半男半女的作家。

看她担任的角色被佛洛丽纳抢去，又羞又恨。拿当恐吓说，要不让佛洛丽纳补缺，就向竞技剧场开火。高拉莉竭力抵抗，直演到最后一刻，因此大伤元气。她在吕西安病中向戏院预支过钱，此刻不能再要；吕西安虽有决心，还不能工作，同时他也得服侍高拉莉，减轻贝雷尼斯的负担。可见这一家的生活到了山穷水尽的田地，幸亏还有皮安训这样一个高明而热心的医生，替他们向药房说情，让他们赊账。高拉莉和吕西安的境况不久传到房东和街坊上的小商人耳里，家具查封了。男女裁缝也不再怕新闻记者，要求法院严追两个穷艺人的欠账。最后只剩药房和猪肉铺让两个可怜的孩子赊欠。吕西安，贝雷尼斯和病人吃了一星期光景的猪肉，老板把供应的花色都翻尽了。猪肉火气大，女演员的病越发重了。吕西安穷愁交迫，只能去找那出卖他的朋友罗斯多，讨还一千法郎。在他连续遭难期间，那一次的奔走最难堪。罗斯多已经回不了竖琴街，晚上睡在朋友家里，像野兔似的被人搜索，跟踪。带吕西安踏进文坛的该死的介绍人，吕西安只能在弗利谷多铺子里找到。果然，罗斯多坐在老位置上，和吕西安不幸碰到他而离开大丹士的那天一样。罗斯多请吕西安吃饭，吕西安居然接受了！

那天在弗利谷多铺子吃饭的还有格劳特·维浓，还有向萨玛农典押衣服的那个了不起的陌生人。罗斯多和吕西安同他们一起走出饭店，想到伏尔泰咖啡馆去喝咖啡，大家把口袋里叮叮当当的零钱统统掏出来，还凑不足三十铜子。四人便往卢森堡公园闲荡，希望碰上一个书店老板；果然有个当时最出名的印刷商被他们撞见了，罗斯多向他借了四十法郎，平均分作四份，每个作家拿一份。吕西安人穷志短，一点傲气都没有了，对三个艺术家淌眼抹泪，诉说他的遭遇；谁知这些同伴都有一段惨痛的经历说给他听；各人吐完了苦水，四个人中还算吕西安受的打击最轻。因此他们都需要忘掉痛苦，忘掉使他们苦上加苦的思想。罗斯多奔向王宫市场，拿剩下的九法郎做赌本。了不起的陌生人虽有天使般的情妇，也到一个下等地方追求危险的快乐去了。维浓走往小仙岩饭店，打算喝两瓶波尔多酒，叫理智和记忆力失去作用。吕西安不愿参加宵夜，在饭店门口和维浓作别。从来没有跟吕西安作对的记者只有这一个，内地大人物一阵心酸，握着他的手问：

"怎么办呢？"

大批评家回答："只有逆来顺受。你的书很精彩，可是遭到嫉妒，你的斗争必定时期很长，很艰苦。天才是一种可怕的病。所有的作家心坎里全有一个妖魔，赛过胃里的绦虫，一边发展一边吞掉你的感情。将来到底哪个得胜呢？是疾病战胜人还是人战胜疾病？当然，天才要跟性格平衡，只有大人物才办得到。才能一天天的长大，心一天天的枯萎。除非是巨人，除非有赫克里斯[1]式的肩膀，一个人不是没有心肝，就是没有才能。你身体又瘦又娇，我看你是支持不住的。"维浓走进饭店补上一句。

吕西安一路想着这番沉痛的议论回家，其中有些千真万确的道理使他把文艺生涯看清楚了。

"要钱啊！"有个声音在他耳边叫着。

吕西安开了三张期票，一个月的，两个月的，三个月的，各一张，每张票面一千法郎，写着自己的抬头，签上大卫·赛夏的字，笔迹学得像极了，还加上背书。第二天他拿着票子送给赛邦

---

[1] 希腊神话中的大力士。

德街上的纸商梅蒂维埃,梅蒂维埃毫不留难,给他兑了现款。吕西安写一封短信通知妹夫,说是给了他这笔负担,吕西安答应按照生意上的规矩,到期把款子解给纸铺。高拉莉和吕西安还清欠账,剩下三百法郎,诗人交给贝雷尼斯收起,吩咐她如果他开口要钱,一个子儿都不能给,他怕自己赌性发作。

40

告别

　　吕西安憋着一肚子怒火,脸上冷冷的一声不响,守着高拉莉在灯光底下写出他几篇最有风趣的文字。他一边思索一边望着他心爱的高拉莉,只见她面色白得像瓷器。那种美是临死的人的美;她咧着惨白的嘴唇向吕西安微笑,眼睛很亮,凡是被疾病和悲伤同时压倒的女子都有这种眼神。吕西安叫人把文章送往报馆;因为自己没法上办公室去逼总编辑,稿子就没登出来。等到他亲自出马,从前竭力拉拢他而利用过他的精彩的稿子的丹沃陶·迦亚,对他很冷淡。

　　迦亚说:"亲爱的,你小心点儿,你的文字没有风趣了。别泄气,拿出才情来!"

　　番利西安·凡尔奴,曼兰,以及一切恨吕西安的人,在道利阿书店或者杂剧院提到他,总说:"吕西安那小家伙,肚子里只有一部小说和开头几篇文章。现在送来的稿子,简直要不得。"

　　新闻界有句行话,叫作**肚子里空空如也**,作用等于终审判决,一朝宣布就不容易推翻。这句话传来传去,把吕西安说得一文不值;吕西安蒙在鼓里,他穷于应付的烦恼太多了。除了繁重的工作，用大卫·赛夏的名义签出去的票据又被人追索，只能去请教老经验的加缪索。高拉莉过去的朋友倒还慷慨，肯帮吕西安的忙。焦头烂额的时期一共有两个月，法院的公文送来一大堆，吕西安听着加缪索指点，一齐交给诉讼代理人台洛希，他是皮克西沃，勃龙台，台·吕卜克斯的朋友。

八月初，皮安训告诉诗人，高拉莉没有希望，活不了几天了。那几天凄惨的日子，贝雷尼斯和吕西安只会哭，在病人面前顾不得再遮盖。可怜的姑娘想到自己快死，为着吕西安伤心得不得了。她忽然心思大变，打发吕西安请教士。女演员要恢复信仰，平平安安的死去。她终于像基督徒一样结束她的生命，表示真诚忏悔。临终和死亡的景象把吕西安的精力和勇气消耗完了。诗人失魂落魄，坐在高拉莉床前一张靠椅上，一刻不停的望着高拉莉，直到她的眼睛被死神合上为止。那是清早五点。一只鸟飞来停在窗外的花盆上，吱吱喳喳唱了一阵。贝雷尼斯跪下来吻着高拉莉的手，眼泪直掉在逐渐冷却的手上。壁炉架上只有十一个铜子。悲痛绝望的情绪逼着吕西安出门，想用募化的办法埋葬他的情妇，不是去见特·埃斯巴侯爵夫人，杜·夏德莱伯爵，特·巴日东太太，台·都希小姐，扑在他们脚下，便是去央求刻薄的花花公子特·玛赛；那时他既没有傲气，也没有精力了。只要能弄到几个钱，便是叫他当兵也愿意！他垂头丧气，跌跌撞撞的走着，完全是倒霉鬼的形景；他不觉得自己衣冠不整，径自走进加米叶·莫班的住宅，要求通报。

当差回答说："小姐早上三点才睡，她不打铃，谁也不敢进房。"

"她几点钟打铃呢？"

"最早十点。"

吕西安写了一封凄惨的信留下,在那种信里,落魄的漂亮哥儿再也顾不得面子了。有一天晚上,罗斯多讲起某些有才气的青年央求斐诺,吕西安还不相信那种卑躬屈节的态度;如今他的一支笔或许比他们迫于患难的表现还要进一步。他浑身火热,像呆子似的从大街上走回去,根本不觉得刚才绝望之下写了一封惨绝人寰的信。他路上遇到巴贝。

他伸着手说:"巴贝,给我五百法郎好不好?"

"不,只能给两百。"书店老板回答。

"啊!你倒是热心人。"

"对,可是我有我的生意经。"巴贝接着告诉他方唐和卡瓦利埃的倒账,说道:"你害我损失了许多钱,应当帮我赚回来。"

吕西安打了一个寒噤。

书店老板接下去说:"你是诗人,应该各式各样的诗都会写。我此刻要一些香艳的歌,拿来跟别的现成歌曲混在一起,不让人家控告我翻版;我想印这样一部有趣的集子,在街上卖十个铜子一本。你要是明天交出十支出色的酒歌或者色情的小调……你该明白我的意思……就给你两百法郎。"

吕西安回家看见高拉莉直僵僵的横在一张帆布床上,裹着一条粗布被单,贝雷尼斯一边哭一边缝。诺曼底的胖老妈子在床的四角点了四支蜡烛。高拉莉面上光彩熠熠,平静到极点,叫活着的人看了十分感动。她很像害贫血症的少女:暗红的嘴唇有时好像还会张开来,轻轻的叫几声吕西安。她断气之前就念着上帝和吕西安的名字。吕西安打发贝雷尼斯上殡仪馆办手续,开销不能超过两百法郎,还得包括在简陋的佳讯教堂举行的丧事弥撒。贝雷尼斯一出门,诗人便坐在书桌前面,靠近可怜的女朋友的尸体,预备按照流行的曲调写十首快活的歌。他苦不堪言,花了多少气力没法动笔;后来总算心窍大开,救了他的急难,仿佛他根本不曾有过痛苦。格劳特·维浓关于感情和头脑分离的现象发表过沉痛的议论,此刻在吕西安身上应验了。教士替高拉莉做着祷告,可怜的孩子凑着灵前的烛光,为狂欢的酒会推敲歌词。那一夜不知他怎么过的!第二天早上,吕西安写完最后一首,想配一个当时流行的调子,贝雷尼斯和教士听见他唱起歌来,只道他疯了:

  朋友们,歌词要带说教,
    我听着受不了。
  要人快活与开心,
    为何又要讲理性?
  复唱的词儿句句精彩,
  叫我们嘻嘻哈哈干杯:
    古希腊的哲人也是这般议论。
  我们用不到高雅的辞藻,
  掌酒行令自有酒神代劳。
    劝你们尽情欢笑莫停杯,
  万事皆空休挂怀。

  名医常说,谁要能终年沉醉,
    包管他长命百岁。
  怕什么老态龙钟,

两腿摇摇走不动，
　赶不上健步如飞的青春年少！
　只要能满满的金樽高捧，
　　双手轻便岁岁相同；
　只要能沉湎醉乡直到老，
　传杯换盏意兴豪。
　　　劝你们尽情欢笑莫停杯，
　万事皆空休挂怀。

　　若要问，我们从哪条路上来，
　　　倒很容易说分明；
　　要知身后何处去，
　　　休问我辈痴与愚。
　何必思前想后多愁苦，
　有福且享莫蹉跎
　　　享尽荣华才不算此生虚度。
　天年有限数难逃，
　　一息尚存趁今朝！
　　　劝你们尽情欢笑莫停杯，
　万事皆空休挂怀。

　　诗人唱到惨痛的最后一节，来了皮安训和大丹士，发现吕西安伤心至极，眼泪像潮水一般涌出来，没有力气再把歌词誊清。等到他抽抽噎噎的说出他的处境，听的人眼睛都湿了。
　　大丹士道："这一下许多罪孽都补赎了！"

教士正色道:"在现世见到地狱的人还是幸福的。"

美丽的死者对着永恒的世界微笑,情人用香艳的歌词替她换来一块坟地;巴贝付了她的棺木;穿着短裙和绿头绿跟的红袜,煽动过整个戏院的女演员,如今给四支蜡烛围绕着;教士带她回到了上帝身边,正预备回教堂去替这个多情的女子做一台弥撒。这些又庄严又丑恶的场面,这些被急难压制的痛苦,把大作家和大医生看得惊心动魄,坐着一句话都说不出来。那时走进一个当差,报告台·都希小姐来了。这个美丽的了不起的女子一切都很明白,急急忙忙过来和吕西安握手,塞给他两张一千法郎的钞票。

"太晚了。"吕西安说着,死气沉沉的望了她一眼。

大丹士,皮安训,台·都希小姐,临走时说了许多温暖的话安慰吕西安,无奈他生命的动力都断了。中午,小团体的朋友们,除了克雷斯蒂安(他也已经知道吕西安并没真正出卖朋友),一齐来到小小的佳讯教堂,还有贝雷尼斯,台·都希小姐,竞技剧场的两个小角儿,服侍高拉莉化装的女仆,伤心的加缪索。男客都把女演员送往拉希士公墓。加缪索涕泪纵横,向吕西安发誓,一定买一块永久墓地,立一个小小的石柱,刻上几个字:**高拉莉,享年一十九岁——一八二二年八月。**

吕西安一个人留在那儿,直到太阳下去的时候,他站在高岗上了望巴黎,心里想:"现在还有谁爱我呢?那些真正的朋友瞧不起我了。只有在此长眠不醒的人觉得我的所作所为都是高尚的,好的。如今只剩我的妹妹,大卫和母亲了!他们在家乡对我做何感想呢?"

可怜的内地大人物回到月亮街,看着空荡荡的屋子不能忍受,搬往同一条街上的一家小旅馆。台·都希小姐的两千法郎,凑上变卖家具的钱，付清各方面的欠账。剩下一百法郎，贝雷尼斯和吕西安维持了两个月。吕西安精神瘫痪，像病人一样：他既不能动笔，也不能思索，一味往痛苦里钻，叫贝雷尼斯看着可怜。

吕西安想起母亲，妹子和大卫·赛夏，不禁长叹一声；贝雷尼斯听着问道："你要是回本乡，怎么去呢？"

他说："走回去啰。"

"可是一路也要吃，也要住。一天走四五十里，至少也得二十法郎。"

他说："我会想办法的。"

他留着身上穿的几件必不可少的衣衫，把礼服和讲究的内衣送去给萨玛农，萨玛农出价五十法郎。吕西安央求放高利贷的多给一些，让他能够坐班车回去，萨玛农始终不答应。吕西安气愤之下，立刻赶往弗拉斯卡蒂碰运气，结果把钱输得精光。他回到月亮街上破烂的卧房，问贝雷尼斯讨高拉莉的披肩。好心的姑娘看他眼神不对，又听说他赌输了钱，猜到可怜的诗人无路可走，想上吊了。

她说："你疯了吗，先生？你先去散步，半夜再回家。我来替你弄路费；不过你只能待在大街上，别走往河滨。"

吕西安在大街上闲荡，痛苦得如醉如痴；他望着漂亮的车马，行人，看他们受着巴黎成千上万的利益鞭策，像旋风般打转，更感到自己无依无靠，渺小到极点。夏朗德河畔的风光在脑子里闪过，他忽然渴望家庭的欢乐，精神为之一振；性格近于女性的人最容易把这种冲动当作勇气。他不愿意就此屈服，先要向大卫·赛夏倾吐心里的话，听听仅有的三个亲人的意见。他正走着，冷不防瞧见贝雷尼斯打扮得齐齐整整，在泥泞的佳讯大街和月亮街的拐角儿上同一个男人说话。

吕西安看到诺曼底姑娘便起了疑心,害怕起来,问道:"你干什么?"

她把四枚五法郎的钱塞在诗人手里,说道:

"二十法郎你拿去吧,代价不小,不过你总算动身了。"

贝雷尼斯一溜烟走了,吕西安来不及看清她走的方向。我们还得说句公道话,吕西安天良未泯,觉得那几块钱烫手,想还给她;结果他不能不收下,这是巴黎生活的最后一个疮疤。

第三部　发明家的苦难

引 言

一个时髦青年的惨痛的忏悔

第二天，吕西安办好身份证的签证手续，买了一根冬青树的手杖，在唐番街广场搭上一辆**布谷鸟**[1]，花十个铜子车费坐到龙于摩。第一晚，在离阿巴雄七八里处歇下，睡在一个农家的马房里。走到奥莱昂已经筋疲力尽，出三法郎搭一条便船到都尔，路上只花掉两法郎伙食。从都尔到博济哀，吕西安走了五天。过了博济哀，身边只有五法郎了，他拼着最后一些气力继续赶路。有一天走在旷野里，天黑下来了，正想露宿一宵，忽然从洼地里望见有辆马车上坡，车夫旁边坐着一个男当差。吕西安不给车内的客人，车夫，以及坐在车夫旁边的当差发觉，爬在车厢背后两个包裹中间，稳住身子，睡着了。早上，阳光射着他的眼睛，四下里人声嘈杂，把他惊醒过来，他一看，认得是芒勒。十八个月以前，他心中充满着爱情、希望、快乐，就在这小镇上等候特·巴日东太太。当下他发现自己浑身灰土，周围挤着一群赶车的和看热闹的人，知道要挨骂了，跳下来正想说话，车内却走出两个

---

[1] 当时专走巴黎和郊区的小型载客马车，名叫布谷鸟，只有四个到六个座位。

旅客，使他见了开不得口：原来是新任的夏朗德州州长，西克施德·杜·夏德莱伯爵，带着他的妻子路易士·特·奈葛柏里斯。

伯爵夫人道："没想到这样巧，我们竟是同路！跟我们一起上车吧，先生。"

吕西安朝夫妇俩冷冷的行了礼，眼神带着又惭愧又威吓的意味，把他们瞪了一眼，往芒勒镇外一条横路上走开了。他想找一个农家，弄些牛奶面包当早饭，歇息一下，再静静的考虑前途。他还有三法郎。《长生菊》的作者浑身发热，一口气跑了很久，沿着河往下走去，一路打量地形，风景越来越美了。晌午走到一处地方，四周是杨柳，中间一大片水，看上去像一口湖。他受着田园野趣的吸引，停下来眺望那清新茂密的林子。河的支流上有一个磨坊，连着一所屋子，树梢中露出茅草盖的屋顶，顶上长着石莲花。门面很朴素，唯一的点缀是几簇素馨，忍冬和制啤酒用的酒花，周围开着夹竹桃类和多肉植物的花，十分鲜艳。水位最高的地方有一条石堤，底下用一排粗糙的木桩撑着，堤上的水在阳光中往下奔泻。磨坊的那一边，一群鸭子在明净的池塘里游来游去，好几股水在水闸中轰隆隆的响成一片。磨坊的轮子发出刺耳的声音。吕西安瞧见一条天然木做的凳上坐着一个胖胖的女人，一边打毛线一边照管一个孩子，孩子正在捉弄几只母鸡。

吕西安走上去说道："大嫂，我累得很，还在发烧，身边只有三法郎；你能不能招留我一星期？只要有牛奶和黑面包，晚上给我一个草垫睡觉就行了。我可以写信给家里，他们会寄钱来，或者来接我回去的。"

她道："行，只要我丈夫答应。喂，小家伙？"

磨坊司务走出来瞧了瞧吕西安，拿下嘴里衔的烟斗，说道：

"三个法郎住一星期？还是干脆不收钱吧。"

磨坊司务的女人铺起床来。诗人临睡望着优美的风景，心上想："说不定我临了就在磨坊里当个伙计。"他这一睡可吓坏了主人。

第二天中午，磨坊司务的女人说："戈多阿，去瞧瞧那个小伙子，看他死了还是活着，他睡了十四个钟点了，我可不敢去。"

磨坊司务正忙着晒网，整理捉鱼的工具，回答说："我看那瘦括括的漂亮哥儿多半是个戏子，一个小钱都没有。"

女人问："你怎么看得出呢，小家伙？"

"嘿！他既不是王爷，又不是大臣，既不是议员，也不是主教，干吗一双手养得白白嫩嫩的，像一事不做的人？"

磨坊司务的女人才给昨天闯上门的客人弄好中饭，说道："他睡得东西都不想吃，可怪了。你说是戏子，那么他上哪儿去呢？现在还没到安古兰末赶集的时候。"

夫妇俩想不到除了戏子、王爷、主教，世界上还有一等人又是王爷又是戏子，名目叫作诗人，担任庄严的圣职，好像一事不做而其实是控制人类的人，假如他会描写人类的话。

戈多阿对老婆说："那么是什么人呢？"

老婆说："招留他有没有危险啊？"

磨坊司务回答："呃！小偷才机灵多呢，早把咱们的东西搬空了。"

吕西安大概从窗口里听到两夫妻的谈话，忽然走出来伤心的说："我不是王爷，不是小偷，不是主教，不是戏子；只是一个可怜的青年，从巴黎走到这儿，累死了。我名叫吕西安·特·吕庞泼莱，我的父亲夏同从前在乌莫开药房，后来盘给卜斯丹。我妹子嫁给大卫·赛夏,他在安古兰末桑树广场上开印刷所。"

磨坊司务道:"啊,我想起了,印刷所老板的爷不就是那个精明的老头儿,在玛撒克经营田地的吗?"

吕西安道:"一点不错。"

戈多阿道:"呸!那老子真不是东西!听说他逼得儿子把家里的东西统统卖了;他自己除掉积蓄,光是田产就值二十多万。"

遇到长时期残酷的斗争摧毁了身体和精神,把力量过分消耗以后,接下去不是死亡,便是同死亡差不多的消沉;可是能够抵抗的人这时反而会振作。吕西安处在这种生死关头,听人含含糊糊提到他妹夫大卫出事的消息,几乎支持不住。

他叫道:"哎啊,我的妹妹!我干的好事!天啊,我真不是人了。"

说完他倒在一条凳上,脸色发白,浑身软瘫,好像快死了。磨坊司务的老婆急忙端来一碗牛奶,逼他喝下去;他却央求磨坊司务搀他上床,说他死在这儿连累主人,请求原谅,吕西安只道自己马上要完了。风流的诗人看到死神的影子,忽然想起宗教,要找一个神甫来听他忏悔,给他受临终圣体。戈多阿太太看见一个身段和面相多漂亮的青年,有气无力的说出这样悲痛的话来,十分感动。

她说:"喂,小家伙,赶快骑着马到玛撒克去请玛隆医生;我看这小伙子神气不对,让医生来瞧瞧是什么病;你把本堂神甫也一块儿请来;说不定他们比你知道更清楚,桑树广场上的印刷所老板到底出了什么事;卜斯丹是玛隆先生的女婿。"

乡下人都相信害了病应当多吃东西,戈多阿一走,他老婆就把吕西安喂饱了,吕西安听凭摆布,同时悔恨交并,精神一激动,反而从低沉的情绪中振作起来。

玛撒克是一乡之中的首镇,坐落在芒勒和安古兰末的半路上。磨坊离玛撒克不过三四里地,好心的磨坊司务很快就把玛撒克的本堂神甫和医生请来了。这两人早听说过吕西安同特·巴日东太太的关系,此刻夏朗德州又在到处谈论那位太太和新任州长杜·夏德莱结了婚,一块儿回到安古兰末的消息;所以一听见吕西安在磨坊司务家出现,神甫和医生都心痒难熬,急于要知道特·巴日东先生的寡妇为什么没有嫁给跟她一起逃走的青年诗人,诗人这次回乡是不是来搭救他的妹夫大卫·赛夏。好奇心和慈悲心凑在一处,马上替半死不活的诗人找来了救星。戈多阿走后两小时,吕西安听见磨坊外面的石子路上响起乡下医生的破马车的声音。一会儿两位玛隆先生到了眼前,医生原是本堂神甫的侄儿。住在一个种葡萄的小镇上的乡邻,彼此没有不相熟的;吕西安见到的两个人就和大卫·赛夏的父亲有来往。医生仔细瞧了瞧病人,按过脉,看过舌苔,笑眯眯的望着磨坊司务的老婆,意思叫她放心。

他道:"戈多阿太太,我相信你地窖里准有几瓶好酒,篓子里准养着肥大的鳗鱼,你去弄给病人吃,他没有什么病,只是脱力。咱们的大人物吃饱了,马上能站起来!"

吕西安道:"唉!先生,我的病不在身上,在心里。这两个人告诉我一句话,我听着难过死了,据说我妹子赛夏太太家出了乱子!戈多阿太太说你的女儿嫁给卜斯丹,那么大卫·赛夏的事,你一定知道一些。"

医生回答:"他大概坐了牢,他父亲不肯帮他的忙……"

吕西安道:"坐牢!为什么坐牢?"

玛隆先生道:"巴黎送来一些票据,想必他忘了清理。大家都说他糊里糊涂。"

诗人脸色大变,说道:"对不起,先生,我要单独同神甫谈谈。"

医生,磨坊司务和他的老婆,一齐退出。屋子里只剩一个老教士了,吕西安才说:"先生,我觉得快死了,而且我也不配再活在世界上。我罪孽深重,只有投入宗教的怀抱。我把大卫·赛夏当作亲兄弟一般,而我竟害了我的哥哥,我的妹妹。我出了几张本票,大卫没有能照付……他被我拖倒了!我当时遭到不幸,无路可走,忘了这桩罪过。债主为这笔款子控诉我的时候,有个大财主出来说情,不再向我追逼,我只道那财主把钱还清了,原来不是这么回事!"

于是吕西安讲出他的不幸。他到底是诗人,把那个可歌可泣的故事说得非常激动,最后请求神甫上安古兰末走一遭,向他妹子夏娃和母亲夏同太太探问实情,看他还能不能挽回局面。

吕西安淌着眼泪说:"我可以支持到你回来。只要母亲,妹子,大卫不嫌我,我就不死了!"

巴黎人的口才,惊心动魄的忏悔,漂亮青年面无人色,绝望到半死不活的地步,讲的不幸的遭遇又是谁都担当不了的,一切都引起本堂神甫的哀怜和关切。

他回答说:"在内地跟巴黎一样,人家的闲话只信得一半;你不用害怕,这儿离安古兰末有十几里,少不得以讹传讹。我们的邻居赛夏老头进城有几天了,大概去料理儿子的事。让我到安古兰末走一趟,回来告诉你能不能回家;我可以拿你认错悔过的话说给你家里人听,代你说情。"

本堂神甫不知道吕西安十八个月中间已经忏悔过好多次,忏悔得再沉痛也只抵得一场表演挺好而不是有心假装的戏!神甫退出,又来了医生。他看吕西安是发肝阳,危险期过去了;侄儿和叔叔一样说了一番安慰的话,病人听着劝告,答应再吃些东西补补身体。

打落水狗

本堂神甫熟悉当地的情形和习惯,回到芒勒知道等会就有从吕番克到安古兰末去的班车经过。他弄到一个位置。关于大卫·赛夏的事,老教士存心打听他的侄孙婿卜斯丹,乌莫的药房老板。卜斯丹为着美丽的夏娃曾经和印刷商暗中吃醋。矮小的药剂师把老人从来往吕番克和安古兰末的破车上小心翼翼的扶下来,便是最粗心的人看了,也猜得出卜斯丹先生和卜斯丹太太的好日子都寄托在老人的遗产上面。

"用过饭没有啊?要不要吃点儿什么?我们想不到你会来,真是太高兴了……"

问长问短的话不知说了多少。卜斯丹太太跟乌莫的药剂师的确是天生一对。她同矮小的卜斯丹个子相仿,从小在乡下长大,脸色通红;没有腰身,谈不上好看,只是皮色十分鲜嫩。低额角,红头发,滚圆的脸盘一望而知是头脑简单的人,动作和说话也是这一路;眼睛差不多是黄的;浑身上下都说明人家娶她是看中她将来的财产。难怪她结婚才一年多,已经当家做主,把丈夫管教得唯命是听;而卜斯丹娶到这个有遗产的老婆,也自欢喜不尽。卜斯丹太太娘家姓玛隆,名叫雷奥妮,生的一个儿子还在吃奶,被老神甫,医生和卜斯丹当作心肝宝贝;孩子长得又像爷,又像娘,难看死了。

雷奥妮道:"叔公,你到安古兰末有什么事啊?怎么一点东西都不肯吃,才进门就说要出去了?"

老教士一说出夏娃和大卫·赛夏的名字,卜斯丹脸就红了,雷奥妮也对矮小的男人醋意十足的瞅了一眼。凡是把丈夫捏在掌心里的女人为了将来有保障,都要嫉妒过去的事。

"叔公,那些人有什么好处给你,你对他们的事这样关心?"雷奥妮带着尖刻的口气说。

"孩子,他们遭了不幸。"神甫回答,接着向卜斯丹说出吕西安在戈多阿家的情形。

卜斯丹说:"啊!原来他从巴黎回来弄到这副形景!可怜的小伙子!他人倒挺聪明,志气也不小!他出去谋生路,结果是两手空空的回来!他到这儿来干什么呢?他的妹子穷得不堪设想;那些天才,不论是大卫还是吕西安,都不懂生意经。我们在商务法庭上谈到大卫,我是裁判,不能不在他的判决书上签字……我心里才不好过呢!照眼前的局面,我不敢说吕西安能不能回到他妹子家去;他从前在这儿住的小房间还空着,我倒愿意让他来住。"

"好吧,卜斯丹。"神甫说着,戴上三角帽,亲了亲睡在雷奥妮怀中的孩子,准备上街了。

卜斯丹太太道:"叔公,你准定回来同我们吃晚饭吧?你想弄清这些人的事,着实要花些时间呢。等会让卜斯丹套上小马,用他的小车送你回家吧。"

夫妻俩目送他们的宝贝叔公往安古兰末城里走去。

药剂师道:"到了这个年纪,亏他还这样精神。"

趁年高德劭的教士爬上安古兰末的大石梯的时候,我们先来解释一下,他想打听的事牵涉到哪一些复杂的利害关系。

上编　追偿债务的故事

01

需要解决的问题

大卫·赛夏好比画家给福音书的作者配对的牛[1]，又勇敢又聪明。夏娃接受大卫求婚，对他身心相许的那天晚上，大卫坐在夏朗德河边的闸板上发愿挣一份巨大的家私，主要是为夏娃和吕西安，不是为他自己。自从吕西安动身以后，大卫就想赶快挣起这份家业来。他要配合妻子的身份，给她一个富裕高雅的环境，同时也要大力支援吕西安的雄心壮志，这个计划在大卫眼中好像每个字都是用火焰写的。出版界，文艺界，科学界的大发展，新闻事业，政治活动，一切国家大事都有人讨论的趋势，复辟政府稳定以后的整个社会动向，使纸张的需要量比大革命初期，有名的乌佛拉根据相仿的理由做投机[2]的时代，差不多增加十倍。可是一八二一年时，法国纸厂林立，不能希望再像乌佛拉那样包下几个主要厂家的出品，来一个独家经

---

[1] 基督教传说用牛做路加福音的作者圣·路加的象征，代表力量。圣·路加本是画家出身，故后世画家奉为祖师。
[2] 有名的银行家乌佛拉（1770—1846）一度专收博阿多和安古兰末的纸厂出品，囤积居奇。

营。再说大卫也没有胆气和资金做这种投机生意。造卷筒纸的机器已经在英国运转。可见发展造纸工业，适应法国文明的需要，确是一桩刻不容缓的事。我们的文明倾向于样样事情都要讨论，每个人的思想要不断的发表，这真是国家的大患，因为多议论的民族总是很少行动。所以说来奇怪，一方面，吕西安投入新闻事业那个庞大的机器，不怕弄得智穷才尽，身败名裂，另一方面大卫·赛夏在印刷所中也在关切报刊的动态，注意报刊的物质方面的影响。他要找出新方法来配合时代所追求的目标。他看准制造廉价的纸张是一条生财之道，后来的事实也证明他有先见之明。最近十五年内，发明执照局收到的申请书不下一百多件，都自称为发现了造纸的新原料。

大卫愈来愈相信这项发明的用处，虽然不能享大名，发一笔大财是肯定的。从舅子去了巴黎以后，大卫便老是全神贯注，转着念头，要解决这个问题，不能不如此。为着结婚和筹措吕西安的路费，他的资金都用完了，初婚的生活很艰苦。他只留着一千法郎做印刷所的开销，可是还有一张期票在药房老板卜斯丹手里，欠着一千法郎。因此对这深刻的思想家来说，问题是双重的：既要赶快发明一种廉价的纸，又要把这桩发明的好处派作家用和经营印刷的资本。

经济窘迫的情形不能让人知道，眼看一家的生活费没有着落，印刷所的行当又一点马虎不得，需要时时刻刻留神；同时还得凭着学者的热诚和乐而忘返的精神，在不可知的天地中摸索，探求那个费尽心思而愈来愈渺茫的秘密，这一大堆牵肠挂肚的事不知要怎样的头脑才能应付！不幸我们以后要看到，除了公众的忘恩负义之外，发明家还有许多别的痛苦。一事不做的人，无能的人，向大众提到一个天才，总说："他是生来做发明家的，不会干别的事。咱们用不着感谢他们，正如用不着感谢天生的君主！他不过是发挥他天赋的才能！工作本身便是他的报酬。"

02

勇气十足的妻子

一个年轻姑娘结了婚,肉体和精神少不得有一番深刻的变动;倘是中产阶级,攀着一门小康的亲事,她还得研究一下从来没接触过的银钱问题,学学做生意的门道,因此必须经过一个袖手旁观的阶段。不幸大卫疼着老婆,耽误了她的教育;结婚的下一天和以后的几天,他都不敢向老婆说出他的境况。尽管父亲的啬刻使他穷得一筹莫展,他还不忍破坏他的蜜月,要妻子学他那个不愉快的辛苦的行当,把做买卖人家的主妇应有的知识教给她。仅有的一千法郎大半做了日常吃用,很少花在工场里。大卫满不在乎,他的老婆蒙在鼓里,这样过了四个月。等到醒过来,两人都大吃一惊。给卜斯丹的票子到期了,家里没有钱;这笔钱是怎么欠的,夏娃心中有数,只得卖掉一些银器和她新娘的首饰,拿去还债。款子付清那天晚上,夏娃想叫大卫谈谈他的情形;她发觉丈夫为着从前谈过的那个问题,撇下印刷所不管了。婚后第二个月,大卫主要是在院子尽头的偏屋,浇墨棍用的小房间里消磨时间。他回到安古兰末三个月以后,就废掉蘸墨的皮球,改用圆筒和石板调墨,拿硬胶跟糖浆做的棍子蘸墨。这是改进印刷的第一步，成绩卓著，戈安得弟兄看了立刻仿效。院子里那间像厨房一般的偏屋，半边靠在和邻居分界的墙上；大卫靠墙安放一个炉子，一个铜锅，推说浇起墨棍来省煤，其实墨棍的模子放在墙脚下生锈，统共也没浇过两回。他用橡木给小屋做了一扇厚实的门，里面钉着铁皮，木格子镶嵌的肮脏的玻璃窗也换了有一道道沟槽的厚玻璃，使屋外看不见他在屋内的活动。夏娃一提到前途，大卫便神色不安的瞧着她，打断了她的话，说道："亲爱的，你看见工场里冷清清的，我对买卖没精打采，你心里有什么感想，我全知道；可是你瞧，"他把夏娃拉往卧室窗口，指着那神秘的小屋子说："咱们的家业是在那里……还有几个月的苦日子，咱们得耐着性子熬过去，让我解决那个难题——你知道是怎么回事，难题解决了，咱们就不愁穷啦。"

大卫这个人太好了，太真诚了，你听了他的话不能不相信；可怜的妻子像所有的女人一样关心日常用度，决意不要丈夫再为家务操心。过去她守着蓝白两色的漂亮卧房，只做点儿针线，陪母亲闲话，这一下她走出房间下楼了。工场尽头有两个小小的木亭子，她去坐在一个亭子里，琢磨印刷生意的门道。有了身孕的女人肯这样做，不是英勇得很吗？最近几个月工场里无事可做，原有的工人一个个溜了。戈安得弟兄的业务应接不暇，不但本州的印刷工贪图日后多挣些钱，被他们诱了去，便是波尔多的工人也有投奔来的，尤其一般学徒自以为手艺高强，不愿意等到满师，受种种约束。夏娃查看赛夏铺子的家底，发觉只剩三个人了。先是大卫从巴黎带来的学徒赛利才；其次是像看家狗一般忠心的玛利红；最后是亚尔萨斯人高布。高布从前在第多印刷厂打杂，后来去服兵役，碰巧来到安古兰末，兵役快满期的时候，有一次被大卫在检阅的队伍中撞见了。高布来探望大卫,看中了胖子玛利红。在他那个等级的男人眼里,女人的品质玛利红可以说应有尽有:身体强壮,腮帮紫堂堂的;力气同男人不相上下,端起一盘铅字来轻而易举;一丝不苟的性格,亚尔萨斯人尤其看重;对主人的忠心证明她心地善良;她又很省俭,积蓄了一千法郎,还有内衣,袍子,零星衣物,都收拾得干干净净,完全是内地派头。胖姑娘玛利红三十六岁,看见一个身高五尺七寸,身体魁梧,像碉堡一般结实的装甲兵追求她,心里很得意,怂恿他做印刷工。亚尔萨斯人正式复员之后,被玛利红和大卫训练成**大熊**[1],虽然一字不识,倒也做得挺好。那一季没有多少**零活**,赛利才尽可应付。赛利才又是排字工,又是拼版工,又是监工,做到康德所谓三位一体:他自排自校,写订单,开发票;大半的时间无事可做,待在工场尽头的小亭子里看小说,等顾客上门托印招贴礼帖之类。赛夏老头一手教出来的玛利红负责整纸,浸纸,晾纸,切纸,帮高布印刷,同时兼管厨房,大清早上菜市。

　　夏娃要赛利才报出上半年的账,收入是八百法郎;开支项下,赛利才的工资每天两法郎,高布一法郎,共计六百法郎,交出去的印件成本花到一百多法郎。夏娃一看就明白,大卫结婚以后六个月,既赔了房租,机器生财和印刷执照的利息;也没有收回玛利红的工资,油墨,更不用说印刷商应有的利润了。印刷业的行话管这些有关成本的项目叫作**零料**,因为印刷车上要用呢绒和绸衬在铁板和纸张中间,防绞盘压力太猛,损坏铅字。夏娃对印刷所的生意和盈亏大致有了一个眼目,知道这小厂在戈安得弟

---

1 参考《幻灭(上)》,指掌车工。

兄排挤之下很少办法。戈安得弟兄活跃得不得了：又造纸，又办报，又印刷，主教公署的买卖归他们独家承包，州公署和区公所也是他们的主顾。两年前赛夏爷儿俩得了两万两千法郎出让的报纸，此刻每年有一万八收入。夏娃看出戈安得弟兄表面上装作慷慨，骨子里别有用心；他们让赛夏印刷所多少有点买卖苟延残喘，而绝不会生意兴隆，能够同他们竞争。她一上手管事，先把一切生财造好清册；再叫高布，玛利红，赛利才打扫工场，收拾整齐。然后有天晚上，大卫从野外散步回来，后面跟着一个老婆子背了一个大布包；夏娃乘机告诉大卫，生意上的事可以由她独自照管，只是问大卫，赛夏老人留下的破烂家伙该怎么利用。赛夏太太听着丈夫的主意，把她清理出来而分好门类的存纸，统统印成彩色的民间传说，只用一张纸，排两栏，给农民买去粘在草屋的壁上，题目无非是《流浪的犹太人》《魔王劳贝》《美丽的玛葛洛纳》之类，还有讲奇迹的故事。夏娃安排高布出门兜销。赛利才立刻动手，排那些天真的文字，安上俗气的图版，从早到晚忙个不停。玛利红对付印刷。一切家务都由夏同太太照顾，夏娃管插图的着色。两个月工夫，多亏高布勤谨老实，赛夏太太在安古兰末周围四五十里方圆之内销掉三千份画片，卖两个铜子一份，三十法郎成本变了三百法郎。亚尔萨斯人不能到本州以外去兜售，等到画片贴满了所有的茅屋和小酒店，又该想法做别的买卖了。夏娃翻遍工场，找出一批专印一种名叫《牧羊人历本》的图版，不用文字，内容只有红，黑，蓝三色的符号，图像和镂版画。不识字的赛夏老头当年给不识字的人印这本册子，赚过不少钱。全书用一张纸折成六十四页，钉成一百二十八面的小册，卖一个铜子。内地的小印刷所多半做单页印刷品的生意。赛夏太太看见上回买卖得手,很高兴,打算拿赚来的钱印一大批《牧羊人历本》。这种历本法国每年销到几百万,用的纸比《列埃日历本》更粗糙,大约只要四法郎一令。印成历本,五百张一令的纸,按每张一个铜子计算,可以卖到二十五法郎。赛夏太太决计第一版先用一百令纸印五万册,销完了有两千法郎可赚。

大卫虽则聚精会神忙着自己的事,对什么都不在意,偶尔也望望工场,听见一架木车咯吱咯吱响着,看见赛利才在赛夏太太调度之下老在那里排字,感到奇怪。有一天他进去查看夏娃的工作;夏娃听丈夫说历本是桩好买卖,高兴非凡。历本的内容需要一见便明,印插图的彩色油墨该怎么应用,大卫答应亲自指点。他预备在秘密工房里把墨棍重新浇过,尽量帮老婆做好这笔大规模的小生意。

他们正开始忙得不可开交,吕西安来了几封令人泄气的信,向母亲,妹子,妹夫,报告他在巴黎的失意和苦难。不难了解,给宠惯的孩子寄去三百法郎,在夏同太太,夏娃和大卫说来,是为诗人献出了他们最宝贵的血。夏娃听到那些消息大受打击,而且鼓足勇气干的活儿只赚到很少一点钱,觉得很失望,所以遇到一般青年夫妇认为天大的喜事,倒反害怕起来。她看自己快要做母亲了,暗暗想道:"我生产的时候,要是亲爱的大卫还研究不出一个结果来,怎么办?……小印刷所才开场的事业交给谁管呢?"

03

未来的犹大

《牧羊人历本》早该在元旦以前出货,无奈全部排工只有赛利才一个人做,他却慢条斯理的拖拉,叫人发急,尤其赛夏太太对印刷不大在行,没法埋怨,只能暗中留意巴黎青年的行动。赛利才是巴黎育婴堂出身的孤儿,送在第多印刷厂当学徒。十四岁到十七岁那一段,他对大卫·赛夏唯命是听;大卫派他在一个最能干的工人手下,自己也在印刷方面把他当作副手兼小厮。大卫看他聪明,对他很关切,又念他穷苦,不时给他有些娱乐,因此赛利才对大卫颇有感情。他那张又小又狡猾的脸还好看,头发黄里带红,眼睛蓝得不清不楚。他把一些巴黎野孩子的习气带到安古兰末;仗着头脑灵活,嘴皮刻薄,心思又恶毒,叫人见了害怕。大卫在安古兰末对他不再管束,或许看他年纪大了,比较放心,或许认为内地的风气有感化人的力量。赛利才却瞒着老师,搭上三四个年轻的女工,变做街头的唐·璜,完全堕落了。他的做人之道是巴黎小酒店的产物,唯一的原则是样样为自己着想。赛利才下一年要服兵役,像俗语说的要**轮到抽签**了;他看到没有出路,便存心背债,算准六个月以后当了兵,随便哪个债主都奈何他不得。小家伙心上还多少服着大卫，原因不在于尊敬老师，也不在于受过关切，而是因为他是从巴黎来的，知道大卫的聪明才智高人一等。不久赛利才和戈安得厂里的工人混熟了，他们的上装，工衣，对他都是一种诱惑，还有同业观念在下层阶级也许比上层阶级更有影响。他同这批人交了朋友，把大卫给他的一点儿好教育丢得干干净净。尽管这样，他还护着大卫：**大熊们**带他看戈安得的宽敞的工场，十二架出色的铁车都在开动，仅存的一架木机只打校样，不派正用了；他们笑话赛夏父子的旧机器是**烂木头**；赛利才站在主人一边，傲气十足的冲着他们说："哼！你们的**傻瓜**[1]弄了些铁车有什么了不起，不过印印祈祷本子；我的**傻瓜**凭着他的**烂木头**，才有发展呢！他正在找窍门，将来法兰西和拿伐尔的印刷商都要让他捞一笔呢！……"

人家回答说："哼，你这个起码监工，只挣四十铜子一天，你的老板娘是个烫衣服的！"

赛利才说："她才漂亮呢，比你们两个牛头马面的东家看起来舒服多了。"

"眼睛望着老板娘，肚子就不饿了吗？"

在小酒店或者印刷所门口说的这些打趣的话，多少透露出一点赛夏铺子的情形，给戈安得弟兄知道了。他们听见夏娃做历本生意，认为必须彻底破坏，不让可怜的女人把事情做成功，从此发达起来。

弟兄俩商量道："咱们叫她撞得鼻青脸肿，不敢再做买卖。"

专管印刷的戈安得遇到赛利才，说他们活儿太多，原有的校

---

[1] 指印刷所的老板。

对忙不过来，提议分一部分给赛利才，按件计酬。赛利才晚上替戈安得弟兄工作几小时，比着替赛夏整天干活挣的钱更多。戈安得弟兄便和赛利才有了来往，他们夸他才能出众，只是遭遇不好，代他可惜。

有一天，两个戈安得中的一个对他说："你满可以当一家大印刷所的监工，挣到六法郎一天；你这样聪明，将来还有希望在厂里搭股。"

赛利才答道："做个好把式的监工有什么用？我是孤儿，明年轮到兵役，抽签抽中了，谁拿出钱来替我买壮丁？……"

有钱的印刷商道："只要人家看你出力，怎会不借钱给你免掉兵役呢？"

赛利才道："反正不能指望我的**傻瓜**。"

"噢！那个时候也许他研究的东西有了结果啦……"

这句话有心叫听的人起坏主意。赛利才带着探问的神气瞅着纸厂老板，看他一声不响，只得小心回答："我不知道他忙些什么，反正他这种人不是在铅字架上发财的。"

印刷商拿出六大张教区的经文递给赛利才，说道："朋友，你明天校完，就有十八法郎进账。你瞧我们气量多大，让同行的监工挣钱！我们尽可让赛夏太太印《牧羊人历本》，把本钱赔得精光。你不妨告诉她一声，我们也在印这个册子，包管赶在她前面……"

赛利才为什么把历本排得这样慢，现在我们明白了。

夏娃听说戈安得破坏她可怜的小买卖，吓了一跳；赛利才假仁假义的报告同行的竞争，她还以为是忠心；可是不久发现她的独一无二的排字工形迹可疑，不能单用年轻人的好奇心来解释了。

　　有天早上她说:"赛利才,你常常站在门口等先生走过,想看他干些什么;你不赶紧排咱们的历本,反而在先生走出浇墨棍的工房的时候望着院子。这些行为都是不对的。你明明看见我是他的妻子,尚且尊重他的秘密;我不怕自己辛苦,让他安心工作。你要不浪费时间,历本早已完工,高布早已拿去发卖,不怕两个戈安得捣乱了。"

　　赛利才道:"哎唷!太太,我在这里每天拿四十铜子工钱,替你排的字值到一百铜子,还不够吗?晚上要没有戈安得弟兄的校样,我只好吃糠了。"

　　夏娃听着心里很难受,主要不是因为赛利才抱怨,而是他声调粗野,带着威吓的态度和恶狠狠的眼神。她说:"你年纪轻轻就没有良心,看你将来有出息吗?"

　　"跟的老板是个女流,当然不会有出息了,一个月的工钱还不一定能维持三十天。"

　　夏娃觉得女性的尊严受了伤害,气冲冲瞪了赛利才一眼,上楼了。大卫来吃饭,夏娃问道:"朋友,你对赛利才那小子信得过吗?"

　　他回答:"赛利才吗?他是我的徒弟,我一手教出来的,他替我念原稿,我安排他上铅字架,哪一样不是我提拔他的?你这话好比问一个做父亲的是否信得过他的孩子……"

　　夏娃告诉丈夫,赛利才帮戈安得弟兄看校样。

　　大卫好像师傅做错了事,不好意思,说道:"可怜的孩子!他也得活命啊。"

　　"对;可是朋友,你瞧瞧高布和赛利才的分别吧;高布每天赶七八十里路，只花十五到二十铜子，替我们把单张的印刷品卖到七八法郎，甚至九法郎，除掉开支，只问我要他一法郎的工钱。高布再苦也不会帮戈安得弟兄掌车；你扔在院子里的东西，哪怕有人许他一千银洋也不会瞧上一眼；赛利才却统统捡去，瞧个不停。"

心胸高尚的人总不大肯相信人家会作恶，会无情无义；只要受到残酷的教训才恍然大悟，知道人心败坏到什么田地；而且他们受了教训也只用宽大来表示他们的痛心。

所以大卫回答说："哦！巴黎的孩子都免不了好奇。"

"好吧！朋友，我只请你上工场去查查你的小厮一个月来排的东西，告诉我是不是他在这一个月内不能完成咱们的历本……"

吃过晚饭，大卫查了一下，认为历本只消一个星期就应该排完；又听说戈安得弟兄也在印同样的历本，便来帮助老婆，叫高布不用再去兜售图片，工场的事都由大卫调度。他亲自拼了一版，让高布和玛利红两人印刷；自己和赛利才印另外一版，同时照管彩印的工作。每种颜色要分开印，四种不同的油墨要印四次。一份《牧羊人历本》要四道印工，成本自然很高，只有内地印刷所仗着人工不值钱，不需要计算资金的利息，才能生产。尽管是粗货，印精美图书的大厂却无法上手。从老赛夏退休之后，破旧的工场里第一次开动两架印刷车。夏娃的历本印得极好，却只能卖两生丁半，因为戈安得弟兄的批价是三生丁。夏娃发给货郎担的历书只收回成本，高布直接卖给用户的才有赚头；结果夏娃的买卖失败了。赛利才发觉自己在漂亮老板娘眼中犯了嫌疑，便打定主意跟她作对，私下想："你疑心我，我非出气不可！"巴黎的顽童就是这种脾气。赛利才拿着人家有心多给的外快，每天晚上到戈安得办公室领校样，第二天早上送回去。他和两个戈安得的谈话一天天的多起来，混得挺熟；人家拿免除兵役引诱他，他觉得大有希望。大卫研究的东西和赛利才的刺探，用不着戈安得弟兄花钱收买，赛利才自动一言半语的漏出来。

夏娃眼看赛利才没法信托，又找不到第二个高布，心中忧急，决意把她独一无二的排字工歇掉。富于感情的女子眼光特别犀利，她看出赛利才是个奸细。没有人排字，印刷所只好停业，夏娃发了一个狠，写信给梅蒂维埃。他是巴黎的纸商，和大卫·赛夏，戈安得弟兄，以及本州所有造纸的人几乎都有往来。夏娃托他在巴黎的《书业公报》上登一条广告："兹有印刷厂一所，设于安古兰末，营业发达；主人愿将机器连同执照出让。欲知详情，请向赛邦德街梅蒂维埃先生接洽。"

04

戈安得弟兄

两个戈安得看见报上登出那条广告，彼此商量道："这小女人倒还聪明，咱们要让她有些买卖维持下去，才能控制她的印刷所；不然的话，来一个厉害的对手盘下大卫的工场，咱们就监视不了啦。"

弟兄俩存着这个心思去跟大卫·赛夏谈判。两人先见到夏娃，也不隐瞒他们的计划，说是想请赛夏先生承包他们的印件：他们活儿太多，原有的机器忙不过来，甚至要到波尔多去招工人，他们保证大卫的三架车子不会闲着。夏娃看到她的计策很快就有效果，心里挺高兴。

赛利才进去报告大卫，有这两位同行来拜访。夏娃乘机对戈安得弟兄说："我丈夫在第多厂认识一些出色的工人，又老实又干练；他大概要在最好的工人里头挑一个来接手……把铺子出盘，两万法郎就有一千法郎利息，那不是比受你们欺压，每年蚀掉一千法郎强多吗？我们印历本只是挺可怜的小生意，也是我们一向做惯的，干吗你们要嫉妒呢？"

两兄弟中的一个，大家叫作长子戈安得的，挺客气的回答：

"哎！太太，为什么不早通知我们一声呢？那我们就不同你抢生意了。"

"得了吧，先生。你们听赛利才说我排印历本，你们才跟着印的。"

夏娃一边气愤愤的说，一边瞪着长子戈安得，戈安得不由得低下眼睛。这么一来，赛利才出卖主人的勾当被夏娃拿到了真凭实据。

这个戈安得名叫鲍尼法斯，专管造纸跟营业，在生意上比他的兄弟约翰精明得多。约翰管理印刷所很有本领，但才干只抵得一个上校，鲍尼法斯却是将军，约翰也愿意他哥哥当总司令。鲍尼法斯清瘦干瘪，脸上布满红斑，皮色黄黄的像教堂用的蜡烛，嘴巴老是抿紧，眼睛像猫一样，从来不发脾气，哪怕用最粗野的话骂他，他也赛过虔诚的教徒，若无其事的听着，回答的声音很软和。逢到望弥撒，忏悔，领圣体的日子，他无有不到。面上装作和颜悦色，近于懦弱，其实他的顽强的野心不下于教士，在生意上贪得无厌，既要利，又要名。中等阶级在一八三〇年革命中到手的种种好处，长子戈安得从一八二〇年起就想要了。心里痛恨贵族，也不关心宗教，他的虔诚正如波那帕脱加入山岳党，完全是投机。当着贵族和官府的面，他的腰背特别软，自然而然会弯下去，表示自己渺小，低微，殷勤。还有一个特点可以描写这个人物，做惯生意的人听着也更能体会其中的奥妙。他戴一副蓝眼镜隐蔽眼风，说是当地地势太高，阳光强烈，地面和白色建筑物上的反射太刺激，需要保护眼睛。他的身材只是比普通人略高一些，因为清瘦而显得很高，而清瘦又说明这个人工作繁忙，思想老在活动。一张假作善良的脸，长长的灰色头发紧贴在脑壳上,像教士的款式;七年来的装束始终是黑裤子,黑袜子,黑背心,栗色外套。大家为了分清两兄弟,管鲍尼法斯叫作长子戈安得,称他的兄弟胖子戈安得,这样的称呼也说明他们的身量和才干的差别——其实两人都是厉害角色。约翰·戈安得一身肥肉,心情开朗,面团团的像法兰德斯人;皮肤被安古莫阿地区的太阳晒成古铜色,身材矮小,挺着一个大肚子,好比堂·吉诃德的跟班桑丘·潘沙;嘴角上经常带着笑意,肩膀厚实,和他的哥哥正好是个鲜明的对比。约翰不仅长相和智力跟他哥哥不同,主张也不一样:他的言论近于进步党,属于中间偏左的一派,只有星期日才去望弥撒,同一般进步党的商人十分投机。乌莫镇上有些做买卖的说,两兄弟意见不一致是有心做出来的。长子戈安得很巧妙的利用兄弟表面上的朴实,拿他当棍子用。约翰惯说粗暴的话,使出不客气的手段,他哥哥天性宽厚,不喜欢用这套办法。约翰专做炮手,脾气急躁,提出的条件叫人没法接受;相形之下,他哥哥的建议温和多了。他们就是这样一搭一档的达到他们的目的。

　　女人自有女人的聪明,夏娃很快就看透两兄弟的性格,在两个厉害的对手面前格外小心。大卫从老婆嘴里知道了敌人的意思,听着他们的条件完全心不在焉。他走出装着玻璃格子的办公室,预备回到他的小实验室去,一面对两个戈安得说:

　　"你们同我女人谈吧,她对我的印刷所比我还清楚。我干的事业将来比这个小铺子有出息,你们给我受的损失也好借此弥补……"

　　胖子戈安得笑着问:"用什么方法呢?"

　　夏娃瞅着大卫要他小心。

大卫回答:"将来你们和所有用纸的人都少不了我。"

勃诺阿-鲍尼法斯·戈安得道:"你在研究什么啊?"

鲍尼法斯声气柔和,话说得很含蓄。夏娃又朝丈夫瞅了一眼,要他置之不理或者说些不着边际的话。

"我要造出纸来,成本比现在降低一半……"

说完他走了,没看见两兄弟交换的眼风,他们的意思是说:"这家伙准是个发明家;有这副气派的人绝不会闲着。"鲍尼法斯仿佛说:"让咱们来利用他!"约翰好像问:"怎么利用呢?"

赛夏太太道:"大卫对你们像对我一样。只要我问长问短,他就觉得我的名字很犯忌[1],老是对我说那句话,其实不过是个方案罢了。"

鲍尼法斯道:"你丈夫的方案成功了,发财当然比做印刷生意快,怪不得他不在乎铺子。"他说着掉过头去望望空荡荡的工场,只见高布坐在一块木板上拿蒜头涂着面包[2]。"不过这印刷所落在一个勤谨,干练,有野心的同行手中,对我们也不大合适。或许咱们能商量一个解决的办法。要是你愿意,不妨把机器租给我们厂里的一个工人,由他顶着你们的名替我们干活,像巴黎那种办法。我们给他的工作,尽够他付你们一笔可观的租金,还有些小小的利润……"

夏娃道:"那要看租金的数目了,你们愿意出多少呢?"她望着鲍尼法斯的神气表示她完全懂得对方的计划。

约翰·戈安得抢着说:"你想要多少呢?"

夏娃道:"三千法郎租半年。"

---

1 指夏娃引诱亚当吃禁果的基督教传说。
2 穷人往往只有蒜头做饭菜。

鲍尼法斯声音怪软和的回答："嗳，亲爱的太太，你刚才说的你的印刷所预备卖两万法郎。两万法郎的利息，照六厘算也不过一千二。"

夏娃愣了一愣，她这才觉得做买卖说话要多么谨慎。

她道："你们亲眼看到，我靠着机器和铅字还能做些小生意，现在要让给你们使用了；赛夏老先生也没有白送我们礼物，我们要付他房租呢。"

争论了两小时，夏娃争到两千法郎半年，先付一千。条件都讲妥了，两兄弟告诉夏娃，他们的意思是叫赛利才承租。夏娃不免表示诧异。

胖子戈安得道："交给一个熟悉场子的人不是更好吗？"

夏娃一声不出，送走了两兄弟，决心亲自监视赛利才。

吃晚饭的时候，夏娃拿文件交给丈夫签字，大卫笑道："敌人进了堡垒啦！"

夏娃道："不怕！高布和玛利红两人赤胆忠心，我都信得过；他们俩一定会小心看守。27里那套机器本来要赔钱，现在有四千法郎收入；你的计划要成功，我看还得等上一年！"

大卫温柔的握着夏娃的手，说道："你真是个发明家的妻子，当初你在水闸旁边说的话一点不错。"

大卫夫妻俩有了过冬的生活费，却从此受着赛利才监视，还不知不觉受着长子戈安得支配。

管纸厂的哥哥走出去对专管印刷的兄弟说："这一下可把他们抓住了！将来这些可怜虫拿惯了印刷所的租金，一心指望这笔进款，准会背债。六个月之后咱们不续订合同，看这个天才葫芦里卖的什么药；那时趁他为难，咱们提议和他合作，把他的发明拿来共同经营。"

　　如果有个精明的商人看见长子戈安得说出合作两字的表情，准会感到男女结亲还不及生意上的合伙来得危险。鸟兽被这些凶狠的猎人追踪，形势已经不妙了；大卫夫妻俩靠着高布和玛利红的帮助，是否能抵抗鲍尼法斯·戈安得的奸计呢？

05

第一声霹雳

临到赛夏太太分娩的时节,吕西安寄来五百法郎,加上赛利才付的第二期租金,各项开销有了着落。大卫·赛夏,夏娃和她母亲,都以为吕西安把他们忘了,收到款子不由得欢天喜地,像听到诗人初期的成功一样;吕西安登在报上的头几篇文章,在安古兰末比在巴黎更轰动。

大卫只道太平无事,放心了,谁知舅子来了一封无情的信,他看着大为震动。

亲爱的大卫,我用你的签名出了三张本票,写我的抬头,向梅蒂维埃支了三千法郎,一张是一个月期的,其余是两个月三个月的。这件事一定使你很为难,无奈在借债和自杀之间,我只能采取这个不名誉的手段。我的窘况以后再谈;票子到期的时候我想法把款子汇给你。

信阅后即毁,在母亲和妹子面前只字勿提。我素来知道你的牺牲精神,想你这一次也不例外。

你的绝望的弟弟　吕西安·特·吕庞波莱

夏娃生产过后才起床，丈夫和她说："你可怜的哥哥穷得一筹莫展，我寄去三张一千法郎的期票，一个月的，两个月的，三个月的。你替我记在账上。"

说完唯恐老婆盘问，出门往田野去了。夏娃六个月没有哥哥的信息，早就牵肠挂肚；当下同母亲两个把大卫那句凶多吉少的话揣摩了一会，觉得形势恶劣，她情急智生，想出一个破除疑虑的办法。特·拉斯蒂涅先生的儿子正回家小住，提到吕西安，说话很难听；那些巴黎新闻，以及传说的人的议论，被吕西安的母亲和妹子听到了。夏娃就去拜访特·拉斯蒂涅老太太，请她介绍，见到她的儿子，说出自己的忧虑，希望知道吕西安在巴黎的实在情形。她哥哥同高拉莉的关系，为了出卖大丹士的嫌疑和米希尔·克雷斯蒂安决斗，还有种种生活方面的细节，夏娃一下子全知道了；那些事情在一个俏皮的花花公子说来，显得更不堪。拉斯蒂涅把他的怨恨和嫉妒披上同情的外衣，假作关心同乡，替大人物的前途担忧。他真心佩服安古兰末的子弟有这种才干，可惜吕西安自暴自弃。他谈到吕西安的错误，失掉有权有势的靠山，叫人把准许改姓和使用吕庞泼莱纹章的上谕撕掉了。

"太太，要是令兄有人好好点拨，今天早已坐享荣华，做了特·巴日东太太的丈夫……谁知他不但把她丢了，还侮辱她！她只得抱着一肚子委屈嫁给西克施德·杜·夏德莱伯爵，其实她心里才爱吕西安呢。"

赛夏太太道："真的吗？……"

"你哥哥好比一只初生的鹰，最初几道豪华和荣誉的光彩把他照得眼花缭乱，什么都看不清了。老鹰一个跟头栽下来，谁知道栽到哪儿为止？大人物总是爬得越高，摔得越重。"

夏娃听着最后一句好像心上中了一箭，回去只是心惊胆战。她精神上最经不起打击的地方受了伤，在家一声不出，好几次抱着孩子喂奶，眼泪掉在孩子的脸上和脑门上。对自己人的幻想是家族观念的产物，也是与生俱来，极不容易放弃的；因此夏娃不相信欧也纳·特·拉斯蒂涅，而要打听一个真正的朋友。吕西安钦佩小团体的时候给过她大丹士的地址；她便写了一封动人的信去，大丹士回了一封信来：

太太，你向我探听令兄在巴黎的生活，想知道他前途如何；你为了要我说实话，还转述特·拉斯蒂涅先生告诉你的许多事，问我是否确实。太太，与我有关的部分，我不能不代吕西安洗刷，纠正特·拉斯蒂涅先生的话。当时令兄感到内疚，给我看他批评我作品的稿子，说他不能决定是否送去发表，虽然不听从党派的命令必然要伤害一个他心爱的人。一个作家既自命为要表达情欲，势必能体会别人的情欲，所以我懂得在情妇与朋友之间，只能牺牲朋友。令兄犯的罪过，我是给了他方便的，亲自把他扼杀作品的评论修改了一番，而且我对评论完全同意。你问我是否还尊重吕西安，当他朋友。这可不容易回答了。令兄走的是绝路。眼前我还代他惋惜，不久我就只想忘掉他了，主要不是为他过去的行动，而是因为他以后还会有这样的行动。吕西安是富于诗意的人，可不是诗人；他只管做梦，不肯思考，只忙乱，不创造。总而言之，允许我说一句，他是个没有丈夫气的男人，犯了法国人最大的毛病：喜欢卖弄。吕西安只要能炫耀聪明，痛快一下，永远会牺牲他最知己的朋友。倘使能过几年奢华糜烂的生活，将来他很可能同魔鬼订卖身契。他不是做过比这个更糟糕的事吗？不是和一个女演员公开同居，拿他的前程换取暂时的快活吗？现在那女人的年轻、美貌、忠诚——因为她的确爱吕西安——使吕西安看不见他处境的危险，看不见那种生活方式得不到社会的原谅，不论你有多大声名，多大财产。不幸他每次遇到新的诱惑，都会像今天一样只图一时的快乐。你放心，吕西安永远不至于犯罪，他没有这胆量；可是他能接受人家已经犯下的罪，从中分肥而不分担危险：这种行为是人人痛恨的，便是坏蛋也认为可耻的。他也要瞧不起自己，也要后悔不已，可是一有需要，照样再来；因为他缺少意志，遇到色情的诱惑，要满足什么小小的野心，就没有力量克制。他跟富于诗意的人一样懒惰，以为不去克服困难而回避困难是表示他聪明乖巧。他时而勇敢，时而胆怯；你既不必佩服他的勇敢，也不必责备他的胆怯；吕西安赛过一架竖琴，琴弦的松紧随着气候的变化而定。一怒之下或者得意之下，他能写出一部优美的作品，不在乎名声，事先他可是极盼望名声的。他初到巴黎便受着一个青年控制，那人毫无品德，只是在不容易立足的文坛上有经验，有手段，叫吕西安看着出神。那魔术师把吕西安完全迷住了，引诱他过着有失体统的生活，不幸那生活又染上一些爱情的光彩，使他沉湎不返。轻易佩服人是性格软弱的表现,我们不能对一个走绳索的和一个诗人等量齐观。我们劝吕西安接受战斗,不要用投机取巧的方法猎取声名,劝他正式跳上擂台,不要混在乐队里当吹鼓手。他瞧不起朋友们的勇气和节操,偏偏赏识文坛上的弄神捣鬼,招摇撞骗的勾当;我们为之都很愤慨。太太,一般人都有个怪脾气,对这等性格的青年特别宽容,还喜欢他们;看他们表面上有些才能和虚假的光彩,信以为真;对他们毫无要求,原谅他们所有的过失,只看见他们的长处,把人品完整的人应享的利益给他们,尽量的宠他们。反过来,大众对品性坚强而完整的人倒是严厉无比。这种世道好像极不公平,说不定也有深意在内。社会只拿小丑取乐,没有其他的要求,一转眼就把他们忘了;不比看到一个器局伟大的人,一定要他超凡入圣才肯向他下跪。各有各的规律:历久不磨的钻石不能有一点儿瑕疵,一时流行的出品不妨单薄,古怪,浮而不实。所以,吕西安尽管一错再错,仍旧能飞黄腾达,只消能利用好机会,或者交上一般上等人;不过万一撞在一个恶魔手中,他非堕入十八层地狱不可。他这个人好比许多优美的东西缝在一块质地脆弱的料子上,年代一久,鲜艳的色彩褪尽了,只剩底下的料子,要是质地太差,那就成了一堆破烂的布条儿。只要吕西安还年轻,不怕没人欢迎,可是到了三十岁又是什么局面呢?真正爱护他的人不能不想到这个问题。如果只有我一个人对吕西安有此想法,我也不敢直言不讳,使你听了伤心,无奈你的来信语气那么沉痛,问题提得那么迫切,我若客套一番,敷衍了事的回答,既对不起你,也对不起我自己,因为你太看重我了;并且我朋友中认识吕西安的人都和我意见一致,因此我觉得说出真相是我责任所在,不管那真相多么可怕。在好坏两方面,吕西安都样样做得出。这话可以概括我们大家的感想和这封信的内容。现在他朝不保夕,苦不堪言;倘若生活的颠簸把这个诗人送回到你身边来,希望你利用你对他的影响,留他在家;在他立志不坚的时期,巴黎对他始终是个危险的地方。他常说你们夫妇俩是他的护身神,大概他过去把你们忘了;等到他受着狂风暴雨的打击,除了老家没处栖身的时候,他一定会想起你们;那时,太太,你还得一片热情的对他,那是他需要的。

太太,我素来钦佩你的才德,也尊重你的慈母般的忧虑,不能不向你表示我真诚的敬意。

你的忠实的仆人　大丹士

看了这封信以后两天,夏娃奶水枯了,只得雇一个奶妈。她一向把哥哥当作神道一般,怎想到他糟蹋了大好才华去做坏事;在夏娃眼中,吕西安是陷入泥坑了。内地的冷角落里还有些清白的人家保存旧传统的光辉,这个高尚的姑娘最重诚实,廉耻,以及家庭中培养出来的一切做人之道,绝对不肯妥协。她心上想,原来大卫竟有先见之明。爱情浓厚的夫妻本可以平心静气,无话不谈;夏娃把心中的悲痛,使她雪白的脑门变得灰溜溜的伤心事儿告诉丈夫,丈夫说了许多安慰她的话。夏娃痛苦之极,丰满的乳房长不出奶水,又为了不能尽为娘的责任而发急,大卫眼泪汪汪的瞧着她,一面安她的心,给她希望。

"孩子,你哥哥立身不正是因为幻想太多。诗人渴望荣誉也不足为奇,只是追求快乐太性急了。他好比一只鸟,很天真的受着五光十色的繁华世界的骗,社会指责他的罪过,上帝会饶赦他的!"

可怜的女人嚷道:"可是他把我们害苦了!……"

"现在他害了我们,几个月之前寄回他的第一笔稿费,救了我们!"大卫知道老婆说的是气话,不免过火,不久仍会对吕西安回心转意。"差不多五十年前,迈尔西埃在《巴黎景象》中说过,文学,诗歌,科学,一切脑力活动的产物永远养不活人。吕西安凭着他的诗人气质不相信五个世纪的经验。用墨水灌溉的庄稼,即使能收割,也得在播种以后等上十年十二年;吕西安却把青草当作五谷。不过至少他懂得了人生。他上过一个女人的当,少不得还要受上流社会的骗,相信虚假的友谊。他的经验付的代价太高了,别的也没有什么。咱们的老祖宗说的好:只要子弟回家耳朵不聋,保持清白,也就行了……"

可怜的夏娃叫道:"清白!……吕西安哪一桩行为不是违反道德的?……昧着良心写文章!攻击他最好的朋友!……拿女戏子的钱!……和她同出同进!把我们搜刮得一文不剩!……"

"噢!这不算什么……"

大卫赶紧停住,差点儿泄漏舅子假造本票的秘密;夏娃发觉他有话不说,隐隐然感到不安。

她说:"怎么不算什么?咱们哪儿去张罗三千法郎来还人家?"

大卫说:"第一咱们要跟赛利才续订印刷所的租约。这半年他替戈安得做的活儿分到百分之十五的好处，一共有六百法郎，印零件又挣了五百。"

夏娃说："这件事给戈安得弟兄知道了，也许不会再订合同，他们要忌惮赛利才，因为他不是东西。"

大卫说："没关系！再过几天咱们就发财啦！吕西安有了钱一定是个正人君子……"

"噢！大卫，亲爱的朋友，你这是什么话啊！难道吕西安穷了就不能不做坏事吗？你对他的看法和大丹士先生完全一样！软弱的性格不可能出人头地，而吕西安便是软弱的……一个经不起诱惑的天使算什么呢？……"

"唉！他这种人要有特殊的环境，特殊的天地，才能显出他的美。吕西安天生不宜于斗争，我叫他不需要斗争就是了。我马上要成功了，忍不住要把我成功的方法告诉你听。你瞧！"大卫从袋里掏出几张八开大的白纸，好不得意的扬了一扬，放在他女人膝盖上。

06

造纸业一瞥

他要夏娃上手试试样品,夏娃诧异的神气像小孩儿。大卫说:"这样的纸,大葡萄尺寸的[1]造价每令不超过五法郎。"

夏娃说:"这些试验怎么做的?"

大卫说:"用玛利红的一只旧棕筛做的。"

夏娃问:"你还不满意吗?"

"关键不在于制造,而在于纸浆的成本。唉!孩子,不少人走过这条艰难的路,我是最后一批了。早在一七九四年,玛松太太试验用字纸做成白纸,试验是成功了,可是成本浩大!一八〇〇年英国的特·骚斯伯利侯爵,一八〇一年法国的塞更,同时尝试用干草造纸。你手里这几张用的是咱们最普通的芦苇。我还想用荨麻和蓟草来做。要原料便宜,必须找一些出在沼泽区和土壤不好的地方的植物,那就不值钱了。整个秘诀在于怎样用那些草料做成纸浆。现在我的方法还不够简单。尽管事情很难,我有把握使法国的造纸技术和我们的文学同样领先一步,成为我

---

[1] 65×59公分。法国纸张名称详见《幻灭(上)》注释。

们的专利，像英国人的钢铁，煤炭和家用陶器一样。我要做一个造纸业中的雅卡[1]。"

夏娃站起身子，被大卫的朴实的态度感动了，兴奋之下，张开手臂抱着大卫，把头倒在他的肩膀上。

大卫说："你这样对我，仿佛我已经成功了。"

夏娃仰起头来望着大卫，漂亮的脸上淌满眼泪，一时竟没法开口。

"我不是拥抱天才，是拥抱一个安慰我的人！"她说，"一颗星掉下去了，一颗星正在升起来。哥哥的堕落使我心酸，你却给我看到丈夫的伟大……是的，将来你一定和葛朗陶日，罗凡，梵·劳贝，替我们培养茜草的波斯人[2]，还有你和我提到的那些人一样伟大，他们改良一种工业，做了有益人类而并不显赫的事，至今默默无闻。"

鲍尼法斯·戈安得和赛利才在桑树广场上来回走着，望见窗纱上映着夫妇俩的影子，说道："这个时候他们在干什么？……"赛利才负责监视老东家的行动，长子戈安得每天半夜里都要来跟赛利才谈一谈。

赛利才道："大概他拿白天做的纸给女人看。"

纸厂老板问："用的是什么原料呢？"

赛利才回答："猜不出来。我在屋顶上开了一个窟窿，昨天夜里爬上去，看见傻瓜用铜盆煮纸浆，堆在一边的原料，看来看去

---

[1] 法国人雅卡（1752—1834）曾发明一种纺织机，至今尚在使用。
[2] 十六世纪葛朗陶日祖孙三代发明并改进在布上织出花草的图样。罗凡于一五四九年发明在河上编筏运木。劳贝办的织布厂出品超过法兰德斯。十八世纪定居法国的波斯人阿登（1709—1774）在法国播种茜草，成为主要染料之一。

看不出是什么东西，只能说像苎麻一类……"

鲍尼法斯声音很婉转的对他的奸细说："到此为止吧，再进一步就不老实了！……赛夏太太快要叫你续订印刷所的合同，你回答她想自己开店，愿意出半价买下她的执照跟机器，要是她答应了，马上通知我。不管怎么样，你得尽量拖日子……他们没有钱了。"

赛利才道："一个子儿都没有了。"

长子戈安得应声说了句："一个子儿都没有了。"心上想："这一下可逃不出我手掌啦。"

梅蒂维埃字号除了经营纸张以外，戈安得弟兄的铺子除了造纸和印刷以外，都兼做放款而不领执照。在巴黎领一张银钱业的执照要花五百法郎，税务机关还没想出办法来控制商业，逼那些私做银钱生意的人领执照。戈安得弟兄和梅蒂维埃，虽然用交易所的行话来说，是**地下银行家**，在巴黎，波尔多，安古兰末的市面上，每季也有几十万往来。那天晚上，吕西安伪造的三千法郎票据正好从巴黎转到戈安得弟兄手里，鲍尼法斯立刻利用这笔债务，想出一条毒计来害那个耐性而可怜的发明家，但看下文就知道。

07

介绍一般的内地诉讼代理人，尤其是柏蒂-格劳

下一天早上七点，鲍尼法斯沿着他纸厂的引水道踱来踱去；纸厂规模很大，水声使人听不见说话的声音。他等着一个二十九岁的诉讼代理人，六星期前才在安古兰末的初级法院登记，名叫比哀·柏蒂-格劳。

年轻的代理人被有钱的厂商约去谈话，当然不敢失约。长子戈安得同他打了招呼，问道：

"你在安古兰末念中学可是和大卫·赛夏同一个时期？"

"是的，先生。"柏蒂-格劳说着，凑着长子戈安得调整步伐。

"近来有来往吗？"

"他回来之后，我们至多碰上两回。这也是必然的，平时我不在事务所就在法院；星期天和节日又得用功，想法进修，我是样样要靠自己的……"

长子戈安得点点头。

"我们见了面，大卫问起我的情形。我说我在博济哀念完法律，在奥利凡先生手下当首席帮办，希望有一天能盘进他的事务

所……我跟吕西安·夏同比较熟，现在他改称吕庞泼莱，勾上了特·巴日东太太，变了大诗人，跟大卫·赛夏是郎舅。"

戈安得道："你何妨去看看大卫，说你当了诉讼代理人，有事的话可以替他出力。"

年轻的代理人回答："那使不得。"

"他从来没打过官司，没有相熟的代理人，为什么使不得？"长子戈安得回答，他借着绿眼镜做隐蔽，打量柏蒂-格劳。

比哀·柏蒂-格劳是乌莫镇上一个裁缝的儿子，过去受同学们轻视，心底里憋着一股怨气。不干不净，乌七八糟的面色，说明他害着长期的病，生活艰苦，睡眠不足，几乎经常心绪恶劣。用俗话来说，两句话就可以形容这个汉子，叫作又强横又尖刻。破嗓子同他生硬的脸色，憔悴的神气，说不出颜色的喜鹊眼，正好配合。据拿破仑的观察，喜鹊眼绝不是老实人的相貌。他在圣·赫勒拿岛和拉斯-卡斯提到他的一个心腹，偷了他的钱被他赶走了，说道："你瞧某人，明明是喜鹊眼，不知怎么我会长时间相信他的。"长子戈安得把那清瘦的起码代理人细细端详了一番，只见他一脸麻子，几根稀剌剌的头发，额角和头顶已经分不清界限，手插在腰里拿腔作势，不由得想道："我正用得着这样的人。"柏蒂-格劳受尽轻侮，心里急煎煎的只想向上爬，虽然没有产业，胆敢出三万法郎盘进东家的事务所，指望攀一门亲事来拔清这笔债；并且按照惯例，他相信老东家会代他物色一个老婆，因为前任为自己着想，应当帮后任娶亲，保证他收回出盘事务所的代价。不过柏蒂-格劳最相信的还是他自己；他有些长处，在内地的确高人一等，而他主要的力量还是从怨恨来的。一个人越恨，干起事来越有劲。

巴黎的诉讼代理人和内地的诉讼代理人大有分别。长子戈安得太精明了，看见这些起码代理人受着卑鄙的欲望支配，哪有不利用之理？高明的诉讼代理人在巴黎为数不少，都有点儿外交家的本领；他们业务忙，收入多，案子牵涉的范围广，用不着把诉讼程序当作生财之道。作为攻击的武器也罢，作为防守的武器也罢，诉讼程序对于巴黎的代理人不再像从前那样是个赚钱的项目。相反，凡是巴黎的事务所认为无足轻重的小事，内地的代理人用来大做文章，利用规定的手续，消耗许多贴印花税的纸张，左一个文件，右一个文件，大宗费用都开在当事人的账上。内地的诉讼代理人注意这些无聊的细节，当作一宗收入，不比巴黎的诉讼代理人只重视公费。公费是当事人在讼费之外付给代理人的酬劳，不管替他办案子的手段是高是低。讼费一半是国库的收入，公费是代理人独得的进款。老实说，当事人付的公费，跟一个有本事的代理人所要求而应得的酬报，难得相称。巴黎的诉讼代理人、医生、律师，好比交际花同一个临时情人打交道，最不相信当事人会知恩感德。官司未打以前和结束以后，当事人的两副面孔值得梅索尼埃[1]画两幅精彩的风俗画，拿公费的诉讼代理人见了包管叫好。巴黎和内地的代理人还有一点不同。巴黎的代理人难得辩护，遇到紧急申请的状子才偶尔出庭。可是一八二二年，大多数的州府律师很少（过后却大批涌现），诉讼代理人都兼做律师，出庭辩诉。担任这个双重的角色势必有双重的工作，使内地的代理人在思想上沾染了律师的毛病，而并不减轻诉讼代理人的重担。内地代理人因此说话很多，丧失了办案子必不可少

---

[1] 法国画家梅索尼埃（1815—1891），长于风俗画及战争场面。

的冷静的判断。这样一分化,一个高手往往变作两个庸人。在巴黎,代理人不出庭发言浪费精神,不大替当事人主张是非,尽可保持正确的见解。他即使用法律做战术,利用判例中的矛盾做武器,想法打赢官司,他对案子的看法还是照旧。总括一句,思想麻醉人的力量远不如言语那么强。一个人话说多了,会对自己的话信以为真。其实我们尽可以行动与思想抵触,而不歪曲思想,尽可使理屈的案子胜诉,而不必像辩护律师那样坚持理直。因此,老资格的巴黎代理人可以比老资格的律师成为更好的法官。可见内地代理人的庸碌无能,原因不止一端:他同当事人的琐碎无聊的欲望打成一片,办的多半是小案子,平时靠讼费过活,滥用诉讼法,还要亲自出庭辩护!总而言之,他的弱点有一大堆。万一在内地遇到一个杰出的代理人,那必是了不起的人物!

柏蒂-格劳回答说:"先生,我本以为你约我来有事商量。"他为了表示话中带刺,朝戈安得的莫测高深的眼镜望了望。

"咱们不用拐弯抹角。你听着……"鲍尼法斯·戈安得暗示有许多机密话要说,过去坐在一条凳上,要柏蒂-格劳一同坐下。

他凑着代理人的耳朵轻轻说道:"一八〇四年,杜·奥多阿先生到华朗斯去当领事,经过安古兰末,认识了特·塞农希太太,那时还叫作柴斐莉纳小姐,和她生了一个女孩子……"戈安得看见柏蒂-格劳身子一震,接着说:"是的,柴斐莉纳小姐偷偷的生了孩子,赶快和特·塞农希先生结婚。女儿寄在乡下,托我母亲抚养。特·塞农希太太照例做了孩子的干妈,照顾孩子,那就是法朗梭阿士·特·拉海小姐。我母亲是柴斐莉纳小姐的祖母特·卡大南太太的佃户,因为她知道卡大南和塞农希家大房的独一无二的女承继人的底细,杜·奥多阿先生给女儿的一笔小款子托我负责调度。一万法郎如今变了三万,我也靠着那一万法郎挣起家业来。将来特·塞农希太太会替干女儿置办出嫁的衣服被褥,银器,家具。小伙子,我能帮你娶到那姑娘。"戈安得在柏蒂-格劳膝上拍了一下,"你和法朗梭阿士·特·拉海一结婚,安古兰末的大部分贵族就是你的主顾。这门高攀的亲事可以使你前程远大……诉讼代理人兼律师的身份大概够得上了,他们的要求不过如此,我知道。"

柏蒂-格劳来不及的问道:"那么该怎么办呢?……你的诉讼代理人向来是卡乡先生……"

长子戈安得很有含蓄的说道:"就因为此,我不能突然撇开卡乡来请教你,那要等将来再说。朋友,你问我该怎么办吗?嗳,你去把大卫·赛夏的案子接下来。那穷光蛋有三千法郎期票在我们手里,决计付不出来;你帮他挡住官司,想法叫他背上一大笔讼费……你不用怕,放手干下去,尽管横生枝节。我托我的执达员杜布隆进行控诉[1],杜布隆由卡乡调度,绝不手下留情……明人不需细说。你的意思怎么样,小伙子?……"

他意味深长的停了一会,两人你望着我,我望着你。

戈安得又道:"你只做咱们俩从来没见过面,我什么也没告诉你,有关杜·奥多阿先生,特·塞农希太太,特·拉海小姐的事,你一点都不知道。两个月之内,时机成熟了,你向那位小姐求婚。咱们要见面,夜晚到这儿来。千万不能写信。"

"那么你是要毁掉赛夏了?"柏蒂-格劳问。

---

[1] 法国的执达员除了代法院向当事人送达公事以外,也可接受当事人委托,代办追偿债务等等的诉讼。

"不能说毁掉,只是要他在监狱里住几天……"

"什么目的呢?"

"你当我傻瓜,会告诉你吗?你要有那点儿聪明猜得出,就该有那点儿聪明免开尊口。"

"赛夏老头可有钱呢。"柏蒂－格劳说,他已经明白鲍尼法斯的意思,觉得事情还有一些阻碍。

"老头儿只要活着,绝不给儿子一个钱;并且退休的印刷所老板还不预备叫人印他的讣闻呢……"

柏蒂－格劳马上打定主意,说道:"行,就这样吧!我不要你给我保证,我是诉讼代理人,受了骗会向你算账的。"

戈安得和柏蒂－格劳作别,私下想:"这小子将来一定大有发展。"

08

给付不出款子的出票人义务上一课

他们谈过话以后第二天,四月三十日,戈安得兄弟合营公司派人带着吕西安冒名代签的三张本票中的第一张去收款。不幸票子送在可怜的赛夏太太手里,她认出丈夫的签字是吕西安的笔迹,便唤丈夫过来,劈面问道:"你没有签这张票据吧?……"

他说:"没有!你哥哥等不及,代我签了……"

夏娃把票子还给戈安得铺子的收账员,说道:"我们付不出。"

她觉得要晕过去了,上楼回到卧房,大卫跟着她一同进去。

夏娃有气无力的说道:"朋友,赶快去见两位戈安得先生,他们不会对你不客气;你要求他们宽限一下;再提一句,赛利才续订租约的时候,反正他们要付你一千法郎。"

大卫马上去见敌人。印刷监工尽可以做老板,印刷专家却不一定是精明的商人。大卫不大懂得生意上的门道,他心儿乱跳,喉咙抽搐,向长子戈安得结结巴巴的道了歉,说明来意。对方回答:"这件事跟我们不相干,票子是梅蒂维埃给我们的,梅蒂维埃自会和我们清算。请你和梅蒂维埃先生接洽吧。"几句话说得大卫哑口无言。

夏娃听见这个答复,说道:"只要票子退给梅蒂维埃先生,咱们就不用担心了。"

下一天,代表戈安得兄弟合营公司的执达员,维克多－安日－埃梅奈冀特·杜布隆,下午两点,正当桑树广场上最热闹的时候,跑来立了拒付证书[1];虽然他很体贴,躲在大卫家走道门口同玛利红和高布两人说话,退票的消息当晚在安古兰末的生意场中照样传开去了。长子戈安得嘱咐杜布隆千万顾着对方体面,可是夏娃和大卫付不出款子,难道靠着杜布隆虚情假意的做作,就好在生意场中不受耻笑吗?那真是天晓得了!写到这里,作者的话再多,听的人也只会嫌少。下面一段解释,一百个读者准有九十个听得津津有味,当作怪有趣的新闻。"应当人人知道的法律,我们偏偏知道得最少!"这句至理名言在此又证实了一次。

银钱业的各种业务都有一套经营的方法,单单挑出其中一项来好好描写,绝大多数的法国人就会觉得像读一章外国游记一样有趣。在甲地开店营业的商人,开一张本票给一个居住乙地的人,例如大卫要帮助吕西安而出的本票,那票子的性质便不同于当地商人为了做交易而出的普通票据,而是和寄往外埠的汇票差不多。梅蒂维埃拿着吕西安的三张本票,只能寄给和他有往来的戈安得铺子去兑现。这样一来,吕西安先受到一笔损失,除了贴现的利息,每张票子要另加百分之几的费用,名目叫**当地的汇水**。而那些票据也得按照银行规矩办理了。你们万万想不到,威风十足的债权人一朝兼有银行家的身份,能够把债务人的处境改

---

[1] 按照法国民法规定,凡债务人不能偿付到期的票据,必须由执达员或公证人当着债务人的面立一个文件,叫作拒付证书,有了这个文件,债权人才能向法院控诉。

变到什么地步。在**银行界**（这三个字的分量不知你们能不能彻底领会？），只消一张从巴黎转到安古兰末的票子没法兑现，银行与银行之间就得立一张文书，法律上叫作**退票清单**。且不提谐音的笑话[1]，这张清单内容离奇，无论哪个小说家都造不出来，便是在舞台上以刁钻闻名的玛斯卡利玩的手法也不过如此；可是商法上确有一条规定，允许人这么做。你们看了下面的说明，便知道好厉害的**合法**二字隐藏着多少狠毒的把戏！

杜布隆把拒付证书向主管部门登记完毕，亲自送给戈安得弟兄。杜布隆和安古兰末这两个银钱老虎素有往来，放给他们六个月期的款子，长子戈安得有本领拖到一年，每个月问一声小老虎："杜布隆，你可要用钱？"事情还不止这一点！杜布隆给这家资力雄厚的商号一个回扣，让他们在每份文书上赚一笔钱，数目微乎其微，不过是每份拒付证书抽一法郎五十生丁！……当下长子戈安得消消停停在书桌前面坐下，拿起一小张贴好三十五生丁印花的纸，一边跟杜布隆闲扯，打听当地一般生意人的底细。

"喂，怎么样，你对小迦纳拉满意不满意？……"

"他做得不错。运输生意……"

"他不是有些麻烦的事吗？听说他女人叫他花了很多钱……"

"叫他花钱？……"杜布隆带着冷笑的神气说。

银钱老虎在纸上划好格子，用圆体字写了一个令人触目惊心的标题，开出一篇账来。（我们引用的是真实文件，务请注意！）

---

[1] 原文中的账单或清单（compte）与寓言或小说（conte）读音完全一样。

退票清单及费用

兹有期票一纸，票面一千法郎整，出票人大卫·赛夏，一八二二年二月十日立于安古兰末；持票人吕西安·夏同，又称特·吕庞波莱。该票由吕西安·夏同转让与梅蒂维埃，又由梅蒂维埃转让与本公司。出票人于本年四月三十日到期不付，已由执达员杜布隆于一八二二年五月一日出立拒付证书。

本金	1000
拒付证书费	12.35
手续费0.5%	5.00
经纪人佣金0.25%	2.50
退汇汇票及本清单印花	1.35
利息及邮费	3.00
以上共计	1024.20
上款应另加本地汇水1.25%	13.25
合计	1037.45

上款一千零三十七法郎四十五生丁整，本公司另开退汇汇票一纸，委托乌莫镇迦纳拉先生向巴黎赛邦德街梅蒂维埃先生收取。

安古兰末，一八二二年五月二日
戈安得兄弟合营公司

长子戈安得一边和杜布隆谈谈说说，一边像老公事一般写好清单，在清单下面又批了一行：

证明人安古兰末乌莫镇药剂师卜斯丹，运输商迦纳拉，兹特证明本地与巴黎之间的汇水确系百分之一点二五。

证明人……

……

安古兰末，一八二二年五月三日

"杜布隆，劳驾你上卜斯丹和迦纳拉那儿走一遭，请他们在批语底下签个字，明儿早上送还给我。"

杜布隆走了，他把事情看得稀松平常，这套折磨人的手续在他是太熟悉了。拒付证书像在巴黎一样装着封套送交债务人，安古兰末的人却照样知道可怜的赛夏情形不妙。他的没精打采的作风引起不知多少批评。有的说他事情弄糟是为了溺爱老婆，有的说他对舅子太好了。从这些前提出发，还有什么好听的话？是啊，一个人万万不能顾着家属的利益！赛夏老头对儿子狠心是有道理的，值得佩服！

凡是出立票据而由于某种理由忘了**守信**的读者，不妨留意一下，看看银行家用哪一些合法的手段在十分钟内使一千本金多出二十八法郎收入。

退票清单上确凿有据，无可争辩的只有第一个项目。

第二项包括国库和执达员的收入。国库供给印花税票，把债务人的伤心事登记入册，收进六法郎。既然政府有收益，这个陋规就会长期存在！并且上面说过，因为杜布隆给人回扣，银行家在这个项目上还有一法郎五十生丁的好处。

第三项，百分之〇点五的手续费另有一个巧妙的理由做根据：应收的款子没有收回，在银钱业中等于另外做了一笔贴现。事实虽是相反，没有收进一千法郎和付出一千法郎，性质的确很相近。做过贴现的人都知道，银行家除了收你法定的六厘利率之外，还用一个小小的名目，叫作手续费，另抽百分之几。那是他有本领放款而额外得到的利益。总之，银行家越会赚钱，越问你要钱。我们最好向傻子去做贴现，可以减少一些花费。可是银钱业中哪里会有傻子呢？……

法律规定，银行家必须请汇兑经纪人证明汇率，遇到没有交易所的小地方，只能由两个商人抵充汇兑经纪人。经纪人应得的佣金规定为退票金额的百分之〇点二五。按照习惯说来，这佣金是付给代替经纪人的商人的，事实上银行家干脆放进自己的钱柜。因为这样，漂亮的账上才有第三个项目[1]。

第四项包括两笔费用，一是贴着印花税的那一小方纸的纸价，就是开清单用的那张纸；二是**退汇汇票**上贴的印花。所谓**退汇汇票**完全是巧立名目，其实只是银行家开给同行的一张追索欠款的条子。

第五项包括信件的邮费，以及银行家在款子未收回以前应得的法定利息。

最后一项汇水原在银行的业务范围以内，也是本地人向外埠收款时必须照付的费用。

---

[1] 上文已经提到第三个项目，此处应是第四项；以下第四第五应是第五第六。作者把数字弄错了。

这篇账清理之下，好比拉布朗希唱的那不勒斯民歌，其中有个角色叫作包利希奈，算起账来十五加五老是变二十二！卜斯丹和迦纳拉两人的签字明明是卖情面：这回他们替戈安得弟兄作证，下回戈安得弟兄替他们作证，无非是老话说的**有来有往**。戈安得兄弟合营公司同梅蒂维埃铺子素有银钱往来，不必另开汇票。他们之间交换的票据要是有一张退回的话，只消在账册的**借方**或**贷方**项下记上一笔就行。

所以这张离奇的清单经过核实，只剩一千法郎本金，十三法郎的拒付证书费，延期一个月的利息百分之〇点五，大概一共是一千零十八法郎。

犹太人在十二世纪发明的银钱生意早已成为一股极大的势力，今日上至帝王，下至庶民，没有一个人不受控制。如果一家大银行平均每天有一张一千法郎的票据需要开**退票清单**，单靠上帝的保佑和银行的制度，每天可以赚进二十八法郎。换句话说，一千法郎本钱能替这家银行每天挣二十八法郎，一年挣一万零二百二十法郎。**退票清单**的平均数字倍上三倍，每年便有三万进款，那是靠莫须有的资本得来的利益。因此，**退票清单**对银钱业说来是多多益善。大卫·赛夏即使在五月三日，或者在立了拒付证书的下一天，赶去还掉一千法郎，哪怕原来的票子还放在戈安得弟兄的办公桌上，他们也要回答说："你的票子已经退回给梅蒂维埃先生了！"立了拒付证书，**退票清单**当晚就算成立。这个例规，按照内地银钱业的行话来说，叫作：**要大钱生小钱**。格莱银行同全世界都有书信往还，单单开在客户账上的邮费一年就有两万左右收入。特·纽沁根男爵夫人[1]的衣着,车马,意大利剧院的包厢,没有一样不是靠**退票清单**开销的。所谓邮费更是借端勒索,可恶之至,因为银行家发出一封信至少要谈十几桩业务。说来奇怪,国库在这种乘人之危的勾当中间也有一份好处,生意人倒了楣,税收机关却借此自肥。至于银行家,他只要高高的站在柜台后面,理直气壮的问一声:"为什么你到期不付呢?"可怜你一句话都答不上来。可见**退票清单**上的项目全是可怕的神话,欠债的人看了这一段长进见识的文字想一想,也许从此对**退票清单**有所惧怕,会得到一些益处。

五月四日,梅蒂维埃接到戈安得兄弟合营公司的**退票清单**,附着一个条子,要他在巴黎向吕西安·夏同,一名特·吕庞泼莱严厉追讨。

---

[1] 她的丈夫是巴尔扎克小说中有名的银行家。

09

一张五十生丁印花税票的射程和威力不下于一颗炮弹

夏娃写信给梅蒂维埃,过了几天收到一封短短的复信,她看着完全放心了。

致　安古兰末　赛夏印刷所　大卫·赛夏先生

本月五日来函收悉。四月三十日未曾照付之到期票据,据尊处解释,原为解救令亲特·吕庞泼莱先生一时之急。令亲花钱撒漫,小号自当用合法手段令其偿还,此举想对尊处不无裨益。观其目前处境,诉讼谅亦不致拖延过久。倘令亲不能偿付,则宝号为多年老店,想必以信用为重。此复……

梅蒂维埃

夏娃对大卫道:"好吧,哥哥受到控告,就知道我们没有力量付款了。"

夏娃说出这句话来,显得她心情大变。她愈来愈认清大卫的品格，愈来愈敬爱，对丈夫的感情代替了手足之情。可是她不知放弃了多少幻想！……

现在我们来瞧瞧**退票清单**在巴黎市面上经历的路程。一张本票从持票人手中转到第三者手中，第三者（在此是一家商号）根据法律，有权在票子上好几个债务人中挑出能迅速清偿的一个，向他单独提起控诉。因此吕西安被梅蒂维埃的执达员告上了。这控告其实毫无用处，却也经过许多程序。梅蒂维埃不过代人出面，躲在背后的是戈安得弟兄；梅蒂维埃明知吕西安无力偿付，但无力偿付的事实必须经过证明，在法律上方始成立。他们便用以下的程序来证明吕西安无力偿付。

五月五日，代表梅蒂维埃的执达员把安古兰末的**退票清单**和拒付证书送交吕西安，附着巴黎商务法庭的传票，要他上堂去听一些难堪的话，以及若不缴清欠款，将以商人身份受到羁押的警告。等到四面受困的吕西安看到传票，商务法庭的缺席判决书又送来了。他的情妇高拉莉不知底细，只道吕西安帮了妹夫的忙，欠下这笔债，她拿所有的文件一齐交给他的时候已经晚了一步。女演员在舞台上见的执达员太多了，看到贴着印花的文件并不当真。吕西安眼泪汪汪，觉得赛夏多么可怜，自己假造票据多么可耻，很愿意料清债务。他少不得去请教朋友用什么办法拖延时间。罗斯多，勃龙台，皮克西沃，拿当告诉他，商务法庭只能管辖商人，诗人不必理睬；可是商务法庭已经派人来查封财产了。贴在门上的那张颜色逐渐褪淡的小黄条子，会使当事人信用扫地，叫平日给你赊账的小店老板大起恐慌；而有些诗人对于七拼八凑的木板，破烂的丝绸，染色的呢绒，所谓家具杂物，非常重视，见了封条更是浑身冰冷。如今吕西安门上便贴着这种条子。

等到高拉莉的家具正式要搬走了,《长生菊》的作者去找皮克西沃的朋友特洛希,那位诉讼代理人看见吕西安为这么一点儿小事张皇失措,哈哈大笑。他说:"没有什么大不了,朋友,你是不是想拖时间?"——"拖得越长越好。"——"那么第一步对执行提出抗告。你去找我的朋友商事代理人玛松,把案卷交给他,让他接二连三的抗告,替你当全权代表,不承认商务法庭对你有管辖权,这一点毫无困难,你是相当出名的新闻记者。如果民庭出了传票,你马上通知我,那时才轮到我出场。你放心,谁要难为美人儿高拉莉,我叫他们一齐滚蛋。"谁知对方逼得很凶,五月二十八日吕西安被民庭传去,判决的迅速出乎特洛希意料。财产遭到第二次查封,黄条子又贴在高拉莉门上,家具又要搬走了。特洛希像他自己所谓受了同行**暗算**,有点不好意思,递了一张紧急申请的状子表示异议,凿凿有据的主张家具是高拉莉小姐的。法院准了状子,发下重审,确定家具的产权属于女演员。梅蒂维埃不服,提出上诉,七月三十日判决下来,上诉驳回。

八月七日,驿车带给诉讼代理人卡乡一大包文件,写着:**梅蒂维埃控诉赛夏和吕西安·夏同的案卷。**

内中第一件是一份清账,内容照原件抄录,保证正确。

本年四月三十日到期票据一纸,出票人大卫·赛夏,持票人吕西安·特·吕庞泼莱,结至五月二日为止,退票消单金额1,037.45法郎。

五月五日退票清单及拒付证书之送达费,连同巴黎商务法庭五月七日开庭之传票送达费　　　　　8.75

五月七日商务法庭判处被告羁押之缺席判决费　35.00

五月十日前项判决书送达费	8.50
五月十二日催付命令费	5.50
五月十四日查封笔录费	16.00
五月十八日粘贴封条笔录费	15.25
五月十九日登报公告费	4.00
五月二十四日查封物品提取前之核对笔录费（并载明吕西安·特·吕庞泼莱对执行提出抗告）	12.00
五月二十七日法院受理抗告声请，发交民庭审理费	35.00
五月二十八日梅蒂维埃诉请责令被告委托代理人即日应诉费	6.50
六月二日民庭判决费（判令吕西安·夏同照付退票清单金额，原告负担商务法庭诉讼费用）	150.00
六月六日前项判决书送达费	10.00
六月十五日催付命令费	5.50
六月十九日查封笔录费（并载明高拉莉主张家具所有权，反对查封，提出抗告）	20.00
法院裁定费（裁定本案按紧急程序开庭审理）	40.00
六月十九日确定家具产权属于高拉莉的判决费	250.00
六月二十日梅蒂维埃提起上诉费	17.00
六月三十日维持原判的判决费[1]	250.00
共计	889.00
五月三十日到期票据一纸	1,037.45

---

[1] 上文称梅蒂维埃的上诉于七月三十日驳回，此处忽称六月三十日维持原判，等于提早一个月，显见作者前后日期错误。

向吕西安送达退票清单及拒付证书费	8.75
共计	1,046.20
六月三十日到期票据一纸	1,037.45
向吕西安送达退票清单及拒付证书费	8.75
共计	1,046.20

卷宗之外附有梅蒂维埃的信，嘱咐安古兰末的诉讼代理人卡乡使用一切法律手段向大卫·赛夏追诉欠款。七月三日[1]，维克多-安日-埃梅奈冕特·杜布隆把大卫·赛夏传到安古兰末的商务法庭，责令偿付三张票据的欠款和一切费用，共计四千零十八法郎八十五生丁。催付命令由杜布隆送在夏娃手中，夏娃当然觉得数目惊人。同一天早上，她还收到梅蒂维埃的一封信，大为震动。

致　安古兰末　赛夏印刷所　大卫·赛夏先生

令亲夏同先生居心不良，竟将家具诡称为与其同居之女演员所有。台端早应将此种情形通知小店，免做不必要之控诉；而尊处对鄙人五月十日一信并未赐复。今请将票据三纸及小店垫付各款一并迅速归清为要。此致……

梅蒂维埃

---

[1] 上文称八月七日驿车方将本案卷宗送与卡乡，此处忽称七月三日（等于提前三十五天）杜布隆在安古兰末传讯大卫，前后日期又有矛盾。

夏娃对商法完全不行，早先不听见票据的下文，以为吕西安已经补赎罪过，把三张假造的本票付清了。

当下她对丈夫说："朋友，先去找柏蒂-格劳，告诉他我们的处境，请教他怎么办。"

10

所谓局势险恶

可怜的印刷商急忙赴去，跨进老同学的办公室，说道："朋友，当初你来通知我，你当了诉讼代理人，有事可以找你，没想到我这么快就需要你帮忙。"

大卫坐在柏蒂-格劳对面一张靠椅上，把他的事详详细细说出来，柏蒂-格劳对案子比大卫更清楚，根本不听他的，只管瞧着那张英俊的思想家的脸，细细打量。他看赛夏神色仓皇的进来，私下想："计策成功了！"这种场面在诉讼代理人的办公室内是常见的。柏蒂-格劳暗地里问自己："戈安得弟兄干吗要难为他呢？……"代理人的习惯不但要摸透敌人的心思，还要摸透当事人的心思；凡是利用司法来陷害人的阴谋，代理人对正反两面都需要认识清楚。

赛夏的话说完了，柏蒂-格劳道："你是想拖延时间。你要拖多久呢？三四个月行不行？"

大卫道："噢！四个月我就有生路了！"他觉得柏蒂-格劳简直是救命恩人。

柏蒂-格劳道："好吧，我不让人家来动你的家具，三四个月以内逮捕不了你……可是你要花很大的代价。"

大卫道:"那我不在乎!"

"到时可有什么进款吗?你有把握吗!……"代理人看大卫这么容易上钩,竟有点惊奇。

"再过三个月我就有钱啦。"大卫凭着发明家的信心回答。

柏蒂-格劳道:"你父亲没有入土,还不肯离开他的葡萄园呢。"

大卫道:"我何尝指望父亲的遗产!……我正在发现一项工业上的秘密,不用一丝一毫的棉料造出一种纸来,同荷兰纸一样结实,成本比现在的棉料纸浆低一半……"

柏蒂-格劳这才懂得长子戈安得的用意,他说:"那倒是笔财产。"

"大大的财产,朋友!不出十年,纸的消费量要比现在增加十倍。这个时代最走运的是新闻事业!"

"没有人知道你的秘密吗?"

"只有我女人知道。"

"你的用意,计划,没有同人家谈过吗?……比如同戈安得弟兄?"

"我跟他们提到的,只是说得很含糊,我记得。"

抱着一肚子怨恨的柏蒂-格劳忽然动了一点善心,想把戈安得弟兄的利益,自己的利益,赛夏的利益,一齐照顾到。

"大卫,你听我说,咱们是老同学,我一定帮你忙;不过你得明白,这场下风官司要花你五六千法郎!……我劝你不要拿你的财产去冒险。我看你有了发明,少不得要同一个厂商合作,分掉一部分利益。若要买进一个造纸厂或者设一个新厂,恐怕你也得三思而行,是不是?……此外还要领发明执照。这些事又费时间又费金钱。咱们尽管竭力招架,说不定执达员会给你一个措手不及……"

"我的秘密绝不放手!"大卫的口气像学者一样天真。

柏蒂-格劳本是出于好意,打算劝大卫妥协,避免官司;既然大卫不听劝告,他就说:"好吧!你的秘密是你救命的法宝,我也不想知道;可是告诉你,你最好躲在地底下工作,不能让人看见或者猜到你的方法,要不你的法宝会给人偷走的……发明家往往骨子里是个傻瓜!你们一心一意想着自己的问题,顾不到别的。最后人家会猜到你研究的题目,别忘了你受着厂商包围!没有一个开纸厂的不是你的敌人!我看你赛过一只海狸,周围全是猎人,别让他们剥了你的皮……"

大卫道:"谢谢你,亲爱的朋友,这些我都想到了;承你关切,想得如此周到,我很感激!……我干这桩事业不是为我自己。我一年有一千两百法郎进款就够了,父亲百年之后丢下的产业至少还比这个数目多三倍……我是靠爱情过日子的,靠思想过日子的!……这才是幸福的生活……我工作是为了吕西安和我的女人……"

"行,你在委托书上签了字,只管去对付你的发明吧。法院要扣押你的时候,我会早一天通知你躲起来;因为样样都要防到。我再劝你一句,千万别让靠不住的人走进你的屋子。"

"赛利才不愿续订合同租我的印刷所,为此我们周转有点儿困难。这么一来,家里除了我女人和岳母,只剩玛利红和亚尔萨斯人高布了,高布对我像狗一样忠心……"

柏蒂-格劳道:"嘿!那条狗就该提防……"

大卫道："你不知道高布这个人。我相信他像相信我自己一样。"

"让我试他一试，行不行？"

大卫道："行。"

柏蒂-格劳道："好吧，再见了。你请你的漂亮太太来一趟，你女人的委托书也是少不了的。朋友，你该知道你局势险恶。"这话是警告大卫，打官司的祸害一样一样都要临到他头上来了。

柏蒂-格劳把大卫·赛夏送到事务所门口，回进去想道："现在我一只脚在蒲高涅，一只脚在香巴涅[1]，左右逢源了。"

大卫手头奇紧，心中烦恼，老婆被吕西安恶劣的行为气成这样，他也很难受；可是他照样想着他的问题，去看柏蒂-格劳的时候，一路心不在焉嚼着一根荨麻。他为了试用草秆做原料，在水里浸着一些荨麻要它腐烂。凡是变成纱线的东西，新新旧旧的料子，都要经过浸渍，织造，或是用旧穿旧，才能分解；大卫打算另外找一套办法来代替。他从事务所出来，走在街上想着和他的朋友柏蒂-格劳谈话的结果，认为还满意，忽然觉得牙齿缝里有一颗丸子，拿出来放在手上，发现那一小块糊比从前试做的各种纸浆都强。用植物做纸浆，主要缺点是没有弹性，例如干草做的纸就特别脆，近乎金属，拈在手里发出金属声。像他那种偶然的发现只有大胆探索自然规律的人才会碰到。

"我要用机器和化学品来代替这个无意识的咀嚼作用。"大卫这样想着，自以为必定成功，一团高兴的回去见老婆。

他发觉夏娃哭过了，便说："噢！亲爱的，不用发愁！柏蒂-

---

[1] 蒲高涅和香巴涅是法国葡萄品质最好的两个地区。

格劳保证咱们可以清静几个月。当然要多些开销,可是柏蒂-格劳送我出来的时候说的好:每个法国人都有权利叫债主等些时候,只要临了把本钱和利息,还有一切费用,统统归清!……咱们将来全部照付就是了……"

可怜的夏娃却想得周到,她说:"可是怎么过活呢?……"

"啊!不错。"大卫说着搔搔耳朵,一个人为难的时候几乎都有这种莫名其妙的动作。

她说:"咱们的小吕西安交给母亲照管,我再去做活。"

大卫紧紧搂着老婆,叫道:"夏娃!噢,我的夏娃!离此不远的圣德城里,十六世纪有个法国最伟大的人物,叫作裴那·特·巴利西,不但发明了瓷器的釉,还是蒲丰和居维哀的显赫的远祖,这个老天真在他们之前就研究地质学了。他最大的嗜好是探求自然界的奥妙;不幸他的女人,孩子,全村的人都跟他作对。他的老婆把他的工具卖了……他在乡下流浪,没有人了解!……到处受人驱逐,轻视……而我却是有人怜爱……"

"是啊,爱得很呢。"夏娃神态安闲的回答,足见她的爱情坚定。

"那我即使受尽巴利西的苦难也无所谓了。他制成了埃古安珐琅,受到查理九世的保护,没有在屠杀新教徒的惨案中牺牲,老来富贵双全,名震欧洲,公开演讲他的所谓**泥土之学**。"

"只要我拿得动熨斗,包你生活没有欠缺!"可怜的女人说话的口吻显出她对丈夫死心塌地,"当初我在普利欧太太手下当领班,有个挺规矩的女孩子和我很好,她是卜斯丹的表妹,名叫巴齐纳·格莱日。巴齐纳最近替我送内衣来,告诉我普利欧太太的铺子由她盘下了;我可以到她那儿去做活!……"

赛夏回答说:"你做活的时期不会久的。我找到了……"

发明家全靠一股了不起的信心支持,才有勇气在不可知的天地中前进。夏娃破题儿第一遭对这种信心凄凉的笑了笑。大卫神态沮丧,低下头去。

美丽的夏娃扑在丈夫脚下,叫道:"噢!亲爱的,我不是笑你,也不是不相信你。我只觉得你把你的试验,你的希望,瞒得紧紧的,太有道理了。发明家的光荣是拿痛苦换来的,这个过程的确不应该让人家知道,哪怕是自己的妻子!……女人到底是女人。我一个月之内听你说到第十七遍:**我找到了!**……忍不住笑起来。"

大卫也很天真的笑他自己,夏娃不禁握着他的手亲吻。这一刹那是最甜蜜的时间,仿佛在贫穷潦倒的荒凉的路边上,或是在万丈深渊之下,忽然出现几朵象征爱情的玫瑰。

11

父亲和两个仆人

局势越险恶,夏娃越鼓足勇气。丈夫的伟大,发明家的天真,有时还撞见这个重感情,多幻想的男人噙着眼泪,种种因素加强了夏娃的抵抗力。她又使出过去用得很成功的办法,写信给梅蒂维埃,说她愿意卖掉印刷所来还债,但求勿增加大卫不必要的讼费,加重他损失。梅蒂维埃对这封恳切的信置之不理,只叫掌柜答复,说梅蒂维埃出门了,做伙计的不敢做主停止控诉,东家做事素来不是这样的。夏娃要求票据展期,一切费用由她负担;掌柜表示同意,只要大卫·赛夏的父亲肯做保人,加一个背书[1]。夏娃叫母亲和高布陪着,走往玛撒克。她大着胆子去见公公,竭力巴结,哄得老人家笑逐颜开。可是等她战战兢兢提到背书的话,酒鬼的脸马上变色。

他嚷道:"让我儿子碰到我的钱柜,他要不翻箱倒箧,掏个精光才怪!没有一个孩子不剥削老家的。我吗,我可从来没叫爹娘花过一个子儿!你们的印刷所里看不见人,只有耗子在那里打

---

[1] 持票人或第三者在银钱票据背后签字,银行术语叫作背书。

架……你长得漂亮，我喜欢你；你做事巴结，用心，不像我儿子！……大卫是什么东西，你知道没有？……是个贪吃懒做的学者。我要让他自生自长，跟我小时候一样，一字不识，或者跟他老子一样做**大熊**，那他早有了积蓄……唉！他是我心上的一块疙瘩，这家伙！糟糕的是他脾气古怪，像他这种人，天底下找不出第二个！再说，他害得你好苦啊……"他看夏娃摇头，坚决否认，便道："怎么不是？你急得奶水都没有了，只好雇一个奶妈。得了吧，我样样知道。你们被人告在法院，变了城里的话柄。不错，我只是**大熊**，不是学者，我不曾在印刷界的明星第多手下做过监工，可从来没收到法院的公事！每逢我下葡萄园做活，收割，或者料理我的小事情，你知道我想些什么？……我对自己说：哎！可怜的老头儿，你辛辛苦苦，一个钱一个钱攒起来，留下多好的产业，到头还不是便宜了执达员，诉讼代理人……再不然被儿子拿去乱花……他想入非非的念头才多呢……孩子，你如今有了这娃娃……我跟夏同太太抱着他受洗那天，看见他的鼻子长得像他爷爷……好吧，你还是少操心大卫，多想想这个小家伙吧……我只相信你……将来只有你保得住我的产业……我的可怜的产业……"

"可是，亲爱的爸爸，你儿子会替你增光，早晚挣起一份家业来，钮孔上挂着荣誉团的勋章……"

"凭什么？"老赛夏问。

"你等着瞧吧！再说，眼前你拿出三千法郎，难道会倾家荡产吗？……有了三千法郎，官司就好了结……你要不相信儿子，就借给我吧，我一定还你，我拿我的陪嫁，拿我赚来的工钱做抵押……"

种葡萄的老人先以为儿子被控的消息是人家造谣,如今听说是真的,觉得很奇怪,嚷道:"大卫被人告上了?这就是会签名的好处!那么我的房租呢?……噢!孩子,我要进城去办手续,同我的诉讼代理人卡乡商量……你今天来得好极了……一个人消息灵通就不会吃亏!"

相持了两个钟点,夏娃只得回去;"女人不懂生意经"这句话,她没法批驳。夏娃来的时候多少抱着希望,从玛撒克走回安古兰末累得筋疲力尽。回家正碰上法院送判决书来,责令大卫·赛夏清偿梅蒂维埃的款子。家里有执达员上门在内地本是一件大事,近来杜布隆来的次数这么多,更引起街坊上的议论。夏娃甚至不敢出去,怕听见人家在她背后喊喊喳喳。

可怜的夏娃冲进走道,奔上楼梯,说道:"噢!哥哥,哥哥!我不能原谅你,除非你……"

赛夏迎上来说:"唉!就是啊,当时要不那么办,他只好自杀。"

"那么从此不提了。"夏娃轻轻的回答,"带他到巴黎那个陷人坑去的女人真是十恶不赦!……再说,大卫,你父亲心肠也真硬!……咱们就不声不响的受罪吧。"

大卫正要说几句体己话安慰女人,忽然听见门上轻轻敲了一下,玛利红带着又高又胖的高布穿过外面一间屋子走进来。

玛利红说:"太太,我跟高布知道先生太太心里着急,我们俩一共有一千一百法郎积蓄,觉得存在太太这儿再妥当没有……"

"再妥当没有。"高布很热情的重复了一句。

大卫说:"高布,咱们一辈子也不分手的了。你拿一千法郎去交给诉讼代理人卡乡存起来,要一张收据;余下的我们留着。

高布,不论人家用什么方法打听我做些什么,什么时候出去,带什么东西回家,你一个字都别提;我派你去收草料,别让人看见……你知道,高布,有人会千方百计引诱你开口,许你成千上万的钱……"

"许我几百万,我也不泄漏一个字!部队里的命令,我不是服从惯的吗?"

"好吧,我的话交代过了。你把钱送给卡乡先生,请柏蒂-格劳先生到场做个见证。"亚尔萨斯人回答说:"是,先生。我只希望将来有了钱,把这个讼师揍一顿!我讨厌那副嘴脸!"

胖子玛利红道:"太太,这个人真好,身子结实得像土耳其人,脾气和顺得像绵羊。做他老婆才福气呢。把我们的工钱——他叫作**私蓄**——存在太太这儿,是他想出来的。他口齿不清[1],转的念头可挺好,反正我听得懂他的话。他还想到外边去干活,不花我们的钱……"

大卫望着他的女人说:"单单为酬劳这些好人,咱们也该挣一份家私。"

夏娃觉得事情很简单,她遇到和自己心地相仿的人不以为奇。她这种态度,便是笨蛋或者完全不相干的人看了,也不难体会到她品性的纯洁。

玛利红道:"先生,你将来一定有钱,现成的家私摆在那里。你家老先生新近买下一个农庄,他替你攒的钱可不少呢……"

在当时的情形之下,玛利红这几句话等于表示她的行为不足挂齿,用心这样细到的确了不起。

---

[1] 亚尔萨斯人的法语一般都发音不准,上面几段高布的谈话,作者原文故意把读音写得似是而非。

12

两个代理人怎样放火,杜布隆怎样从旁帮助

像一切的人事一样,法国的诉讼程序有不少弊病,不过好比一把两面出锋的刀子,既可用来攻击,也可用来自卫。此外还有一点妙处,两造的代理人不必交谈,只要在诉讼程序上采取某个步骤,就能成立默契。遇到这个情形,官司就像第一位皮隆元帅[1]的作战;他围攻罗昂的时候,儿子向他献计,能在两天之内攻下城市;父亲回答说:"怎么,难道你急于回家种菜吗?"奥地利的军人有本领使战争旷日持久,而不受日耳曼军法会议的责备,说他们让士兵虚耗粮饷,贻误军机;任何对垒的将领用了这个办法,就可以相持不下,保全实力,把仗永远打下去。卡乡,柏蒂-格劳和杜布隆的行事比奥地利的将军更高明,他们奉一个古代的奥地利人,静待时机的腓俾阿斯[2]做模范!

柏蒂-格劳像骡子一般刁猾,很快看出自己的优势。讼费既有长子戈安得保证,他就决意同卡乡斗法,尽量的节外生枝,跟

---

[1] 皮隆一家三代有三个元帅,这是指最早的一个,阿芒·特·龚多男爵(1524—1592)。
[2] 公元前三世纪罗马大将。

梅蒂维埃作梗,借此向纸厂老板卖弄才华。可惜这位年轻的司法界费加罗[1]的功业,写历史的人好像见了炭火一般害怕,只好轻轻带过,不再替他扬名。对当代的风俗史来说,仅仅一张讼费清单,像巴黎的那一份,材料也够了。为了容易了解,这段纯粹法律性质的文字还是仿作战公报的文体,把柏蒂-格劳的行动写得越简单越好。

七月三日安谷兰末商务法庭传讯大卫,大卫没有出席;八日宣判。十日,杜布隆送达催付命令,十二日准备查封财产;柏蒂-格劳提出抗告,要求法院在十五天内传梅蒂维埃重审。梅蒂维埃认为时期太长,第二天进了状子,请求提早审理;十九日宣判,大卫的抗告驳回。二十一日送出判决书,宣告二十二日发催付命令,二十三日发人身羁押状,二十四日立查封笔录。这一阵雷厉风行的措施被柏蒂-格劳挡住了,他向高等法院上诉,七月十五日再递一张状子,把梅蒂维埃带往博济哀。

柏蒂-格劳心上想:"到了这一步,总得拖些时候。"

他转托一个在博济哀高等法院登记的诉讼代理人,把主意交代清楚;风暴便移到博济哀去了。接着柏蒂-格劳以双重代理人的身份,代表赛夏太太申请法院克日传讯大卫,要求析产。用司法界的行话来说,柏蒂-格劳急如星火的下手,七月二十八日弄到准予析产的判决,通知了有关方面,在《夏朗德邮报》上登了公告。八月一日,公证人替赛夏太太算清在夫妇共有财产中优先部分的账目,确定赛夏太太是丈夫的债权人,大卫在婚书上写明给妻子的一万法郎赠予,决定以印刷所和家里的动产抵充。

---

[1] 博马舍喜剧中的角色,是个聪明伶俐,刁钻捉狭的小人。

柏蒂-格劳保住夫妻俩的财产，同时在博济哀的上诉也得胜了。他认为在巴黎控告吕西安·特·吕庞泼莱的讼费，塞纳州初级法院既已判令梅蒂维埃负担，大卫当然没有承担的义务。高等法院承认这个主张有理，一方面维持安古兰末商务法庭的原判，责令大卫偿付债款，一方面剔除六百法郎的巴黎讼费归梅蒂维埃负责；此外鉴于迫使大卫上诉的事故，裁定上诉费用由两造分摊。八月十七日，判决书送达大卫，十八日送达催付命令，责令偿付本息及一应费用；二十日立查封笔录。于是柏蒂-格劳以赛夏太太的名义出来干涉，声明夫妇财产已经正式分开，家具属于妻子所有。此外，柏蒂-格劳经过一番部署，又做了赛夏老头的代理人。

原来葡萄园主在媳妇下乡以后第二天，赶往安古兰末找他的代理人卡乡，说儿子与人涉讼，损害他的房租，要代理人保护他的权益。

卡乡回答："我不能一边控告儿子，一边接受父亲的委托。你还是去请教柏蒂-格劳吧，他很能干，替你办起事来也许比我更得力……"

卡乡在法院里对柏蒂-格劳说："我把赛夏老头介绍给你了，别忘了礼尚往来……"

不论巴黎内地，诉讼代理人都有这一类互相帮忙的事。

赛夏老头委托柏蒂-格劳做代表以后的下一天，长子戈安得去看他的同党，说道："你得想法叫赛夏老头吃些亏！他这种人只要为儿子损失了一千法郎，就一辈子恨死儿子；儿子在遗产项下预支了这笔钱，老人即使要软心肠也软不下来了……"

柏蒂-格劳对他的新主顾说："你还是回去照料你的葡萄园，

你儿子心境不好，别再盘剥他，在他家吃饭了。必要的时候我会通知你进城的。"

于是柏蒂-格劳代老赛夏出来主张，印刷机和墙壁相连，明明是房屋的定着物[1]，以用途而论，那所屋子从路易十四时代起便是印刷工场。梅蒂维埃在巴黎查封吕西安的家具，家具变了高拉莉的；在安古兰末查封大卫的家具，家具又是妻子和父亲的（关于这一点，代理人在庭上说了不少俏皮话）；卡乡代表梅蒂维埃表示愤慨，要求传父子二人一齐到庭，驳斥他们的主张。他说："我们要揭穿这些人的骗局，他们居心不良，一味要无赖，利用法律上最正当最明确的条文做抵抗的武器，不肯偿付三千法郎！……三千法郎是哪儿来的？……从可怜的梅蒂维埃银箱里拿的。他们还胆敢说贴现人的坏话……请问还成何世界！……请问是不是要鼓励大家抢劫？……这种目无法律，败坏人心的要求，庭上绝不能允许！……"安古兰末法院被卡乡精彩的辩诉打动了，经过两造辩论以后，判决只有家具的产权属于赛夏太太，赛夏老人的要求遭到驳斥，四百三十四法郎六十五生丁的讼费由他负担。

好些诉讼代理人笑着说："这是赛夏老头活该，他想来捞一把，偏偏要他惠钞！……"

判决书八月二十六日送达，以便二十八日查封印刷所的机器及其附属物。封条贴上了！……法院根据原告请求，裁定就地拍卖。报上登出拍卖的广告。杜布隆很得意，以为九月二日就能办查封物品的复核手续，接下来就拍卖。按照判决和执行命令，那

---

[1] 定着物是法律名词，房屋及其定着物在法律上都是不动产。

时大卫欠梅蒂维埃五千二百七十五法郎二十五生丁，利息在外；欠柏蒂-格劳垫付讼费一千二百法郎，再加公费；柏蒂-格劳好比卖足气力而完全信任顾客的马夫，公费的数目让大卫自己斟酌。赛夏太太大约欠柏蒂-格劳三百五十法郎，公费在外。赛夏老头欠四百三十四法郎六十五生丁讼费，柏蒂-格劳还要他三百法郎公费。三个人总共欠到上万法郎。

以上的材料不无用处，除了外国人可以明白在法国打官司的内幕之外，立法的人也应当知道，假定他有时间看书的话，诉讼程序能被人滥用到什么程度。我们不是应当赶快订一条法律，规定在某种情形之下，诉讼代理人不得使讼费超过诉讼的目的吗？为了一分一厘的土地，和价值上百万的产业办同样的手续，岂非笑话？这一段枯燥的叙述说明了诉讼的各个阶段，让大家懂得**手续，司法，讼费**三个名词的重要，这是绝大多数的法国人万万想不到的。司法界所谓叫一个人的局势恶化，就是这么回事。印刷所的五千斤铅字，照铸铁的价钱值两千法郎。三架印刷车值六百法郎。其余的东西只好当废铁和旧木料卖。两夫妻的家具至多卖到一千。大卫·赛夏的家私一共值四千左右，卡乡和柏蒂-格劳要他花到七千法郎讼费，而将来两个代理人还有别的油水可捞，看下文就知道。当然，法国从南到北办案子的人，对柏蒂-格劳没有一个不敬重不佩服；可是有良心的人对于高布和玛利红不能不洒一滴同情之泪。

在那场战斗中，高布只要大卫不使唤他，老是坐在走道门口一张椅子上当看家狗。法院派人送公事来，除了柏蒂-格劳的帮办在场监视之外，都归高布收下。拍卖印刷机和生财的广告一贴出来，高布马上撕掉，还去扯下街上的广告，嘴里嚷着：**混账东**

西！……**欺侮这样一个好人！……还说是大公无私的法律！**玛利红白天替一家造纸厂掌车，挣十个铜子做家里的日常用度。夏同太太不哼一声，重新去熬夜，干那劳累的看护工作，每星期把工资交给女儿。她已经托人念了两回九日经，觉得上帝对她的祷告听而不闻，对她点的蜡烛视而不见，好生纳闷。

13

控诉的高潮

九月二日,夏娃收到吕西安一封信。吕西安自从报告妹夫签了三张本票,被大卫把信藏起,不让老婆知道以后,不曾和家里通过消息。

可怜的妹妹拿着倒霉的信不敢就拆,私下想:"这是他出门到现在写给我的第三封信。"

她为了节省,奶妈已经歇掉,那时正在用奶瓶喂孩子;她叫起大卫一同看信,发明家隔天通宵造纸,天亮才睡觉。夫妻俩看过信以后的感触,我们不难想象。

亲爱的妹妹:

两天以前,清晨五时,我眼看一个最好的好人儿断气。世界上只有这女子能像你,像母亲,像大卫那样爱我;除了毫无私心的感情之外,她还给了我母亲和妹妹不能给我的幸福:爱情的幸福!可怜的高拉莉为我牺牲了一切,也许是为我死的!我可一文不名,没有力量把她埋葬……她在世的时候使我生活得到安慰;她的死只有你们能安慰我,亲爱的天使们!我相信这纯洁的姑娘必定得到上帝的宽恕,她临死之前忏悔过了。唉!巴黎!……告诉你,夏娃,法国所有的光荣和耻辱都集中在巴黎,我多少幻想在此破灭了!如今要去募化一点儿钱把这个天使的遗体还给圣洁的土地,恐怕我还有更多的幻想要破灭!

你的遭难的哥哥 吕西安

我的轻率的行动使你受累不浅,经过情形你终有一天会知道,会原谅我的。你放心:一个为着我受过剧烈刺激的商人,好心的加缪索先生,看见我和高拉莉为难之极,答应料理这件事。

"信纸上眼泪还没干呢!"夏娃望着大卫说;大卫看了她同情的神气,也流露出他从前对吕西安的好感。

他说:"可怜的孩子,既然那女的那么爱他,他一定伤心得不得了。"大卫自己可是一个幸福的丈夫。

听着痛苦的呼号,丈夫同妻子都忘了自身的痛苦。那时玛利红奔进来说道:"太太,他们来了!……他们!……"

"谁?"

"杜布隆和他手下的人,该死的!高布正在跟他们打架,他们要来拍卖……"

柏蒂-格劳在卧室外面的屋子里大声嚷道:"不会,不会,拍卖不成的,你们放心!我才送出上诉的状子。这回的判决指责我们居心不良,我们不能接受。我不预备在这儿辩诉。为了替你们争取时间,我特意让卡乡信口开河,我有把握在博济哀再打一次胜仗……"

"这胜仗要花多少钱呢?"赛夏太太问。

"赢了,你们给我一笔公费;输了,你们花一千法郎。"

可怜的夏娃叫道:"我的天哪!挽回不是比不挽回更糟吗?……"

像夏娃这样的老实人也被官司的炮火照亮了眼睛。柏蒂-格劳听着这话,同时觉得夏娃美不可言,怔住了。

赛夏老头接到柏蒂-格劳通知,刚好赶到。老人在儿子媳妇的卧房中出现,孩子在摇篮里对着家庭的不幸微笑,可以说这一幕的角色到齐了。

年轻的代理人说:"赛夏爸爸,你出头告了一状,欠我七百法郎;这笔钱你将来和房租加在一起,向你儿子去要吧。"

柏蒂-格劳的神情口吻挖苦得厉害,种葡萄的老人也领会到了。

夏娃离开摇篮,过去拥抱老人,说道:"你要肯替儿子作保,倒花不了这许多……"

高布和杜布隆的助手争吵,惊动了街坊;大卫看见屋前挤满着人,好不难受,只是向父亲伸出手去,没有向他问好。

老人问柏蒂-格劳:"怎么我会欠你七百法郎?"

"第一,我替你当了差。既然是为你的房租,你和你的债务人应当对我负连带责任。你儿子要不付这笔费用,就归你付……这还是小事,再过几小时,人家要送大卫进监狱了,你是不是让他去呢?"

"他欠多少?"

"五六千法郎,欠你和欠他老婆的不算在内。"

蓝白两色的卧房中间,一个美丽的女人在摇篮旁边掉眼泪,大卫痛苦不堪,再加上一个说不定是来诱老人上钩的代理人;老头儿望着这个动人的场面大起疑心,只道他们想挑动他做爷的感情,敲他一笔钱。他走过去瞧着孩子抚弄,孩子向他伸着小手。家里把小孩儿当作英国贵族的儿子一样照顾,给他戴着一顶绒布里子的绣花帽子。

老祖父说:"嗳,让大卫自个儿去对付吧。我只关切这个孩子,——他妈妈不会不赞成。大卫本领大得很,自有办法还债的。"

代理人含讥带讽的说道:"你的心思,我来替你痛痛快快说了吧。赛夏爸爸,你嫉妒你的儿子。说老实话,大卫今天的局面是你造成的,你的印刷所卖了他三倍的价钱,你要他付这笔高利贷式的款子,把他弄穷了。是的,你别摇头,你印刷所里真正值钱的东西是卖给戈安得弟兄的那份报纸,卖来的钱统统进了你的腰包……你恨你儿子,不但因为你剥削了他,还因为你给他受了教育,比你高了一等。你假装疼孙子,遮盖你对儿子媳妇的冷酷,原因是儿子媳妇此刻就要花你的钱,而你对孙子的感情要等你身后才兑现。你喜欢这小家伙,表示你在骨肉中间也有喜欢的人,免得人家说你硬心肠。赛夏爸爸,你骨子里就是这么一个想法……"

"难道你要我听这些话才叫我来的吗?"老人说着,把代理人,媳妇,儿子,一个个瞧过来。

夏娃对柏蒂-格劳说:"先生,你认为我们非倾家荡产不可吗?我丈夫从来没抱怨过父亲……"种葡萄的很狡猾的瞧着媳妇，媳妇发觉老人起了疑心，便对老人说："大卫不知和我说过多少回，说你爱他另有一种方式。"

柏蒂-格劳按照长子戈安得的意思，挑拨父子的感情，不让老人帮助大卫过关。

上一天长子戈安得对柏蒂-格劳说："等咱们把大卫关进监狱那一天，我介绍你去见特·塞农希太太。"

对丈夫的感情使赛夏太太特别机灵，上回她看出赛利才变心，这时又猜到柏蒂-格劳对赛夏老人的反感是假装的。大卫很诧异，不懂柏蒂-格劳对他父亲和他的业务怎么会看得这样清楚。忠厚的印刷商既不知道他的辩护人和戈安得弟兄有勾结，也不知道戈安得弟兄躲在梅蒂维埃背后。当时大卫的沉默在种葡萄老人的眼中便是一种侮辱。代理人趁他主顾发怔的当口脱身了。

"再见，亲爱的大卫，我通知过你了：羁押的命令不因上诉而失效，债权人目前只有这条路可走，他们非走不可。你快快溜吧！……再不然，如果你相信我的话，去找戈安得弟兄谈谈倒是个办法，他们有的是资金，你的发明要是已经成功，符合你的期望，不妨同他们合作；他们很好说话……"

"什么发明？"赛夏老头问。

代理人道："你只道你儿子是傻瓜，放弃了印刷所，什么念头都不转吗？他说他有办法用三法郎成本，造出现在卖十法郎一令的纸……"

赛夏老头叫道："又来哄我了！你们像集市上的骗子，都是串通的。大卫要有这个秘诀，还要我帮忙吗？他早已变了财主了。小朋友们，再会。"

老人说完走下楼梯。

"你想法躲起来吧。"柏蒂-格劳和大卫说着,急急忙忙去追老赛夏,再要逼他一下。

葡萄园主在桑树广场上一边走一边咕哝,被柏蒂-格劳追上了。他陪老人一直走到乌莫,分手的时候威吓说,本星期内不付讼费,就请法院强制执行。

赛夏老头回答:"要我付也可以,只消你替我剥夺儿子的继承权,不损害我的孙子和媳妇!……"说完突然走开了。

代理人回到安古兰末,心上想:"长子戈安得把他的对手看得再清楚没有!……他明明告诉我,要老头儿付七百法郎,等于拦着他不替儿子还七千法郎的债。不过纸厂老板是个老狐狸,我不能上他的当,此刻不是听他空口说白话的时候了。"

赛夏老头和代理人走了,夏娃问丈夫:"大卫,我的朋友,你打算怎办呢?……"

大卫望着玛利红道:"你把最大的锅子放在火上,这一下我有把握了!"

夏娃听了,性急慌忙拿起帽子,披肩和皮鞋,吩咐高布:"你去换了衣服,陪我走一遭;我要知道是不是还有一条生路……"

夏娃出了门,玛利红说道:"先生,别一厢情愿,叫太太急坏了。先挣起钱来还了债,再消消停停找你发财的门道不好吗?……"

大卫答道:"别多嘴,玛利红;最后一关快攻下来了。发明执照和改良执照可以一齐到手了。"

在法国,改良执照是发明家的致命伤。一个人花了十年心血摸索出一项工业上的秘密,或是造出一架机器,或是发明随便什么东西,领到一张执照,满以为发明的东西抓在自己手中;谁知他要想得不够周到的话，会撞出一个同行来加上一只螺丝，把他的发明改良一下，专利权就给抢走。光是发明廉价的纸浆，造纸问题并没全部解决。别人尽可把你的方法推进一步。大卫·赛夏因此要考虑周密，免得经过不少阻难，好容易才找到的生财之道被人抢去。荷兰纸（纯粹用旧麻布做的纸虽则荷兰已经不再制造，至今保持这个名称）都薄薄的上一层胶，并且是用手工一张一张上胶的，所以成本很高。若能用一种便宜的胶水在煮纸浆的锅内上胶——如今就用这办法，可是还不十分完善——他的发明就没有什么需要改进了。最近一个月，大卫正在研究锅内上胶的方法。他要把两个秘诀同时找到。

　　夏娃出去是看她母亲。夏同太太服侍的产妇碰巧是首席署理检察官的太太，那太太才替弥劳·特·纳凡家生下一个儿子，未来的继承人。夏娃对一切吃公事饭的人都不敢相信，想拿她的处境去请教孤儿寡妇的法定保护人，问他能否牺牲她妻子的权利，出让她的产权，代大卫还债；同时也想知道柏蒂-格劳那种暧昧的行为到底是怎么回事。

　　法官看赛夏太太长得这样漂亮，大出意外，对她不但像对一般女性那样有礼，还特别客气，那是夏娃难得遇到的。法官眼睛里的表情，夏娃出嫁以后只有在高布眼中见到，而像她这样美丽的女子往往用这个做标准，观察男人。青年对妇女自会流露出一种绝对服从的表情，倘若为了某种私欲，某种利害关系，或者年龄关系，男人眼中没有这表情，女人就要提防，注意这个男人。戈安得弟兄，柏蒂-格劳，赛利才，夏娃心目中所有的敌人，都用淡漠冰冷的眼光瞧她；在署理检察官面前，她却感到身心舒泰。检察官一面殷勤相待，一面寥寥几句就指出夏娃的计划没有希望。

他说:"太太,你丈夫放弃全部财物,抵充你在共有财产中的优先部分,家具包括在你丈夫放弃的财物之内,这个判决将来高等法院未必会变更。你的优先权不应当包庇一项诈欺行为。日后你以债权人资格可以分到查封财物的售价;你公公因为大卫欠他房租,也有优先权。在这个情形之下,高等法院一朝裁定之后,为了法律上所谓分配问题,还可能引起别的争执。"

夏娃说:"那么柏蒂-格劳先生是不是要断送我们呢?"

法官回答:"柏蒂-格劳的做法同你丈夫的委托书完全符合,因为你丈夫的目的,据代理人说来是要拖延时间。我看还是放弃上诉,你和你公公两人不妨在拍卖的时候买下你业务上最需要的生财机器,你以不超过你应得的部分为限,你公公以不超过积欠的房租为限……不过这个目的一时也谈不到,那些代理人还想盘剥你们呢……"

"那么我是完全落在公公手里了,我欠他房租,又欠他生财用具的租费;梅蒂维埃先生几乎拿不到什么[1],我丈夫还得被梅蒂维埃控告……"

"一点不错,太太。"

"这么说来,我们以后的处境比现在还要糟……"

"太太,归根到底,法律是支持债权人的。你们收过三千法郎,应当归清……"

"噢!先生,难道你以为我们……"

夏娃忽然停住,觉得替自己洗刷不免泄漏哥哥的秘密。

---

[1] 法国民法规定,妻子在共有财产中的应得部分,以及债务人欠缴的房租,都比一般的债务占有优先权。大卫的印刷所拍卖所得,或许还不够偿付妻子和父亲。

法官说："噢！我知道事情有点蹊跷：债务人明明规矩老实，爱惜名誉，还有些了不起的表现……而债主只是代人出面……"

夏娃心中害怕，傻支支的望着法官。

法官意味深长的瞧了她一眼，说道："告诉你，我们在庭上听着律师滔滔不绝的辩诉，尽有时间考虑案子。"

夏娃回去，觉得自己无能为力，伤心得不得了。晚上七点，杜布隆送来羁押债务人的公事。官司到了高潮。

大卫说："从明天起，我只能夜里出门了。"

夏娃和夏同太太直掉眼泪。在她们心目中，一个人躲起来是大大丢脸的事。

14

为什么羁押债务人在内地是绝无仅有之事

高布和玛利红久已认为主人是忠厚长者,听说他自由受到威胁,不由得大为惊慌;他们替主人提心吊胆,进去看夏同太太、夏娃和大卫,问问可有什么事能够让他们出力。他们俩进去,三个人正在流泪,他们一向过着简单的生活,想不到现在要把大卫藏起来。说不定有些暗探已经在注意大卫的行动,像他这样心不在焉的人,怎么逃得过他们的监视呢?

高布说:"如果太太肯等一等,我可以到敌人的阵地上去侦察一下。别看我模样儿像德国人,这个差事我是内行;我是地道的法国人,乖得很呢。"

玛利红说:"太太,让他去吧,他一心想保护先生。高布不是亚尔萨斯人,是……是一条真正的看家狗!"

大卫说:"行,高布,你去吧。究竟怎么办,咱们还来得及考虑。"

高布赶往执达员家。大卫的敌人正在那里聚会,商量如何抓他。

在内地,逮捕债务人的事即使发生,也是一桩过火的、出乎常规的事。第一，大家素来相熟，谁也不敢使出人人厌恶的手段。债权人和债务人一辈子都得见面。其次，尽管内地人痛恨破产（他们叫倒账）这种合法的盗窃，一个做买卖的要是有心来一次大规模的倒账，尽可溜往巴黎。巴黎好比外省的比利时[1]，有些藏身之处叫人不得其门而入，而执达员手中的逮捕状过了法定期限就失效。此外，还有其他的阻碍几乎使逮捕无从执行。住宅不得侵犯的法律在内地始终受到尊重，没有例外；执达员不能像在巴黎一样进入第三者家中逮捕债务人。立法的人认为巴黎应当除外，因为巴黎一幢屋子经常住着许多人家。在内地，就算要走进债务人自己的屋子去抓人，执达员也必须请治安法官协助。治安法官是管辖执达员的上司，他是否同意和执达员合作，多半可以自由决定。治安法官有一点值得称赞，他觉得逮捕债务人这个义务不好随便承担，他不愿被盲目的情欲或者私仇利用。还有另外一些困难同样不容易解决：像人身羁押这种严酷的法律本是不必要的，而风俗习惯的影响还能改变法律的性质，甚至使法律不生效力。大城市中有的是无所不为的光棍流氓，甘心替人做奸细；小城的居民彼此都熟悉，不可能受执达员雇用。万一最穷苦的阶层中有人干了这种卑鄙的勾当，在当地就要立脚不住。在巴黎或者别的人口稠密的地方，逮捕债务人是商务警察的独行生意，在内地却是一桩极其棘手的事，债务人和执达员为此互相斗法，各显神通，有些异想天开的玩意给报纸的社会新闻提供的材料，有时竟妙不可言。

  长子戈安得不愿意出面；胖子戈安得自称为受梅蒂维埃委托办

---

[1] 过去法国的政治犯及其他罪犯往往以比利时为逋逃薮。

这桩案子,带着赛利才到杜布隆家。那时戈安得已经雇用赛利才做印刷所监工,另外许他一千法郎,要他帮着对付大卫。杜布隆有两个助手可以调派。因此戈安得弟兄有三条猎狗监视他们的目的物。逮捕的时候,杜布隆还能调动宪兵;按照判决书规定,遇到执达员要求,宪兵应当出来协助。杜布隆的事务所设在屋子底层,事务所里面一间是他的办公室。当下五个人正在那儿集会。

事务所外边有一个宽敞的走廊,铺着石板,像一条过道。临街的门不大不小,两旁挂着司法人员的金漆招牌,中间刻着**执达员**三个黑字。事务所临街的两个窗洞装着粗大的铁栅。办公室朝着园子。执达员对园艺女神极有感情,靠墙的花果架上,果树种得出色,而且是他亲自种的。厨房正对事务所,厨房背后是楼梯。屋子在一条小街上,坐落在一八三○年后才完工,而当时还在建造的新法院后面。要了解高布那天的遭遇,以上的细节不能说没有用处。亚尔萨斯人打算见执达员,假装出卖主人,探听对方的圈套,好回去防备。厨娘出来开门,高布说要见杜布隆先生。女佣人正在洗碗,被人打搅,不大高兴,她打开事务所的门,叫陌生人进去等着,说先生在办公室里和人谈话。她报告主人有一个汉子找他。杜布隆听见汉子两字,知道是乡下人,吩咐说:"叫他等着!"高布便靠着办公室的门坐下。

胖子戈安得道:"喂,你打算怎么进行?最好明儿早上就逮住他,省点时间。"

赛利才道:"那容易得很,他名副其实是个**傻瓜**[1]。"

高布一听戈安得的声音和那两句话,马上猜到里面就在谈他

---

[1] 参见前注。

东家的事；等到他听出赛利才的口音，愈加诧异了。

他毛骨悚然的想道："那小子还吃过他的饭呢。"

杜布隆道："朋友们，我看应当这样：从菩里欧街和桑树广场起，咱们一路布置人马，距离远一些，可是各个方向都要照顾到，才能监视**傻瓜**——这绰号我很喜欢——一直监视到他躲进一幢他自以为安全的屋子；让他太太平平住几日，然后有一天在日出或日落之前可能碰到他[1]。"

胖子戈安得道："这个时候他在干什么呢？说不定会跑掉的。"

杜布隆道："他在家里；他要出门，我准知道。我派了一个司法人员守在桑树广场，另外一个站在法院的拐角儿上，还有一个离开我屋子三十步。那家伙一出门，我手下的人立刻吹口哨为号；他走不到三十步，我就靠这个电报式的通讯知道了。"

一般执达员都把助手冠冕堂皇的称为司法人员。

高布想不到运气这么好，轻轻走出事务所，对女佣人说："杜布隆先生一时还不得空，我明儿清早再来。"

当过骑兵的亚尔萨斯人忽然想出一个主意，立刻实行。他赶到一家相识的马行，挑了一匹马，叫人配好坐鞍等着；然后急急忙忙回到主人家里。赛夏太太正在伤心绝望。

大卫看亚尔萨斯人脸上又惊又喜，问道："什么事啊，高布？"

"你们被坏蛋包围了。最好把先生藏起来。太太可想出什么地方吗？"

---

[1] 执达员不得闯入债务人家中，详见上文：他只能等债务人于清晨或傍晚偷偷出外时逮捕。

忠心的高布说出赛利才的叛变,屋子四周的埋伏,胖子戈安得的参与,还有那些人的设计划策,可知大卫的处境险恶极了。

可怜的夏娃垂头丧气的说道:"原来是戈安得弟兄在逼你,怪不得梅蒂维埃态度这样强硬……他们开着纸厂,想抢你的发明。"

夏同太太叫道:"有什么办法逃出他们的手掌呢?"

高布道:"只消太太有地方藏起先生,我保证送他去,绝对没人知道。"

夏娃道:"你们只能在夜里进巴齐纳家,我先去跟她讲好。遇到这种情形,巴齐纳同我一样可靠。"

大卫头脑清楚了一些,说道:"暗探会跟着你的,最好想法通知巴齐纳而不用咱们亲自去。"

高布道:"太太尽管去。我有个计策:让我陪先生出门,叫暗探跟着我们走。那个时候太太去看格莱日小姐,没有人盯了。我租好一匹马,等会叫先生坐在我背后;谁要追得上我们才算本事呢!"

夏娃扑在丈夫怀里说:"好吧,朋友,再见了。以后我们都不能去看你,免得你被他们抓住。在你躲起来的时期,咱们不能见面,只好通信,巴齐纳替你把信送往邮局,我给你的信写巴齐纳的名字。"

大卫和高布走出屋子,果然听见一阵阵的口哨,他们把几个暗探一直引到巴莱门下的马行。高布上了马,叫主人坐在背后,紧紧抱着他。

"口哨尽管吹吧,好家伙!我才不怕呢!"高布嚷道,"你们休想追上我这个老骑兵。"

老骑兵把马一夹，风驰电掣一般直奔田野，暗探没法跟踪，也没法知道他们上哪儿。

夏娃先去找卜斯丹，想出一个巧妙的推托，说要向他请教。她听了许多同情她的空话，跟侮辱差不多；然后辞了卜斯丹夫妇，偷偷溜入巴齐纳家，说出自己的苦处，要求帮忙。巴齐纳特别小心，把夏娃让进卧房，打开一个相连的小间，里头只有一扇活动的天窗，外面绝对看不见。女工要烧熨斗，工厂的壁炉经常生火，烟囱和小间的壁炉烟囱并在一起。两个朋友打开壁炉的盖板，地下铺了旧被，怕大卫不小心闹出响声；放一张帆布床，一个做实验用的小风炉，一张桌子，一把椅子，让大卫能够坐，能够写东西。巴齐纳答应夜里送食物。巴齐纳的房间从来没人进去，大卫不用防敌人，也不用怕警察了。

夏娃拥抱着她的朋友，说道："这样就万无一失了。"

夏娃又去看卜斯丹，说还有些疑问请高明的商务裁判解释，临了让卜斯丹送回家，一路听他埋怨。小药房老板每句话都暗示："你要嫁了我，哪会落到这个田地？……"卜斯丹回去，发现老婆嫉妒赛夏太太长得好看，又恼丈夫对客人太殷勤。直到药剂师说出棕色头发，高个子的女人好比漂亮的马，中看不中用，远不如红头发，小个子的女人，雷奥妮的气才平下去。大概卜斯丹还有具体表现，证明他的话完全真诚，所以第二天卜斯丹太太对丈夫很亲热。

夏娃告诉母亲和玛利红说："现在咱们好放心了。"她们俩在家，照玛利红的说法，还急得要命呢。

夏娃不由自主望了望卧室，玛利红说："噢！他们走啦。"

15

两桩试验，一桩成功，一桩失败

高布在通往巴黎的大路上赶了四里多路，问道："咱们上哪儿呢？……"

大卫回答："既然到了这条路上，就上玛撒克吧。我想再试一试，打动我父亲的心。"

"我看还是打冲锋，夺一个炮兵阵地容易得多；你家老先生没有心肝。"

做印刷工出身的老头儿不信任儿子，像大众一样只用成绩来判断他。

先是老人不承认剥削大卫；其次看不见时代变了，只是心上想："我给了他一个印刷所，跟我开场的时候一样；他本事不知比我高多少，偏偏什么都干不出来！"他不了解儿子，当儿子没有出息，自以为比聪明的大卫强得多，他想："还不是我替他留着一份口粮！"思想感情对利害关系的影响，伦理学家永远没法叫人完全了解。这个影响，同利害关系对思想感情的影响不相上下。一切自然规律都有双重的相反的作用。大卫不但了解父亲，而且气量很大，肯原谅他。高布和大卫八点钟赶到玛撒克，老头儿快吃完晚饭，不久要上床了。

父亲对儿子冷笑道："你是遭了官司才来看我的。"

高布愤愤的嚷道："平时你们俩怎么能碰在一起呢？……他在云端里，你老是在葡萄园里……你还是拿出钱来还债吧，这是你做老子的责任……"

大卫道："别多嘴，高布，你出去，把马寄在戈多阿太太家，别让牲口给父亲添麻烦。你也应当知道，天下没有不是的父母。"

高布叽叽咕咕的走了，好比一条狗因为谨慎，挨了主人的骂，一边服从一边抗议。大卫不说出自己的秘密，只建议提出真凭实据，证实他的发明，将来给父亲一份利润，只消他肯垫一笔款子让大卫应付眼前的急用，或者作为经营新发明的东西的资本。

"嘿！你怎么证明你能不花本钱，平空白地造出好纸来？"退休的印刷商醉眼蒙眬的望着儿子，又狡猾，又好奇，又贪心。那眼神可以说是一堆乌云中漏出来的闪电，因为**老熊**的习惯始终不改，睡觉之前定要灌两瓶陈年好酒，照他说是**细细品尝**。

大卫回答："那容易得很。我身边没有纸，我打这儿过是躲开杜布隆；走在玛撒克路上，我想起跟放印子钱的人办得通的交涉，在你这里也许照样好办。我除了随身衣服，什么都没有。请你把我关进一间密室，谁也不能进去，谁也看不见我……"

"怎么！"老人恶狠狠的瞪着儿子说，"你不让我看你动手……"

大卫回答："爸爸，你曾经给我证明，做买卖是没有父亲的……"

"啊！我生了你出来，你还防我！"

"不是防你,是防不让我活下去的人。"

老人道:"你说的对,应当各管各。好吧,我让你待在酒窖里。"

"我带高布进去,你给我一个锅子煮纸浆。"大卫说着,没有注意父亲的眼神,"再替我找些朝鲜蓟,芦笋的梗子,有刺的荨麻,芦苇,你可以到你小沟旁边去割。明儿早上,我带着上等好纸走出你的酒窖。"

"要是真的……"**大熊**打了一个饱嗝儿,"说不定我能给你……我可以考虑是不是能给你……比如说两万五千法郎,不过要保证每年对本对利……"

大卫说:"你尽管考我就是了!——高布,你骑着马到芒勒去,问木工买一个大号的鬃筛,再上杂货铺买些胶水,速去速回。"

老子在儿子面前放了一瓶酒,一些面包,吃剩的冷肉,说道:"你吃吧……吃饱了好干活,我替你找破布去,可是你的破布全是青的,我只怕太青呢![1]"

过了两小时,晚上十一点光景,老人把儿子和高布关进一间同酒窖相连的小屋子,顶上盖着瓦,屋内放着煮酒用的东西。大家知道,所谓**高涅克**[2]全是用这种安古莫阿出的酒做的。

大卫道:"唔,这儿真像一个工场……木柴,铜盆,什么都有。"

---

1 当时纸浆都是用破布做的,故破布变为造纸原料的代名词;大卫想用植物纤维做原料,所以说是青的。
2 法国的高涅克和英国的白兰地性质相仿。高涅克本是夏朗德州的一个首邑,以产酒著名。

赛夏老头道:"好,明儿见,我要把你们关起来了,还要放出两条狗,我才放心没有人送纸给你。明天你给我看过样品,我跟你合伙;等事情落实了,咱们就来好好的干……"

高布和大卫在小屋里用两块厚木板把草秆压碎,整理,大约花了两小时。火烧旺了,水也开了。清早两点,高布不像大卫那么忙,听见一声叹息,好像醉鬼的打嗝;屋内点着两支油烛,高布端起一支来到处搜寻。煮酒的小屋通往酒窖的门被空酒桶遮住了,门框上面有一个小方洞,正好露出赛夏老头那张紫红的脸。狡猾的老人带儿子进屋,走的是平日送货出去的门;从酒窖里把桶子推进煮酒的小屋,只消走里边的门,用不着绕过院子。

高布道:"哎啊!老爹,这个太不像话了,你想偷儿子的秘密……你喝饱了酒干的什么勾当,你知道没有?简直下流。"

大卫叫了声:"噢!爸爸。"

"我来瞧瞧你们可需要什么东西。"老人说着,酒醒了一半。

"你是关切我们,才端了一座梯子来,是不是?……"高布搬开空桶,打开门,发现老人站在一座小梯上,只穿着衬衣。

大卫道:"你要闹出病来了!"

老人不好意思的走下梯子,说道:"我大概是梦游。因为你不相信你父亲,我梦见你跟魔鬼打交道,做那做不到的事。"

高布道:"你自己魔鬼上了身,才这样财迷心窍。"

大卫道:"爸爸,去睡觉吧;你要关我们尽管关,可是不必再来,高布守在这儿,不会让你看的。"

第二天早上四点,大卫把造纸的痕迹收拾干净,走出煮酒的小屋,拿三十来张纸交给父亲;纸张的细洁,白净,密度,拉力,都尽善尽美,还留着鬃筛上粗细不一的纹缕,像水印一般。

老人伸出舌头舐样品，掌车工人从年轻时候起就用舌头试验纸张，成了习惯；他拿在手中捏啊，搓啊，折啊，凡是印刷工人察看纸张好坏的方法都用尽了，尽管没有什么好挑剔，他还是不肯认输。

他不愿意称赞儿子，便说："还要看印起来怎么样！……"

高布道："这个人才怪了！"

老头儿冷冰冰的摆着父亲的架子，装作三心两意，委绝不下。

"爸爸，我不愿意骗你，这种纸我还嫌成本太高，并且我要在锅子里上胶……现在需要解决的只有这一点了……"

"啊！原来你想叫我上当！"

"我不是老实告诉了你吗？我已经做到在锅子里上胶，只是到此为止胶水化在纸浆里不够匀，纸摸上去像刷子一般发毛。"

"好吧，你改良了上胶的方法，再来问我拿钱。"

高布道："我看我的主人永远看不见你的钱的了！"

老人夜里讨了没趣，想拿大卫出气，所以对他不仅仅是态度冷淡。

大卫把高布打发开了，说道："爸爸，我从来没怨你把印刷所的价钱估得异乎寻常的高，只按照你一个人的估价卖给我；我始终当你父亲看待，心上想：老人家吃过不少苦，给我受的教育也不是我这样的人受得到的；他劳力换来的果实，由他太太平平的去享受吧，爱怎办就怎办吧。——甚至母亲的一份财产，我也不问你要，你要我背债过日子，我哼都不哼一声。我立志不打搅你，要自个儿挣一份大大的家业。现在我秘诀找到了，中间受尽了磨折，家里饭都吃不成，为着别人的债弄得焦头烂额……真的，我耐着性子挣扎，直到筋疲力尽为止。也许你应该扶我一把吧!……你不为我着想,也得看看眼前还有一个女人,一个小孩儿!……(说到这儿大卫掉了一滴眼泪)他们需要你帮助,保护。"大卫看见父亲脸上冷冰冰的,像印刷车上的石板,便道:"玛利红和高布尚且把他们的积蓄借给我,难道你不如他们吗?"

老人听了一点不觉得惭愧,嚷道:"你拿了他们的还不够……我看整个国家都会给你吃光的……算了吧,我一窍不通,不敢参加这种事业,上你的当。"他又借用工场的绰号说:"**猴子**吃不了**大熊**。我是种葡萄的,不是做银钱生意的……再说,爷儿俩合伙没有好收场,你不是看见了吗?来吃饭吧,你可不能说我对你一毛不拔吧?……"

像大卫这种人,心胸特别宽大,能把苦水咽在肚里,便是最亲近的人也不让知道;要不是为了无可奈何的呼吁,绝不泄露痛苦。夏娃完全了解这种大丈夫的性格。可是做老子的看见大卫内心深处的痛苦浮到面上来,只道是儿女们欺哄父母的老把戏;等到儿子垂头丧气的时候,又认为他是欺哄不成,下不了台。父子俩终于不欢而散。大卫和高布半夜里回到安古兰末,像窃贼一般小心翼翼的摸进城。一点左右,大卫神不知鬼不觉的到了巴齐纳·格莱日小姐家,躲进老婆替他布置的密室。从此大卫全靠一个同情的女工保护了,女工哀怜人的时候,心思最巧妙。第二天,高布在外张扬,说他骑着马救出主人,送上一辆到利摩日近边去的小车。造纸的原料在巴齐纳的地窖内放好一大堆,高布,玛利红,赛夏太太和她母亲,都不需要同格莱日小姐接触。

16

利之所在，虎视眈眈

老赛夏跟儿子吵架过后两天，为着贪心赶去找媳妇，好在离开收割葡萄还有二十日。他睡不着觉了，只想知道那桩发明是不是好发财，他要进城去——用他的话来说——照顾庄稼。他在媳妇的房间顶上还保留两间阁楼，便住了其中的一间。儿子家中没钱开销，他闭着眼睛只做看不见。儿子和媳妇欠他房租，至少得供给他伙食！吃饭的刀叉换了镀锡的，他倒不以为奇。

媳妇不能给他用银制的餐具，向他道歉，他回答说："我就是这样开场的。"

玛利红只得自己出面向铺子赊账，供给家里的吃用。高布替泥水匠当下手，挣二十铜子一天。夏娃顾着孩子和大卫的利益，拿出最后一些积蓄来款待老人，不久只剩十法郎了。她对公公亲热，孝顺，百事忍耐，希望感动守财奴，他却始终心如铁石。夏娃发觉公公的眼神同戈安得弟兄，柏蒂-格劳和赛利才的一样冷酷，很想摸清他的性格，探明他的心意，只是没用。赛夏老头经常喝得醉醺醺的，叫人莫测高深。酒醉是他双重的幕。老头儿有时真醉，有时假醉，借着酒意向夏娃打听大卫造纸的秘密，一会儿软骗，一会儿硬吓。夏娃回答说什么都不知道，他就说："我要把产业统统存做终身年金，让我一个人吃光用光……"可怜的夏娃为了这一类不体面的斗争烦得要死，最后便一声不出，免得得罪公公。有一天逼得没有办法了，说道："爸爸，你要知道这些事容易得很；只消替大卫还了债，让他回家，你们俩什么都好商量。"

老人叫道："你们就是打我这个主意，咱们走着瞧吧。"

赛夏老头不相信儿子，却相信戈安得弟兄。他跑去讨教，他们有心逗他，说他儿子研究的东西可以发财发到几百万。

长子戈安得说："如果大卫能证明他的试验成功，我马上跟他合伙，把他的发明跟我的纸厂算作一样价值的股子。"

多疑的老人和工人们一块儿喝酒，拼命打听，装着傻子盘问柏蒂－格劳，终于疑心戈安得弟兄借着梅蒂维埃的名义，存心逼倒赛夏印刷所，拿大卫的发明引诱他代儿子还债。平民出身的老头儿万万猜不到柏蒂－格劳同对方勾结，暗中筹划要把这个工业上的秘诀抢过去。他看媳妇死不开口，连大卫躲在什么地方都不肯告诉他，气愤极了，有一天决计闯进浇滚筒的工场，因为他终于知道儿子的实验是在那间屋里做的。他老清早下楼，动手撬锁。

玛利红天亮起来预备到工厂去上班，一下子冲到浸纸的地方，叫道："喂！老爹，你在这儿干什么？……"

老头儿满面羞惭，回答说："我不是在自己家里吗，玛利红？"

"怎么，你活了这把年纪做起贼来了？……你又没喝酒……我马上去告诉太太。"

"别嚷，玛利红。"老人从口袋里掏出两枚六法郎的银洋，说道，"拿去……"

"要我不说也可以，只是千万不能再来！"玛利红拿手指威吓他，"要不我叫全安古兰末的人都知道。"

老人一出门，玛利红赶到女主人屋里。

"太太，我从你公公手里骗到十二法郎，你收起来吧！……"

"怎么的？"

"他想看先生的铜盆，原料，找秘密。我明知小厨房的东西搬空了，却说他偷盗儿子，他害怕了，给我两块银洋要我不说出来……"

那时巴齐纳高高兴兴捎来一封大卫的信，偷偷的交给夏娃，用的信纸漂亮极了。

亲爱的夏娃，我用我制造的第一张纸给你写信。锅内上胶的问题解决了！即使我的原料要在上好的土地上特别种出来，纸浆的成本也只合到五个铜子一斤。十二斤一令的纸只消三法郎有胶的纸浆。我有把握把书籍的重量减轻一半。我用的信封，信纸，附给你的样品，做法个不同。我拥抱你；咱们的幸福只缺少钱财，这个缺陷不久就能补足了。

夏娃拿纸样递给公公，说道："他成功了！要是你肯把今年的收成给你儿子，让他挣起家业来，包你借给他的本钱一个变十个……"

赛夏老头立即赶去找戈安得弟兄。每张纸样都由他们试过，仔细检查：有的上胶，有的不上胶；标价每令从三法郎到十法郎不等；有的像金属一般纯净，有的像中国纸一样柔软，白也白得各色各样。两个戈安得和老赛夏目光炯炯的瞧着，不亚于犹太人鉴别金刚钻。

胖子戈安得说："你儿子的路走对了。"

退休的印刷工说："那么你们替他还债吧。"

长子戈安得说："行，只要他肯同我们合作。"

大熊嚷道："你们是**烧脚党**[1]！你们借了梅蒂维埃的名义告我儿子，想叫我拿出钱来。哼！我不这么傻，老板！……"

戈安得弟兄俩对瞧了一眼。守财奴眼光这么厉害，他们吃了一惊，脸上可不露出来。

胖子戈安得说："我们还没有几百万家私好随便给人放款；有一天要能用现钱收买破布，我们就高兴了，现在我们还是付的期票。"

长子戈安得说："真要制造，还得做大规模的试验；用小锅子做成的东西，大量生产往往失败。你先恢复了儿子的自由再说。"

老赛夏说："儿子恢复了自由，肯不肯同我合伙呢？"

胖子戈安得说："那我们管不了。再说，老头儿，你以为给了儿子一万法郎，就百事齐备了吗？领一份发明执照要缴两千法郎，还要跑几趟巴黎；正式生产之前，为妥当起见，要像我老哥说的先试一千令看看成绩，拿一锅又一锅的纸浆去冒险。告诉

---

1 法国大革命时期的一帮土匪，专门烧人的脚，逼人说出藏金所在。

你,世界上最要提防的就是发明家。"

长子戈安得说:"我宁可做现成生意。"

老人夜里左思右想,考虑他的难题:"替大卫还了债,他就自由了;一朝自由了,他用不着和我合作,让我分他的好处。他明知道我们第一回合伙,我叫他吃了亏;他不会再来第二次的了。为我着想,还是让他不得自由,倒霉倒下去。"

戈安得弟兄看透赛夏老头的性格,知道他同他们俩站在一条线上。

那三个人都私下想:"要凭那发明来合伙,先要做试验;要做试验,先要放出大卫。大卫一放出来,就抓不住了。"此外还各有各的打算。——柏蒂-格劳心上想:"等我结了婚,尽可对戈安得客客气气;眼前却放松不得。"——长子戈安得心上想:"还是把大卫关起来的好,事情可以由我做主。"——老赛夏心上想:"我替儿子还了债,只落得他一声谢。"夏娃尽管被老人进攻,威吓,说要她搬出屋子,还是不肯透露丈夫的藏身之处,也不敢叫丈夫接受一份暂时解除羁押的许可证。她觉得下回未必能把大卫藏得像第一次一样妥当,所以回答公公:"你把儿子赎出来,就样样知道了。"四个利害攸关的人有如面对一桌丰盛的菜,谁也不敢动手,唯恐被人占先;大家怀着戒心,你监视我,我监视你。

17

柏蒂-格劳的对象

大卫·赛夏隐匿了几天以后,柏蒂-格劳到纸厂去看长子戈安得。

他说:"我总算尽了我的力,大卫躲起来了,不知躲在什么地方,他准在安安静静的改良他的发明。你的目的没有达到,可怨不得我;你许的愿心兑现不兑现?"

长子戈安得说:"只要事情成功,一定兑现。赛夏老头进城几天了,向我们打听造纸的问题;老吝啬鬼对儿子的发明得到一些风声,想沾便宜,合伙的计划大概有点希望。父子两个都是你做的代理人……"

柏蒂-格劳微笑道:"那么你想法把父子俩一齐擒下不好吗?"

戈安得道:"是啊。你如果能把大卫送进监狱,或者弄到一份合伙契约,把大卫交在我们手里,你和特·拉海小姐的亲事保证成功。"

柏蒂-格劳道:"这是你的**哀的美敦**吗?"

戈安得道:"既然咱们说外国话,我就回答你yes(是)[1]!"

"我的哀的美敦用的是地道的本国话,你听着。"柏蒂-格劳口气生硬。

"倒要请教一下。"戈安得表示很想听一听。

"要末你明天介绍我去见特·塞农希太太,履行你的诺言,让我的事情有个着落;要末我盘掉了事务所,替赛夏还债,跟他合股。我不愿意受骗。你对我说得挺清楚,我也一点不含糊。我已经有事实表现,此刻要看你了。你什么都抓在手里,我一无所有。你不保证你的真心实意,那我就把你的牌拿过来。"

长子戈安得拿起帽子,雨伞,装着一副伪君子的神气,往外就走,要柏蒂-格劳跟他同去。

他说:"好朋友,你等会瞧吧,我有没有替你做好准备……"

精明厉害的纸厂老板立刻看出局势危险,觉得和柏蒂-格劳这样的人打交道,不能不公平交易。他为了未雨绸缪,也为了良心上有个交代,推说要报告特·拉海小姐的账目,已经向前任总领事露过口气。

"我替法朗梭阿士看中了一门亲事,今日之下,只有三万法郎陪嫁的姑娘。"戈安得微笑着说,"不应该过分挑剔。"

法朗西斯·杜·奥多阿回答说:"慢慢再商量吧。自从特·巴日东太太走了以后,特·塞农希太太的地位大不相同,我们可以把法朗梭阿士嫁给一个上了年纪的乡绅。"

纸厂老板沉着脸说:"那她不会安分的。我看不如挑一个干练有为的青年,有你在背后撑腰,一定能使他女人爬上优越的地

---

[1] 上句哀的美敦(最后通牒)一字源出拉丁文,故指为"外国语"。"说外国话"有一个双关的意思,暗示双方话不投机。

位。"

"慢慢再说吧,"法朗西斯重复了一句,"咱们先要听听干妈的意见。"

特·巴日东先生去世以后,路易士·特·奈葛柏里斯托人出卖麦市街上的住宅。特·塞农希太太本来住的不够体面,劝丈夫买进巴日东的屋子,那是吕西安雄心壮志的发源地,也是这出戏开场的地方。柴斐莉纳·特·塞农希有心继承当年特·巴日东太太的声势,要在家里有个沙龙,做一个贵夫人。巴日东先生和乡杜先生决斗的时节,安古兰末的上流社会分成两派:一派认为路易士·特·奈葛柏里斯是清白的,一派相信斯大尼斯拉·特·乡杜说的是事实。特·塞农希太太袒护巴日东夫妇,先把巴日东派的党羽拉过去了。她后来搬进新屋,利用许多人在巴日东家多年打牌的习惯,每天晚上招待宾客,压倒她的对手阿美莉·特·乡杜。法朗西斯·杜·奥多阿自以为在安古兰末的贵族阶级中当了领袖,越来越存奢望,甚至想把法朗梭阿士攀给特·赛佛拉克老先生,当初杜·勃罗沙太太没有能替她的女儿拉拢的人物。等到特·巴日东做了州长夫人回到安古兰末,柴斐莉纳对宝贝干女儿的期望更大了。她认为自己捧过伯爵夫人,此刻伯爵夫人有权有势,一定会帮助她。纸厂老板对安古兰末的内幕了如指掌,这些困难他都看得清清楚楚;可是他决心用大胆的手法克服困难,那手法也只有太丢狒¹才使得出来。柏蒂-格劳发觉陷害大卫的后台老板对自己这样忠诚,大出意外,便让他一路转着念头从纸厂走往麦市街上的公馆。两个不速之客踏上台阶,被人挡住了:"先生

---

1 莫里哀喜剧《太丢狒》中的主角,典型的骗子,狡猾阴险,无所不为。

和太太正在吃饭。"

长子戈安得回答:"你只管通报就是了。"

里面听见名字,马上请进。装腔作势的柴斐莉纳,法朗西斯·杜·奥多阿,特·拉海小姐,正在一块儿吃饭。打猎的季节才开始,特·塞农希先生照例到特·比芒丹先生家去了。戈安得向柴斐莉纳介绍柏蒂-格劳。

"太太,这位便是我和您提过的青年,律师兼诉讼代理人,他可以负责使您漂亮的干女儿脱离监护。"

前任外交官打量柏蒂-格劳,柏蒂-格劳偷偷的瞧着**漂亮的干女儿**。柴斐莉纳诧异得把手里的叉都掉下了,戈安得和法朗西斯从来没向她透露过一言半语。特·拉海小姐的面相好像老是在生气,瘦削的腰身谈不上好看,淡黄头发黄得没有光彩,尽管装着一派贵族样儿,也极不容易有人请教。干妈和法朗西斯为着感情关系,指望她进上流社会,无奈出生证上写着**父母不明**这几个字,使她进不去。特·拉海小姐不知道自己的身份,一味挑剔,即使乌莫镇上最有钱的商人向她提亲,她也不愿接受。瘦小的代理人在特·拉海小姐脸上引起一种古怪的,耐人寻味的表情,戈安得在柏蒂-格劳的嘴角上也照样发现。特·塞农希太太和法朗西斯的神色似乎在彼此商量,想把戈安得和他保举的年轻人打发出去。戈安得把一切都看在眼里,要求杜·奥多阿先生单独谈几句话,同外交官进了客厅。

戈安得直截了当的说道:"先生,你这是溺爱不明了。你的女儿不容易嫁掉;我顾着你们大家的利益,已经代为决定,让你没有退步的余地;监护人总喜欢受他监护的人,我也喜欢法朗梭阿士。柏蒂-格劳什么都知道了!……他的野心正好保证令爱的幸福。第一，法朗梭阿士可以支配丈夫；你有新任州长的夫人帮忙，尽可保举柏蒂-格劳当检察官。弥罗先生调往纳凡已经定局，一朝柏蒂-格劳盘掉了事务所，你不难替他谋一个署理检察的位置，不久升做检察官，接下去是法院院长，国会议员……"

回到饭厅，法朗西斯就对未来的女婿另眼相看。他瞧着特·塞农希太太的表情很特别。第一次会面结束的时候，法朗西斯约柏蒂-格劳第二天吃饭，商量正事。商人和诉讼代理人告辞出来，法朗西斯直送到院子，告诉柏蒂-格劳，既然有戈安得推荐，凡是特·拉海小姐的财产管理人为小天使的幸福所做的种种安排，他和特·塞农希太太都能同意。

柏蒂-格劳到了外边嚷道："嘿！她多难看！我上当了！……"

戈安得回答说："气派还是大方的；她要长得漂亮，会轮到你吗？……告诉你，朋友，小业主们看见三万法郎陪嫁，再有特·塞农希太太和杜·夏德莱伯爵夫人做靠山，还求之不得呢！法朗西斯·杜·奥多阿先生一辈子不会结婚的了，这姑娘便是他的继承人……你的亲事成功了！……"

"怎么？"

长子戈安得讲出他大胆的手法，说道："我刚才就是这样说的。朋友，据说弥罗先生不久要调任纳凡的检察官；你盘掉事务所，十年之内好做到司法部长。你胆量不小，宫廷里无论要你出什么力，你都不会推却的。"

代理人想着这些未来的希望，兴奋得了不得，回答说："你明天下午四点半到桑树广场等着，我要跟赛夏老头见面，咱们想法弄上一份合伙契约，叫父子两个一齐听戈安得兄弟公司调度。"

18

神甫的一句话

玛撒克的老神甫攀登安古兰末的石扶梯,预备向夏娃报告她哥哥的情形的时候,大卫已经躲了十一天,躲的地方跟可敬的教士才走出的屋子只隔两道门。

玛隆神甫走进桑树广场,瞧见赛夏老头,长子戈安得和瘦小的代理人。这三个各有千秋的角色,用尽全身之力压在那自愿幽禁的可怜虫身上,压着他现在的和将来的命运。三个人都贪得无厌,只是人物不同,贪心也不一样。一个是阴损儿子,一个是出卖当事人,长子戈安得是不花一个钱,收买了那些卑鄙龌龊的行为。时间是下午五点左右,好些回家吃饭的人停下来对三个人瞧上一眼。

最喜欢管闲事的人心上想:"赛夏老头跟长子戈安得有什么鬼话好说呢?……"

有人回答说:"还不是谈那个叫老婆,丈母,孩子挨饿的倒霉鬼!"

一个有见识的内地人说:"哼!你们再送孩子到巴黎去学生意吧!"

玛隆神甫才进广场,种葡萄的老头儿就看见了,问道:"咦!神甫,你到这儿来干什么?"

神甫回答:"为你的家属啊。"

老赛夏说:"又是我儿子的主意!……"

赛夏太太的俊俏的脸在窗帘缝中露了一露,教士指着窗子说:"你只要破费很少几个钱,一家人都安乐了。"

夏娃因为孩子啼哭,抱在手里颠颠耸耸,唱着歌儿哄他。

赛夏老头说:"你是告诉我儿子的消息,还是送钱来?送钱来才好呢。"

玛隆神甫说:"不,我来替妹子传达哥哥的消息。"

柏蒂-格劳说:"吕西安吗?……"

教士回答:"是啊。可怜的小伙子从巴黎走回来。我在戈多阿家见到了,他筋疲力尽,狼狈得很……唉!可怜死了!"

柏蒂-格劳向教士点点头,挽着长子戈安得的胳膊大声说:"咱们要到特·塞农希太太家吃饭,赶快去换衣服!……"走了两步咬着戈安得的耳朵说:"有了小的,就有老的。大卫逃不了啦……"

长子戈安得假意笑了笑,说道:"我替你做了媒,现在要你替我做媒了。"

"吕西安是我中学同学,我们熟得很!……要不了一星期,我就能向他打听消息。你想法让我的结婚公告贴出来,我负责把大卫送进监狱。他坐了牢,我的差事就完了。"

"啊!"长子戈安得慢吞吞的说,"最好是发明执照用我们的名义去领!"

代理人听着直打寒噤。

那时夏娃看见公公和玛隆神甫走进屋子。玛隆神甫想不到他刚才说的一句话使案子进入结束的阶段。

老熊对媳妇说:"喂!我们的本堂神甫来报告你哥哥的好消息。"

可怜的夏娃又惊又急,叫道:"噢!他出了什么事啊?"

这一声叫喊流露出多少痛苦,惊慌,和诸如此类的情绪;玛隆神甫急忙回答:"太太,你放心,他活着!"

夏娃对公公说:"对不起,请你把妈妈叫回来,听神甫讲吕西安的事。"

老人找到夏同太太,说道:"玛隆神甫有话跟你谈,他虽是教士,人倒挺好。晚饭大概要耽搁一些时候了,我过一个钟点回来。"

老头儿只要不听见银钱的声音,不看见黄金发亮,对什么事都不会动心;他根本没注意夏同太太挨了他一记闷棍以后的神色。

女儿女婿遭了难,对吕西安的希望归于泡影,素来认为刚强正直的人有这样出人意外的变化,加上一年半中间的事故,夏同太太变得面目全非,认不得了。她不仅出身高贵,心地也高尚,非常爱儿女,所以她最近六个月比整个守寡时期受的痛苦更多。吕西安曾经有机会得到王上特许,改姓吕庞泼莱,替外婆家重振门户,恢复原来的爵位和纹章,他自己也能飞黄腾达;谁知他一个筋斗栽在泥洼里!夏同太太对儿子不像妹子对哥哥那么宽容,一知道吕西安假造票据的事,就认为他不可救药了。为娘的有时想骗自己;无奈她们对于亲自哺育,心上从来没丢开过的孩子,知道太清楚了;每逢大卫夫妻俩为着吕西安在巴黎的遭遇争论,夏同太太尽管表面上同意夏娃对哥哥的幻想，骨子里很怕大卫的看法正确，因为大卫的话和她自己的良心告诉她的话完全一样。她知道女儿十分敏感，不敢向她吐露痛苦，只能不声不响的往肚里咽，这种隐忍也只有真会体贴儿女的母亲才能做到。

夏娃看着母亲被忧伤侵蚀，好不害怕：母亲不但从衰老变为龙钟，而且一天比一天厉害！母女俩彼此体惜，不说真话，其实谁也瞒不了谁。对母亲来说，粗暴的赛夏老头的话好比在一杯苦水中再加上一滴，立刻漫出来了，夏同太太的内心受了打击。

夏娃对教士说："先生，这是我母亲！"教士望着那张像专做苦行的老修女式的脸，满头白发，神态又安详，又柔和，另有一番风韵，明明是个听天由命，所谓顺着上帝的意志活下去的女人。这一下教士才了解两个女子的全部生活，再也不哀怜刽子手吕西安；她们所有的苦楚，他都体会到了，不由得暗暗吃惊。

夏娃抹了抹眼睛，说道："妈妈，可怜的哥哥离我们近得很，就在玛撒克。"

"干吗不到这儿来呢？"夏同太太问。

玛隆神甫把吕西安告诉他的路上的艰苦，在巴黎最后一个时期的种种不幸，从头讲了一遍。又描写诗人听到他做的荒唐事儿连累了亲人，如何悔恨，还担心回到安古兰末，不知人家怎样对他。

夏同太太说："难道他对我们都信不过了吗？"

神甫说："可怜的孩子是走回来的，一路忍饥挨饿，凄惨极了；他决意回来过清苦的生活，补赎他的罪过。"

妹子说："先生，尽管哥哥害得我们好苦，我仍旧爱他，像爱一个过世的人的躯壳；便是这样的爱，也还胜过许多妹子对哥哥的感情。他把我们弄穷了，可是只要他回来，我们剩下的一口苦饭,或者说他留给我们的一口苦饭,照样有他的份。唉!先生,他要不离开我们,我们最心爱的宝贝绝不会丢失。"

夏同太太说:"带他回来的还是那个从我们手中把他抢走的女人。他动身的时候搭着特·巴日东太太的车,坐在她身旁,回来却蹲在她车厢背后!"

"眼前可有什么事要我帮忙吗?"好心的本堂神甫预备脱身了。

夏同太太回答:"唉!神甫,老话说,金钱的伤口不会致人死命;可是我们的伤口只有病人自己能医。"

赛夏太太说:"你要能劝我公公帮助他儿子,就救了我们一家。"

神甫刚才听见种葡萄的咕哝,觉得赛夏的事好比一个黄蜂窠,插手不得。他说:"你公公不相信你们,我看他对儿子气恼得很呢。"

神甫办完差事,到侄孙婿卜斯丹家吃晚饭。卜斯丹和所有的安古兰末人一样,帮着老子批评儿子,把神甫仅有的一点儿热心也打消了。

矮小的卜斯丹讲到最后,说道:"对付浪子还有办法,同一般做实验的人打交道只有倾家荡产。"

下编　家庭的晦气星

01

浪子回家

玛撒克本堂神甫的好奇心完全满足了,内地的法国人特别爱管闲事,主要是为这个目的。当天晚上他把赛夏家的遭遇一股脑儿告诉诗人,表示他进城跑一趟纯粹是出于慈悲心。

临了他说:"你叫妹子妹夫背了一万到一万二的债;这笔小数目,亲爱的先生,没有一个人借得出。安古莫阿这个地方并不富裕。你早先和我提到本票,我只道为数不大呢。"

诗人谢了老教士的好意,说道:

"最宝贵的是你给我带来的宽恕。"

下一天,吕西安一清早离开玛撒克,九点光景走进安古兰末,手里拿着一根拐杖,身上那件紧窄的外套沿路穿旧了,黑裤子上泛出一道道的白颜色,一双破靴更说明他没有福气坐车。他很明白他回来和出门的对比会引起家乡人什么感想,可是听了神甫的叙述,心里还忐忑不安的抱着内疚,便自愿受罚,不管熟人用怎样的眼风瞧他,他都准备忍受。他私下想:"这就表示我的英勇!"富于诗人气质的人总喜欢自己骗自己。他走过乌莫镇,内心很矛盾,一方面觉得这样回家好不惭愧,一方面想起甜蜜的往事。经过卜斯丹门口,他的心跳个不停,幸而铺子里除了雷奥妮·玛隆和她的孩子,没有别人。他虚荣心还是那么强,发现父亲的姓氏不见了,很高兴。卜斯丹结婚以后,铺子重新油漆,招牌像巴黎的一样只写**药房**两字。吕西安爬上巴莱门的石梯,感染了故乡的气息,不再感到苦难的压迫,只是挺快乐的想着:"我要同他们相会了!"他从前走在城里趾高气扬,此刻直到桑树广场不曾遇见一个熟人反而喜出望外!守在门口的玛利红和高布奔上楼梯,叫道:"他来啦!"吕西安重新见到古老的工场,古老的院子,在楼梯上遇见妹子和母亲。他们拥抱之下,暂时把所有的苦难都忘了。一个人遭到不幸,处在家属中间往往还能容忍;既有安身之处,又有希望支持,生活再苦也熬过去了。吕西安虽是一副灰心绝望的样子,却也有灰心绝望的诗意:皮肤被路上的太阳晒得乌油油的;凄凉抑郁的神态使诗人额上罩着一层阴影。这些变化说明他受过多少痛苦,叫人看着他脸上饱经忧患的痕迹,只有怜悯的份儿。离开亲人的时候抱着多少幻想,回来只看到悲惨的现实。夏娃满心欢喜,露出一副圣女殉道时的笑容。美丽的少妇受着忧伤侵蚀,眉宇之间越发显得庄严。吕西安动身去巴黎的时节,妹子脸上是一片天真,现在却神态严肃;这意义太清楚了,吕西安不能不为之深感痛苦。所以,第一阵的感情,那么强烈那么自然的感情流露过后,接下来彼此都有一种反应:谁都不敢开口。吕西安的眼睛不由自主的搜寻那个不在眼前的亲人。夏娃看了直掉眼泪,她一哭,吕西安也哭了。夏同太太脸色苍白,好像一无感觉。夏娃不愿说出话来伤害吕西安,便下楼去吩咐玛利红:"喂!吕西安爱吃草莓,想法去弄一些来!……"

"噢!我早知道你要款待吕西安先生。放心,我已经预备了讲究的中饭，还有一顿出色的晚饭。"

"吕西安，"夏同太太对儿子说，"你需要补赎的事多着呢。你是要替我们增光而出去的，结果弄得我们山穷水尽。你妹夫为着他的新家庭才想挣一份家业，他的财源差不多被你破坏了。而你还不止破坏这一点……"母亲停了一会，空气很紧张；吕西安一声不出，暗示他接受母亲的责备。夏同太太接下去声气柔和的说："你应当刻苦用功。我不怪你想继承我娘家的高贵的门第；不过做这种尝试先要有财产，还要有骨气；这两样你都谈不上。你把我们对你的信心变作了戒心。这个不怕劳苦，处处隐忍的家庭，为了你不得安宁，难过日子……初次的过失当然好原谅，下次可不能再犯。这儿的情形不容易应付，你得谨慎小心，听妹子的话。苦难是人生的老师，他的严厉的教育在你妹子身上已经有了结果：她变得老成了，做起母亲来了，她为了爱护我们亲爱的大卫，挑着养家活口的担子；总之，因为你不知自爱，能使我安慰的只有她一个人了。"

吕西安拥抱着母亲说："你对我的训斥还可以更严厉些。谢谢你的宽恕。我相信也只有这一次需要你宽恕。"

夏娃回进来看见哥哥满面羞惭，知道母亲说过话了。夏娃面和心软，对吕西安露出一丝笑意，吕西安几乎为之掉下泪来。人与人见了仿佛有一股魔力；情人也罢，骨肉也罢，不管恼恨的动机如何强烈，一朝聚首，双方的敌意就会变化。我们的回心转意是不是感情决定的呢？这个现象是不是属于磁性感应[1]的范围呢？彼此的决绝或谅解能不能由理智支配呢？不管这作用取决于思

---

[1] 十八世纪时医学界首创动物磁性说，逐渐发展为唯心论的磁性感应学说，也就是精神感应的学说，其中包括催眠术。

考，还是取决于物理作用或者精神感应，反正一个受过疼爱的人的眼光，手势，动作，在他一度伤害，虐待，或者精神上折磨得最厉害的人身上，仍旧能找到残余的感情，这是我们个个人都有的经验。就算头脑不容易忘记，利益还受着损害，我们的心却不顾一切，又回过头去屈服了。因为这缘故，可怜的妹子在吃中饭以前听着哥哥说话，她的眼神就不由她做主，向哥哥吐露心腹的声调也不由她做主。夏娃明白了巴黎文坛的内幕，也就明白吕西安怎么会在斗争中一败涂地。诗人逗弄小外甥的快乐，天真烂漫的举动，回到本乡重见亲人的高兴，想起大卫躲藏的悲伤，偶尔流露的几句伤感的话，玛利红端上草莓，发现妹子在困苦中还不忘记他的嗜好，因而大为感动，吕西安的这些表现，加上安顿浪子，忙着照料等等，使那一天像过节一般，叫人在苦海中得到一个喘息的机会。便是赛夏老头的话也帮助母女两人对吕西安回心转意，他说："你们这样款待他，好像他带了成千上百的银子回来！……"赛夏太太急于替吕西安遮羞，回答说："我哥哥干了什么事，就不应该受款待呢？……"

虽然如此，第一阵激动过去以后，微妙的真相开始透露了。不久吕西安发觉夏娃的亲热和以前有所不同。大卫极受尊重，而吕西安是人家**硬着头皮**爱的，有如爱一个闹过许多乱子的情妇。敬是感情的基础，有了敬意，感情才切实可靠，而切实可靠的感觉又是我们生活所必需的；夏同太太对于儿子，夏娃对于哥哥，却缺少这点儿敬意。吕西安觉得自己得不到绝对的信任；如果他做人清白，这种情形绝不会有。大丹士信中对他的看法变了妹子的看法，在她的举动，眼神，声调中流露出来。大家是可怜吕西安！至于门户的光彩和荣誉，家庭之中的英雄，这些美妙的希望都一去不复返了。他的轻率使人害怕，不敢让他知道大卫的藏身之处。吕西安想看妹夫，对夏娃竭尽温存，百般试探，夏娃只是不理。当初在乌莫的时节，只要吕西安眼睛一瞥，妹子就当作不可违抗的命令，现在的夏娃可不是那时的夏娃了。吕西安说要补赎罪过，自命为能够救大卫。夏娃回答说："你别管，我们的敌人才阴险才精明呢。"吕西安摇摇头，意思是："我同巴黎人也交过手了……"妹子瞅了他一眼，仿佛说："你不是打败了吗？"

吕西安私忖道："他们不爱我了。家庭跟社会一样势利。"

从第二天起，诗人就推敲为什么母亲和妹妹对他缺乏信心，结果他不是怨恨，而是引起一肚皮的牢骚。他用巴黎生活做标准，衡量淳朴的内地生活，忘了这一家子艰苦卓绝，过的清贫简陋的日子，原是他造成的。——"她们太庸俗了，不会了解我的"，他这样想着，精神上同母亲，妹子和大卫疏远了，而他也不能使他们对他的性格和前途再存什么幻想。

夏娃和夏同太太饱经忧患，变得很会猜度人，她们暗暗咂摸吕西安的心思，觉得被他误解了，眼看他和她们离得远了。两人私下想："他上巴黎去了一趟，变得多厉害！"他的自私本是她们一手培养出来的，她们终于自食其果。这点轻微的酵母免不了在双方身上都发酵，尤其在犯了大错的吕西安方面。夏娃这种妹子，倒还肯对一个犯了过失的哥哥说："你的错让我来承担了吧……"凡是心心相印，极其美好的感情，像少年时代的夏娃和吕西安那样，一受伤害就无可挽回。流氓恶棍动过刀子，依旧能讲和；情人之间为了一个眼风，一句话，可以终身反目。有些决裂的例子往往难于理解，原因就在于回想到那种近乎完满的感情。只要不曾有过纯洁的毫无芥蒂的交谊，即使心存猜忌也还能相处；不比两个过去肝胆相照的人，临到眼神言语都要提防的时节，会觉得不堪忍受。因为这缘故，一般大诗人特意让他们的保尔和维奚尼[1]在少年时代终了的时候夭折。我们怎么能设想保尔和维奚尼反目呢？……物质的损害虽然严重，夏娃和吕西安并没因此加深裂痕，这一点倒也难得；但是无可指摘的妹子同犯了错误的诗人一样，两人浑身都是感情，所以只要一个极小的误会，极小的争执，或者吕西安再犯什么过失，就能使他们分手，或者酿成争端，终于骨肉仳离。有关银钱的事，一切都好解决；感情却绝对不肯妥协。

---

[1] 十八世纪时法国裴那登·特·圣比哀名著《保尔与维奚尼》中的主要人物，此处是泛指两小无猜的小情人。

02

意想不到的荣誉

第二天,吕西安收到一份安古兰末的报纸,发现他回乡的消息列入本地版的头条新闻,快活得脸色都变了。这份高尚的报刊近于内地的学会,被伏尔泰比作一个稳重的姑娘,从来没人谈论的。

> 法朗希-龚丹出了维克多-雨果,查理·诺第埃,居维哀;布勒塔尼出了夏多布里昂和拉默奈;诺曼底出了卡西米·特拉维涅;都兰出了阿弗莱·特·维尼;因之那些地方都引以自豪。其实,我们安古莫阿在路易十三治下就有大名鼎鼎的居埃(大家更熟悉他的姓——特·巴尔扎克);现在更不必艳美以上那些省份,也不必眼红丢彪德朗的出生地利慕尚,蒙洛西埃[1]的出生地奥凡涅,以及出过大批名人的波尔多;我们也出了一个

---

[1] 以上列举的许多人物,只有四个不是文学家:居维哀是动物学家,古生物学家;拉默奈是哲学家;丢彪德朗是外科医生;蒙洛西埃是宗教活动家。十七世纪的居埃·特·巴尔扎克(1597—1654)为法国早期有名的散文家,与《人间喜剧》的作者无关。

诗人！《长生菊》的作者不仅写了美妙的十四行诗，是个诗人，同时也是散文家，《查理九世的弓箭手》这部精彩的小说便是他的手笔。我们的子侄辈将来一定觉得骄傲，因为本地出生了一个吕西安·夏同，和彼特拉克并驾齐驱的人物！！！……（当时内地报纸上的惊叹号有如英国人在会议席上对演说家的喝彩）我们的诗人虽则在巴黎声名大噪，仍旧记得特·巴日东府第是他荣名的摇篮，安古兰末的贵族首先赏识他的诗歌；他献身于缪斯¹事业的初期，受过本州州长杜·夏德莱伯爵的夫人鼓励，所以他回到本乡来了！……昨天我们的吕西安·特·吕庞泼莱在乌莫出现，全镇为之轰动。他回来的消息到处引起注意。在欢迎吕西安这件事情上，我们相信安古兰末绝不自甘落后，让乌莫占先。他在巴黎的新闻界和文艺界都是我们光荣的代表。吕西安是保王党兼教会派的诗人，不怕触犯党派的怒火；据说他打算回来休息一番，在那种斗争中间，便是比陶醉于诗情梦境的人更强壮的运动员也要感到劳累的。

　　大家正在谈论吕西安继承特·吕庞泼莱的姓氏和头衔的问题，他的母亲夏同太太原是那个世家的唯一后代。听说杜·夏德莱伯爵夫人出于政治观点，首先想到这件事情，我们也极表赞成。汲引有才能的人和新兴的名流，替行将消灭的旧家重振旗鼓，更足以证明王上不忘记他经常表示的心愿，就是说：团结一致，不念旧恶。

1　古希腊神话中的文艺女神，尤指执掌诗歌的女神；后世常以"献身缪斯"一语影射诗人。

我们的诗人目前寄寓在他的妹子赛夏太太家里。

本地新闻栏还登着下面几条消息：

　　本州州长杜·夏德莱伯爵原任内廷侍从，最近又兼任参事院特别参议。
　　昨日本城全体官员前往谒见州长。
　　杜·夏德莱伯爵夫人定于每星期四接见宾客。
　　埃斯卡巴乡乡长，特·埃斯巴家小房的代表，杜·夏德莱伯爵夫人的尊翁特·奈葛柏里斯先生，最近晋封伯爵，兼贵族院议员，荣获王家圣·路易三等勋章，并将在下届选举中出任安古兰末大选区的主席。

　　吕西安把报纸递给妹子，说道："你瞧。"
　　夏娃仔细看了，若有所思的把报纸还给吕西安。
　　吕西安看妹子的态度不但谨慎，还近于冷淡，觉得诧异，问道："你怎么说？……"
　　妹子回答："朋友，这份报是戈安得弟兄的产业，登稿子的权完全操在他们手中，只有州长公署和主教公署能强制他们。你以为你以前的情敌，现任的州长，肯宽宏大量，这样捧你的场吗？两个戈安得借着梅蒂维埃的名义控告我们，想逼大卫把他的发明公开出来，让他们利益均沾，难道你忘了不成？……不管这篇稿子的来历怎么样，反正我不放心。你在这儿只能引起仇恨，嫉妒；俗话说：**先知在本乡没人当真**，人家只会说你坏话；一霎眼之间形势大变，你不疑心吗？……"

吕西安说:"你不知道内地人的虚荣。南方有个小城市,一个青年参加会考,得奖回乡,大家在城门口热烈欢迎,当他未来的大人物!"

"亲爱的吕西安,我不是要教训你,千句并一句:在这里事情再小也要提防。"

"对。"吕西安嘴里这样说,心里奇怪妹子没有一点热烈的表示。

诗人自惭形秽的回家,忽然变了衣锦还乡,快活极了。

他一声不出,思潮起伏,激动了一小时,终于说道:"花了偌大代价换来的一点儿荣誉,你们竟不相信!"

夏娃不回答,只望了望吕西安;吕西安觉得自己不该埋怨,老大不好意思。

晚饭前一会儿,州长公署派人给吕西安·夏同先生送来一封信,仿佛证实诗人那种虚荣的想法。为着他,上流社会开始和家庭竞争了。

来信是一份请帖:

> 兹订于九月十五日晚洁樽候
> 教,敬请
> 光临,并盼
> 赐复为幸。此致
> 吕西安·夏同先生
>
> 　　　　西克施德·杜·夏德莱伯爵
> 　　暨　伯　爵　夫　人　　谨约

信内附着一张名片：

西克施德·杜·夏德莱伯爵
内廷侍从　夏朗德州州长
参　事　院　参　议

赛夏老头说："你走红啦，城里当你大人物一样的谈论……安古兰末跟乌莫抢着要送花圈给你呢。"

吕西安凑着妹子的耳朵说："亲爱的夏娃，我像当初住在乌莫，要去见特·巴日东太太的那天一样，没有礼服赴州长的宴会。"

夏娃吃惊道："难道你真的想去吗？"

为了去不去州长公署的问题，兄妹俩大开辩论。夏娃凭着内地妇女的见识，认为在交际场中应酬必须满面春风，衣冠端整，打扮得无可批评；她还没说出她真正的意思："州长请客把吕西安带到什么路上去呢？安古兰末的上流社会对他有什么好处呢？有没有人算计他呢？"

吕西安睡觉之前和妹妹说："你不知道我的势力有多大；州长的老婆最怕新闻记者；况且杜·夏德莱伯爵夫人始终保持路易士·特·奈葛柏里斯的本性！一个女人能谋到这许多官爵，当然能救大卫！我要把妹夫的发明告诉她，请求部里帮助一万法郎在她根本不算一回事！"

晚上十一点，吕西安和母亲，妹子，赛夏老头，玛利红，高布，被本地的乐队和驻军的乐队吵醒，发现桑树广场上挤满了人。安古兰末的一些年轻人请了乐队来向吕西安·夏同·特·吕庞泼莱表示敬意。最后一个曲子演奏完毕,场上鸦雀无声,吕西安站在妹子的卧房窗口说道:"多谢各位乡亲给我的荣誉,我一定不辜负大家的好意。我情绪太激动了,不能多说,请你们原谅。"

"《查理九世的弓箭手》的作者万岁!……《长生菊》的作者万岁!……吕西安·特·吕庞泼莱万岁!"

几个人叫了三声,很巧妙的从窗口丢进三个花圈和一些花球。过了十分钟,桑树广场上人散尽了,照旧静悄悄的。

赛夏老头带着讪笑的神气,翻来覆去的搬弄花圈花球,说道:"要送来一万法郎才好呢!大概你给了他们长生菊,他们回敬你花球,花花草草原是你的本行。"

"你把同乡给我的荣誉看得这样轻贱!"吕西安嚷道。他得意扬扬,脸上没有一点悲伤的痕迹。"老爹,你要是懂得一些人情,就知道这种时刻一生难得有第二回。只有真正的热情才能给你这样的荣誉!……亲爱的妈妈,亲爱的妹妹。这一下多少的痛苦都抵消了。"吕西安拥抱母亲和妹子,仿佛一个人的快乐像潮水般涌出来,一定要倾泻在知己的心里。(皮克西沃曾经说:一个作家得意之极的时候,没有朋友,便是看门的也要拥抱一下。)吕西安问夏娃:"喂!亲爱的孩子,你为什么哭呢?……哦,你太快乐了!……"

吕西安走了,夏娃重新上床之前和母亲说:"唉!……我看哪,诗人真像一个轻骨头的漂亮女人……"

母亲点点头回答:"你说的不错。吕西安已经把什么都忘了,不但忘了他的苦难,也忘了我们的苦难。"

母女俩不敢把感想完全说出来,各自睡了。

03

捧场的阴谋

　　凡是反抗情绪极强而用**平等**两字做掩护的地方，任何轰动一时的成功都是奇迹，而且同某些奇迹一样，没有操纵机关布景的巧匠合作，不可能出现。一个人生前在本国受到喝彩，十有九次，喝彩的原因同他本人并不相关。伏尔泰在法兰西剧院台上的胜利[1]，不是十八世纪哲学的胜利吗？在法国，只要个个人戴上了胜利的冠冕，才允许你胜利。夏娃母女两人的预感因此很有道理。在麻木不仁的安古兰末，内地大人物只能引起反感，决没有人捧场，除非是有利害关系的人或者别有用心的人导演，而这两者都是可怕的。夏娃和大多数女人一样，只晓得凭着本能猜疑而说不出猜疑的根据。她入睡的时候心上想："这里哪一个人对我哥哥有这样的好感，肯在地方上替他鼓动呢？……《长生菊》还没有出版，怎么会有人预先祝贺他成功？"

　　事实上这次捧场是柏蒂-格劳玩的把戏。玛撒克的本堂神甫报告吕西安回来的那天，代理人第一次上特·塞农希太太家吃

---

[1] 一七七八年三月三十日，伏尔泰去世前两个多月，他的悲剧《伊兰纳》在法兰西剧院第六次上演时，受到群众的欢呼，替他在舞台上加冕。

饭，向她的干女儿正式求婚。这一类没有外客的饭局，场面的隆重不在于人数而在于衣着。尽管到场的只限于家属，每个人都觉得自己扮着一个角色，一举一动都流露出自己的用意。法朗梭阿士好像在身上开时装展览会。特·塞农希太太搬出她最讲究的行头。杜·奥多阿先生穿着黑礼服。特·塞农希先生接到太太的信，知道杜·夏德莱太太到了，快要来做第一次的拜访，向法朗梭阿士提亲的男人也要正式登门，便特意从特·比芒丹先生家赶回来。戈安得穿的是他最漂亮的栗色礼服，款式跟教士穿的一样；绉领上一颗价值六千法郎的钻石晶莹夺目，富商借此向穷贵族示威。柏蒂-格劳剃过胡子，梳好头发，擦过肥皂，只是去不掉那副生硬的神气。礼服在瘦小的代理人身上绷得紧紧的，看上去像一条冻僵的毒蛇；心中的希望使他一双喜鹊眼精神饱满，脸上冷冰冰的，功架十足，摆着一副威严样儿，活脱是个野心勃勃的小检察官。特·塞农希太太事先嘱咐亲近的朋友，关于她干女儿初次接见求婚的男人，以及州长夫人光临的消息，在外一字勿提；她知道这样一说，准会高朋满座。州长夫妇早已投过名片，拜过客；只有在某些场合才亲自登门，作为一种特殊手段。安古兰末的贵族因此十二分好奇，便是乡杜的党羽也有好几个准备到巴日东府上走一遭——一般人始终不肯把那所屋子称为塞农希公馆。杜·夏德莱伯爵夫人的势力有了真凭实据，招来不少热衷的人。大家听说她脱胎换骨，比以前更风雅了，也想亲自来瞧个究竟。州长夫人却不过柴斐莉纳的情面，答应接见她亲爱的法朗梭阿士的未婚夫。戈安得把这个重要消息在路上告诉柏蒂-格劳，柏蒂-格劳便想起吕西安的回乡使路易士·特·奈葛柏里斯的地位十分尴尬，正好利用。

特·塞农希夫妇背了重债买进屋子,买下以后只能采取内地人的办法原封不动。下人通报州长夫人到了,柴斐莉纳迎上前去,一开口便道:"亲爱的路易士,你瞧!……你在这儿仍旧在你自己家里!……"一边说一边指着挂璎珞的小吊灯,护壁板,家具,以前吕西安看着出神的东西。

"哎啊!亲爱的,这是我最不愿意想起的。"州长夫人说话的神气挺妩媚,四下一望,瞧了瞧在场的人。

个个人承认路易士·特·奈葛柏里斯变了。她在巴黎交际场中混了十八个月,新婚燕尔的变化,跟内地妇女到过巴黎以后的变化同样深刻,再加有了权势,神态庄严,种种因素使你在杜·夏德莱伯爵夫人身上只看到一些特·巴日东太太的影子,好比在二十岁的姑娘身上看到她的母亲。头上戴一顶镂空花边的小帽子,一支钻石别针随便扣着几朵鲜花。头发卷儿沿着腮帮挂下来,跟她的脸蛋配得很好,还遮掉她面孔的轮廓,看上去更年轻。她穿一件尖领的薄绸衫,底下盯着美丽的穗子,有名的女裁缝维多莉纳把衣衫做得特别显出路易士的身腰。双肩在镂空花边的围巾和轻纱的披肩之下若隐若现,披肩裹着太长的脖子,裹的手法很巧妙。她手里拈着漂亮的小玩意儿,一般内地妇女最不会对付这种东西:手镯上拖一根小链子,系着一个精致的小香炉;另一只手若无其事的握着扇子和卷起的手帕。但看她向特·埃斯巴太太学来的姿势,举动,没有一个小地方不高雅,可知路易士对于圣·日耳曼区的一套研究得十分到家。至于那个帝政时代的老风流,结了婚,熟透了,有如隔天还青绿而一夜之间变黄的甜瓜。西克施德丧失的元气转移到容光焕发的妻子脸上,引得大家交头接耳,说了不少内地的刻薄话;尤其前任安古兰末的王后新近得势，所有的妇女看着又妒又恨，更要叫那个顽强的外乡人代妻子受气。除了特·乡杜先生夫妇，已故的特·巴日东先生，特·比芒丹先生和特·拉斯蒂涅一家之外，客厅里的人几乎同吕西安朗诵诗歌的那一天一样多。主教也由几位副主教陪着到场。柏蒂-格劳四个月以前做梦也没想到这个场合会有他的立足之地，眼睛望着安古兰末的贵族，心里很激动，对上层阶级的一肚子怨气不知不觉的消解了。他觉得杜·夏德莱伯爵夫人美不可言，私下想："这个就是能保举我做署理检察官的女人！"路易士同时和每个女客应酬了一番，说话的口吻按照各人的地位而定，也考虑到对方在她同吕西安出奔那件事上采取的态度。黄昏过了一半，路易士和主教退入小客厅。柴斐莉纳过去搀着柏蒂-格劳的手臂，柏蒂-格劳忐忑不安的跟着她向小客厅走去。那是吕西安的厄运开始的地方，不久也要在那里结束了。

"亲爱的，这位就是柏蒂-格劳先生，我向你郑重推荐，因为你要看得起他，便是法朗梭阿士的造化。"

"先生，你是诉讼代理人吗？"奈葛柏里斯家的小姐把柏蒂-格劳从头到脚打量了一下。

"不幸得很，是的，**伯爵夫人**。（乌莫镇上裁缝的儿子生平从来没用过这个称呼，说的时候好像嘴里含着一口东西。）我只有仰仗夫人，才能进检察署。弥罗先生听说要调到纳凡去了……"

伯爵夫人道："照例不是先要做了副署理检察，再升为首席署理吗？我倒希望你马上当首席……要我关切你，帮你谋这个缺，我先要得到保证，知道你的确忠于正统派，忠于教会，尤其是忠于维兰尔先生[1]。"

"啊！太太，"柏蒂-格劳上前凑着她耳朵说，"我是绝对忠于王上的。"

她退后一步，表示不愿意听人咬耳朵说话，回答说："现在我们就需要忠于王上的人。只要特·塞农希太太对你满意，我无有不帮忙。"她说着用扇子做了一个气概不凡的手势。

戈安得在小客厅门口探了探头，柏蒂-格劳便向伯爵夫人说："太太，吕西安回来了。"

"那便怎么样，先生？……"伯爵夫人的声调叫人说话到了喉咙口也只好咽下去。

"伯爵夫人没有了解我的意思，"柏蒂-格劳用最恭敬的措辞说，"我只是向夫人证明我的忠心。夫人一手提拔的那个名流在安古兰末应当受什么待遇，要请夫人示下。他在这儿不是受人唾弃，便是受人颂扬，没有第三条路。"

路易士·特·奈葛柏里斯还没有想到这个难题，这件事当然与她有关，不是为了现在，而是为了过去。代理人逮捕赛夏的计划能否成功，完全取决于伯爵夫人此刻对吕西安的情意。

她摆出一副尊严高傲的态度，说道："先生，你既然有心归附政府，就该知道政府永远不会错的，这是第一个原则；而女人运用权势的本能，对于她的尊严的感觉，比政府还要强。"

柏蒂-格劳正在不露痕迹，仔细观察伯爵夫人，急忙回答说："太太，我正是想到这一点。吕西安潦倒不堪的回家。他可以受到欢迎，同时我也能利用人家的欢迎逼他离开安古兰末，因为

---

[1] 正统派是十九世纪初期拥护波旁王室的保王党。维兰尔是当时（1821—1828）的内阁总理。

他的妹子和妹夫被人控告，逼得很紧……"

路易士·特·奈葛柏里斯高傲的脸上流露出一种微妙的表情，可见她在压制心中的快乐。她想不到自己的心事被人猜得那么准，一边望着柏蒂－格劳，一边打开扇子。法朗梭阿士正好进来，伯爵夫人正好利用这个时间考虑怎么回答。

"先生，"她意味深长的笑了笑，"你很快就能当上检察官……"

这不是把话说尽而一点不落把柄吗？

法朗梭阿士过来向州长夫人道谢，说道："太太，多蒙您成全我的幸福。"她像小姑娘似的挨在保护人身边，凑着她耳朵说："做一个内地代理人的妻子，那简直是活活受罪，要我的命了！……"

柴斐莉纳用这种方式进攻路易士，原是熟悉官场的法朗西斯出的主意。

前任总领事和他的女朋友说："初上台的人，不论是州长，是改朝换代的帝王，还是企业的主持人，帮起忙来都很热心；可是他们很快会发觉做后台老板的麻烦，一副面孔马上要冷下来的。今天路易士替柏蒂－格劳走的门路，再过三个月为你的丈夫她也不愿意干。"

柏蒂－格劳道："替我们的诗人捧过场，接下去该怎么办，不知道伯爵夫人想过没有？恐怕在我们喝彩鼓掌的十天之内，夫人需要招待一下吕西安。"

州长夫人点点头，把柏蒂－格劳打发了。她瞧见特·比芒丹太太在小客厅门口露面，便站起身来，走过去和她谈话。侯爵夫人听到特·奈葛柏里斯老头进贵族院的消息，十分诧异，觉得一个女人这样能干，出了乱子反而声势浩大，不能不奉承一番。

侯爵夫人说了些体己话，表示向她**亲爱的**路易士低头服小，然后问道："告诉我，亲爱的，为什么你要费许多周折，送你父亲进贵族院？"

"亲爱的，上面给我这个情分，主要因为我父亲没有孩子，而且他投起票来永远是赞成王室的。我要生了儿子，最大的一个可以继承外祖父的爵位，纹章，贵族院的缺份……"

特·比芒丹太太发现路易士的野心扩展到尚未出世的孩子身上，知道不能利用她替比芒丹先生活动贵族院，不免心中怏怏。

柏蒂-格劳出门对戈安得说："州长夫人被我抓住了，你的合伙契约包在我身上……一个月之内我就是首席署理检察官，而你也可以支配赛夏了。现在你得找一个人来接手我的事务所，五个月工夫我的业务在安古兰末占到第一位……"

戈安得对他一手造成的人物差不多有些嫉妒了，他说：

"你啊，只要把你扶上马就行。"

吕西安在本乡大受欢迎的原因，现在大家都该明白了。正如法国有过一个国王不记奥莱昂公爵的仇恨，路易士也不记特·巴日东太太在巴黎受的侮辱。她预备先捧吕西安，用保护人的姿态压倒他，然后正大光明的解决他。吕西安在巴黎受人愚弄的事，柏蒂-格劳在当地的闲言闲语中听见过了；他也猜到女性要一个男人爱她的时候，男人不爱她，她会对那男人咬牙切齿。

04

如此好心,我们一生也能碰上几回

群众欢迎吕西安,证明路易士·特·奈葛柏里斯以往的行事并没有错。欢迎过后第二天,柏蒂-格劳要吕西安得意忘形,好加以操纵,带着六个本地青年,全是吕西安在安古兰末的中学同学,来到赛夏太太家。

一些同学因为班级中间出了大人物,决定为《长生菊》和《查理九世的弓箭手》的作者举行公宴,派代表团来专诚邀请。

吕西安叫道:"啊!柏蒂-格劳,好久不见了!"

柏蒂-格劳道:"你这次回来刺激了我们的自尊心,我们都觉得面上光彩,凑了份子,预备定一席丰盛的酒菜请你。我们的校长和教授都要到场,看情形还有本地的官长参加。"

"哪一天呢?"吕西安问。

"下星期日。"

"那不行,"诗人回答,"除非再过十天,那我准到……"

柏蒂-格劳道:"你吩咐就是了,十天就十天。"

那些老同学对吕西安十分钦佩,吕西安也对他们极尽殷勤。他才气横溢,谈了半小时话,一朝被人供在台上,自然不能辜负地方上的舆论；他一双手插在背心袋里，眼光见解无不高人一等，合乎同乡的估计；态度谦虚随和，完全是一个不拘形迹的才子派头。他发了一阵牢骚，表示在巴黎身经百战，疲倦得很，尤其看破世情，代那些不曾离开乡土的老同学庆幸。诸如此类的话说了一大堆。大家对他印象极好。

接着他和柏蒂-格劳单独谈话，打听大卫的经济状况，埋怨代理人不该弄得大卫躲在一边。吕西安想跟柏蒂-格劳耍手段。柏蒂-格劳存心装傻，让老同学当他是个内地的起码代理人，没有一点儿聪明才智。目前的社会比古代社会在机构方面不知复杂多少，人的才能为此尽量分化。从前，优秀的人物必然要无所不能，所以为数寥寥，在古民族中像明星一般灿烂。后来即使各有专长，杰出的人还能应付全局。像号称足智多谋的路易十一那样的人，他的奸诈随处都能应用。到了今日，连才智也分门别类，愈分愈细了。比如说，有多少种不同的职业就有多少种不同的奸诈。一个狡猾的外交家在内地碰到一桩官司，很可以被一个庸庸碌碌的代理人或者乡下人玩弄。最狡猾的新闻记者在生意上可能是个大傻瓜，吕西安因之做了柏蒂-格劳的玩具。报上那篇文章当然是恶讼师写的，他要叫安古兰末的城里人在乌莫镇面前下不了台，不能不替吕西安捧场。那天夜里聚集在桑树广场上的所谓吕西安的同乡，只是戈安得印刷所和纸厂的工人，加上柏蒂-格劳和卡乡两个事务所的职员和几个中学同学。代理人看准诗人只要跟他恢复了同窗关系，必有一日会泄漏大卫的藏身之处。如果大卫由于吕西安的过失出了事，诗人便不能再在安古兰末立足。柏蒂-格劳要完全控制吕西安，故意装作不及吕西安高明。

他说："我怎么会不尽力呢？事情牵涉到我老同学的妹妹；不

过有些案子你非吃亏不可。六月一日[1]，大卫跑来要我保证他三个月清静，事实上直到九月里才风声紧急，我把他全部财产从债主手中抢下了；因为我还能在高等法院胜诉，弄到一份判决书，确定妻子的特权绝对不能侵犯，特权也没有掩护什么骗局……至于你，虽然落魄回乡，毕竟是天才……（吕西安做了一个手势，仿佛供奉的香离他鼻子太近了一些。）怎么不是呢，朋友？《查理九世的弓箭手》我念过了，不但是一部作品，而且是洋洋巨著！那篇序文只有两个人写得出：不是夏多布里昂便是你！"

吕西安听着这句恭维话居然默认，并不声明序文是大丹士的手笔。遇到这种情形，法国一百个作家，准有九十九个如此。

柏蒂-格劳又装作愤愤不平的说："哪想到这里的人好像根本不知道你的大名！我看大家冷淡，便自告奋勇，出来鼓动这批人。我写了那篇稿子，你早看到了……"

吕西安叫道："怎么，是你写的！……"

"对，是我写的！……安古兰末同乌莫处于竞争的地位，我召集了一些青年，你中学里的老同学，组织昨天的半夜音乐会；等到热情鼓动起来了，我们又发起聚餐。我心上想：就算大卫不能露面，至少吕西安可以受到表扬！"柏蒂-格劳又说："不但如此，我还见到杜·夏德莱伯爵夫人，暗示她为她着想，也得出来解救大卫的困难，这是她能够做的，应当做的。如果大卫和我提到的那个秘密确实找到了，政府用不着破费多少就好支持他，州长替发明家撑腰，为这样一桩重要的发明出一半力量，你想是何等气派！在众人眼里岂不是个开明的长官吗？……你妹妹看到司

---

[1] 这个日期，作者又弄错了，与之前所述完全不符。

法界短兵相接,着了慌,她怕烟雾……在法院里打仗本来同战场上一样要花钱;可是大卫守住了阵地,秘密仍旧在他手中,人家抓不到他的人,也永远抓不到他的!"

"谢谢你,亲爱的朋友,我可以把我的计划告诉你,请你帮我实现。"

柏蒂-格劳瞪着吕西安,螺旋形的鼻子活像一个问号。

"我要救大卫。"吕西安自命不凡的说,"是我连累了他,我要把全部事情弥补起来……我对路易士的影响便是她……"

"谁是路易士?……"

"夏德莱伯爵夫人……"

柏蒂-格劳听着做了一个手势。

吕西安接着说:"我对她的影响之大,她自己也想象不到。可是,朋友,我虽然能操纵你们的政府,却没有衣衫……"

柏蒂-格劳又做了一个手势,表示愿意解囊相助。

"谢谢你。"吕西安和柏蒂-格劳拉拉手,"再等十天,我去见州长夫人,同时到你那儿去回拜。"

他们俩握手道别的时候,已经变了老朋友。

柏蒂-格劳私忖道:"怪不得他要做诗人,原来是神经病。"

吕西安回到妹子房里,心上想:"不管人家怎么说,要说朋友,只有中学里交的才是真正的朋友。"

夏娃道:"吕西安,柏蒂-格劳许了什么愿心,你对他这样亲热?还是防他一著的好!"

"防他一著?"吕西安叫起来。他似乎想了一想,又道:"夏娃,你不信任我,怀疑我,难怪你要怀疑柏蒂-格劳;再过十天半个月,你准会改变意见。"他得意扬扬的补上一句。

05

吕西安把内地的荣誉当真

吕西安上楼回到自己房里,写信给罗斯多。

朋友,咱们两个人之间,只有我会记得你向我借过一千法郎。你接到这封信的时候,你的处境我完全想象得到,所以我赶紧声明不要你还我现金,只要你负责赊一笔账,正如人家在佛洛丽纳身上花了一千法郎,但求快活一阵。咱们俩的衣服既是同一个裁缝做的,希望你替我定一套行头,越快越好。我虽不完全像亚当[1],一副形景实在见不得人。出我意料,州府对待巴黎名流的一套居然临到我了。他们要为我举行公宴,好像我是个不折不扣的左派议员。我为什么要一套黑衣服,现在你明白了吧?约期付款也好,拿广告做交换条件也好,反正你得想法把唐·璜应付第芒希先生的戏[2]翻新一下,

---

1 大家知道,基督教传说,亚当与夏娃在伊甸园中是不穿衣服的。
2 莫里哀的喜剧《唐·璜》中有个胆小的债主,名叫第芒希,上门讨债,唐·璜殷勤招待,礼数周到,第芒希竟从头至尾不好意思开口要债。

我无论如何要衣冠楚楚的露面。我身上只有破布条子，该怎么办，你斟酌吧！如今是九月，天高气爽，所以要你费心，让我本星期末就有一套白天穿的漂亮衣衫：一件深青铜色的短外套；三件背心，一件柠檬黄的，一件方格子花呢的，一件全白的；三条叫女人看了出神的裤子：一条白的英国料子，一条南京缎的，一条黑的薄呢的；最后还要一件黑礼服和晚上穿的黑缎子背心。如果你另外弄了一个佛洛丽纳，就托她挑两条花色领带。这些都轻而易举，相信你能够办到，也有本领办到，我不担心裁缝。亲爱的朋友，咱们常常慨叹：巴黎人是世界上最杰出的人，穷途末路打起主意来，连撒旦都甘拜下风，却还没有办法向帽子店赊账！除非我们行出上千法郎的帽子，才有赊欠的希望；否则只能拿现钱去买。法兰西剧院演过一出戏，有句台词说：**拉弗滦，咱们一手交钱一手交货**，这话害人不浅！我深深感到我的要求不容易实现，就是说衣服之外，还要一双靴子，一双薄底皮鞋，一顶帽子，六副手套！我知道，这是拿做不到的事来要求你了。不过文字生涯不就是把做不到的事做到吗？……告诉你：你去写一篇长文章，或者干些不清不白的勾当，实现了这个奇迹，你欠我的债就一笔勾销。朋友，别忘了这是赌债，已经拖到一年，你该脸红了，要是你还会脸红的话。亲爱的罗斯多，不是开玩笑，我此刻形势紧急。你听一句话就可知道：乌贼骨发胖了，嫁了鹭鹚，鹭鹚当了安古兰末的州长。这一对可恶的夫妻对我的妹夫大有用处；妹夫受我连累，弄得走投无路，有些期票被人追控，躲起来了……我无论如何要在州长夫人面前重新出现，把我对她的影响恢复一部分。大卫·赛夏的命运要仰仗一双漂亮的靴子，镂空的灰色丝袜（请你不要忘记）和一顶簇新的帽子，不是惨极了吗？……我不能答谢同乡的盛意，只好躺在床上装病，像丢维盖[1]一般。他们为我举行了一个精彩的半夜音乐会，事后知道安古兰末人的热情是我几个中学的老同学鼓动起来的，可见所谓同乡都是有眼无珠的东西。

如果你在巴黎报上的社会新闻栏登一段我在本乡受欢迎的消息，可以抬高我在这里的地位。我要让乌贼骨感觉到，就算我在巴黎报界没有朋友，至少还有些名气。我并没放弃我的希望，将来会报答你的。倘有什么新书要一篇精彩的评论，我可以替你从容执笔。再告诉你一句，亲爱的朋友，我完全信托你，正如你可以完全信托我。

来件望交驿车带下，写明留交字样。

吕西安·特·吕庞泼莱

吕西安在家乡出过风头，在信里又流露出自大的口吻，同时也想起巴黎。在内地安安静静过了六天，又怀念那些挺有意思的苦日子，隐隐然感到遗憾了。整个星期他想着夏德莱伯爵夫人，把重新露面的事看作十二分重要；那天傍晚走到乌莫，向驿车公司去领巴黎的包裹的时节，他心神不定，焦急得了不得，好比一

---

[1] 法国十九世纪初期的批评家。

个女人的最后一些希望都在服装上，唯恐到不了手。

吕西安一看几个包裹的形状，知道他要的东西都有了，私下想："啊！罗斯多，你出卖朋友的罪过，我都原谅你了。"

他在帽笼内发现一封信。

> 亲爱的朋友，裁缝表现得很好。你对过去的回想一点不错：领带，帽子，丝袜，花了我们不少心血，因为我们囊空如洗，什么都挤不出来。我们和勃龙台一致认为，开一个供应青年人廉价用品的铺子，准能发财。因为我们没钱购买的东西花了我们很大的代价。伟大的拿破仑缺少一双靴子而没法进军印度的时候，说过：**天底下没有容易的事！**所以一切不成问题，除了你的皮鞋……我眼看你穿了礼服没有帽子！有了背心缺少鞋子！有个美国人为了好玩，送过一双红种人穿的皮鞋给佛洛丽纳，我真想寄给你。佛洛丽纳捐献四十法郎赌本，让我们代你去博一博。拿当，勃龙台和我，不是为自己赌，运道好极，赢了不少钱，居然能带着台·吕卜克斯的旧情人电鳗去吃宵夜。老实说，弗拉斯卡蒂[1]也应该请请我们了。采办归佛洛丽纳负责，她还加上三件讲究的衬衫。拿当送你一根手杖。勃龙台赢了三百法郎，给你一根金链子。电鳗凑上一只金表，像一块四十法郎的洋钱那么大，是个傻瓜送她的，时间不准，她说：**完全是废物，跟送的人一样！**皮克西沃到仙岩饭店来和我

---

[1] 参看前注。

们相会,在包裹内加进一瓶葡萄牙头发水。这滑稽大家装着一副正经样儿,用男低音嗓子说:**要是他因此得福就好了!** 可见大家在患难中待朋友多好。我心肠硬不起来,原谅了佛洛丽纳;她请你为拿当的新书写一篇评论。再见,孩子。咱们才做了老朋友,你忽然回到你的小天地中去了,多可惜!

你的朋友　埃蒂安纳·罗斯多
写于佛洛丽纳的客厅

"可怜这些人竟为着我进赌场!"吕西安非常感动的想着。

不卫生的地方或是我们受尽苦楚的地方,往往有些气味近乎天堂上的香味。在平淡的生活中,回想过去的痛苦有一种难以形容的快感。夏娃看见哥哥穿着新衣服下楼吃了一惊,认不得了。

他说:"现在我可以上菩里欧去散步,没有人说我衣衫褴褛的回来了。这只表的的确确是我的,将来给你做赔偿;它也同我一样,出了毛病。"

夏娃说:"看你这样孩子气!……叫人恼也恼不起来。"

"好妹妹,难道你以为我无聊透顶,要人寄这些东西来,在安古兰末卖弄吗?安古兰末的人才不在我心上呢!"吕西安说着,拿金球柄的手杖在空中一挥。"我是闯了祸想挽救,所以先武装起来。"

吕西安只有一桩事情在本乡是真正成功的,就是那派漂亮哥儿的款式轰动一时。钦佩令人沉默,妒羡引起议论。女人都为吕西安颠倒,男人都说吕西安坏话。他大可引用通俗歌曲中的两句话,叫作:**我的衣服,我真要谢谢你!** 他上州长公署投了两张名片，又去拜访柏蒂-格劳，柏蒂-格劳没有在家。下一天是公宴的日子，巴黎所有的报纸都在安古兰末的标题底下登着一段消息：

安古兰末讯：——青年诗人吕西安·特·吕庞泼莱，初入文坛就才华毕露；《查理九世的弓箭手》不落沃尔特·司各特的窠臼，在法国历史小说中可谓绝无仅有之作，其序言尤为文艺界所激赏。诗人最近回乡大受欢迎，此举不仅为吕西安先生的荣誉，亦且为安古兰末的荣誉。当地人士并将为诗人举行公宴，以志庆贺。新任州长到职未久，亦将参与盛会；闻《长生菊》的作者初期即备受夏德莱伯爵夫人之赏识与鼓励。

在法国，热情一经煽动，谁也没法阻拦。驻军的团长派了乐队来。酒席由乌莫有名的**大钟饭店**承办，他们的鸡崇火鸡，装着精致的瓷器一直销到中国。饭店主人在大厅上张起幔子，幔子上挂着桂冠和鲜花，好不庄严。五点钟，客人到齐了，一共有四十位，个个穿着礼服。屋外还有一百多个市民代表吕西安的同乡，主要是被院子里的军乐队吸引来的。

柏蒂-格劳站在窗口一望，说道："整个安古兰末都来了！"

卜斯丹的老婆也来听音乐，卜斯丹对她说："我真弄不明白。怎么！州长，税务局长，团长，火药局局长，本州的议员，市长，中学校长，熔铁厂厂长，法院院长，检察官弥罗先生，所有的官员都到了！……"

入席的时候，军乐队按着**我王万岁**，**法兰西万岁**的谱子奏起变奏曲来,这支歌在民间始终不曾流行。那是下午五点。到八点,端上六十五盘点心,最耀眼的是一座用糖果堆成的奥林泼斯山,顶上有一个巧克力做的法兰西女神。上了点心,大家开始祝酒。

"诸位,"州长起来说,"我们为王上干杯!……为正统主义干杯!波旁王室不是替我们恢复了和平吗?不是有了和平,我们才有一代又一代的诗人和思想家,让法兰西执掌文艺的大旗吗?……"

"王上万岁!"桌上的人一齐叫起来,政府派叫得更有劲。

德高望重的中学校长站起来了。

他说:"为青年诗人干杯,为我们的首座客人干杯!他除了彼特拉克的蕴藉的诗意,还擅长鲍阿罗称为最难的文体,散文。"

"好啊!好啊!"

团长站起来说:"诸位,为保王党员干杯!因为我们庆祝的英雄有胆量保卫正确的原则。"

"好啊!"州长带头喝彩。

柏蒂-格劳起来说:"我代表吕西安的全体同学,为庆祝安古兰末中学的光荣干杯,为我们敬爱的校长干杯,我们的成就一部分是他的功劳……"

老校长没防到祝酒祝到他身上,抹了抹眼睛。吕西安站起身来,屋内寂静无声,诗人脸都白了。坐在他左手的老校长替他戴上一个桂冠。大家一齐鼓掌,吕西安含着泪水,声音十分感动。

未来的纳凡检察官对柏蒂-格劳说:"他醉了。"

代理人回答:"可不是酒醉。"

吕西安说:"各位同乡,各位同学,今天的场面,我真想叫全国都看到。我们这地方抬举人,培养伟大的作品和事业,用的是这个方式。可是我小小的成就获得这样大的荣誉,觉得很惭愧,以后只能加倍努力,不辜负诸位的雅望。将来回想起这个时刻,可以使我在新的战斗中增加勇气。请你们允许我建议,向我的第一个诗神和保护人致敬,同时向我出生的城市致敬:让我们为美丽的西克施德·杜·夏德莱伯爵夫人干杯,为高贵的安古兰末城干杯!"

检察官点点头说:"应付得不错,我们的祝词是事先准备的,他是临时想起来的。"

十点钟,客人三五成群的散了。大卫·赛夏听见平时听不到的音乐,问巴齐纳:"乌莫镇上有什么事啊?"

巴齐纳回答:"他们在欢迎你的舅子吕西安……"

大卫说:"没有我参加,我想他一定很懊恼。"

半夜里柏蒂-格劳把吕西安一直送到桑树广场。到了那儿,吕西安对代理人说:"好朋友,咱们现在是生死之交了。"

代理人说:"明天我同法朗梭阿士·特·拉海小姐在她的监护人特·塞农希太太家立婚书,希望你到场;特·塞农希太太要我请你同去,你可以见到州长夫人;你的祝词准有人告诉她,她必定很高兴。"

吕西安说:"我有我的打算。"

"噢!你可以救大卫了!"

"当然啰。"诗人回答。

正在那个时候,大卫好像有魔术一般的出现了。原因如下。

06

隔墙有耳

大卫的处境很为难:他女人绝对不准他见吕西安,也不准透露他隐匿的地方;吕西安却给他写着怪亲热的信,说要不了几天就能挽回大局。他听到音乐的时候,格莱日小姐一边和他解释庆祝会的来由,一边交给他两封信。

亲爱的,你只当吕西安不在这里;你什么都不用担心,只要脑子里牢牢的记住一点:我们的安全全靠敌人打听不出你躲在哪儿。不幸的遭遇使我只相信高布,玛利红,巴齐纳,而不敢相信我哥哥。唉!可怜吕西安不是以前的那个又天真又温柔的诗人了。正因为他要过问你的事,大言不惭的说要替我们还债,(完全是出于骄傲,告诉你!……)我对他更放心不下。巴黎寄给他一些讲究的衣衫,一个漂亮的钱袋,里头放着五块金洋。他把钱交给我,我们现在靠此度日。你父亲回去了,我们总算少了一个敌人,他是被柏蒂-格劳轰走的。柏蒂-格劳看出老人家的心思,马上使他断了念头,说你今后不同他柏蒂－格劳商量，不会做任何决定；柏蒂－格劳不会让你们发明的东西出让，除非拿到三万法郎补偿：先是一万五给你料清债务，还有一万五，不论你的发明将来成功还是失败，都要拿的。我弄不明白柏蒂－格劳到底是怎样的人。我热烈拥抱你这个遭难的丈夫。咱们的小吕西安身体不坏。看这朵花在风雨飘摇中长大，脸色一天天的红润，我说不出是什么感想！母亲照常祷告上帝，她和我一样热烈的拥抱你。

你的　夏娃

柏蒂－格劳和戈安得弟兄怕老赛夏那种乡下人的狡猾，打发他走了。老头儿也要收割葡萄，不能不回玛撒克。

附在夏娃信内还有吕西安的一封信，措辞是这样的：

亲爱的大卫，一切顺利。我从头到脚武装起来了；今天去上阵，两天以内可以大有进展。等你恢复了自由，为我欠的债还清了，我将要多么高兴的拥抱你！妹子和母亲至今防着我，使我精神上大受伤害，一辈子都忘不了。我不是早知道你躲在巴齐纳约吗？她上我们家来一次，就有你的消息和你给我的复信。当然，妹子只能依靠她工场里的朋友。今天我跟你离得很近，可惜你不能出席他们欢迎我的宴会。安古兰末人的虚荣心让我得到一次小小的胜利，那是不多几天就要被人遗忘的；只有你对这件事情感到的快乐，才是真正从心坎里来的快乐。总之，在我心目中，能够做你的弟弟比世界上所有的荣誉更宝贵。再过几天,你就能完全原谅我了。

吕西安

大卫的心被这两股相反的力量猛烈的拉扯,虽然力量的强弱并不相等,因为他热爱妻子,而对吕西安的友情已经减少几分敬意。可是我们孤独的时候,感情的力量可以大起变化。一个人幽居独处,再像大卫那样一心一意想着自己的事,很容易向某些念头屈服,不比在正常的环境中有所依傍,能够抗拒。大卫听着那意想不到的欢迎会的军乐,念着吕西安的信,信中又像他预料的一样,提到没有大卫参加,多么遗憾的话,不禁深深的感动。天性温柔的人抵抗不了这一类小小的感情作用,他们以己度人,认为那些作用对别人也同样重要。满满的一杯水,怎么能不流出一滴来呢?……因此到半夜里,巴齐纳多方劝阻也没法拦着大卫不去看吕西安。

他和巴齐纳说:"这个时候安古兰末街上没有人了,没有人看见我,没有人能在夜里把我逮捕;就算被人撞见,我还可以用高布的办法回到这儿。况且我好久没看见我的女人和孩子了。"

这些理由都还说得过去,巴齐纳只得让步,答应大卫出门。吕西安正在同柏蒂-格劳告别,大卫叫了声:"吕西安!"两个朋友便流着眼泪拥抱了。这个情景在一生中是难得遇到的。吕西安这才体会到那种颠扑不破的友谊多么热烈,他过去非但不加重视,而且还辜负这友谊。大卫一心要原谅吕西安。高尚慷慨的发明家尤其想嘱咐吕西安,扫除兄妹之间的隔阂。他只顾考虑这些感情方面的事,再也想不到欠债未还的种种危险。

柏蒂-格劳对他的当事人说:"回家吧,既然冒冒失失走了出来，至少得利用一下，去看看你的太太跟孩子。别给人瞧见！"

柏蒂－格劳独自留在广场上，自言自语道："可惜赛利才不在这儿！……"

广场上如今矗立着庄严的法院，当时广场四周还搭着木板；柏蒂－格劳沿着板墙说话，不防背后一块板上有弹指的声音，好像用手指头敲门。

"我在这儿啊。"两块没有拼紧的木板中间传出赛利才的声音，"我看着大卫从乌莫出来。他躲的地方，我早已猜到几分，现在证实了，我知道上哪儿去抓他。不过先要知道吕西安有什么打算，才好做圈套。不料你叫他们进去了。你留在这儿。等大卫和吕西安出来，你把他们带到我近边；他们只道四下无人，准会说出几句话来给我听到。"

"你真是个魔鬼！"柏蒂－格劳轻轻的说。

赛利才道："我要得到你答应我的好处，怎么会不卖力呢？"

柏蒂－格劳离开板墙，在桑树广场上溜达。大卫一家正在卧房里相会。柏蒂－格劳望着他们的窗子，想着前途，鼓励自己；如今他靠着赛利才的聪明，可以使出最后一着棋子了。像柏蒂－格劳这等奸诈阴险的人，看透人心的变化，争权夺利的手段，从来不贪图眼前的好处而受骗，也不轻信人家的情分。他先是不大相信戈安得，所以留好地步，万一亲事不成而没法指责长子戈安得欺骗的话，可以叫戈安得不得安宁。自从在巴日东府上得手以后，柏蒂－格劳倒是公平交易了。早先的阴谋非但变为无用，还对他觊觎的政治地位大有妨碍。我们且补叙一下，他的晋身之阶原来是如何安排的。迦纳拉和几个实力雄厚的商人，在乌莫镇上组织一个进步党的核心，靠着生意上的往来，同反政府派的一些领袖拉上关系。路易十八病重的时期答应让维兰尔组阁，反对派的策略便跟着改变；从拿破仑去世之后，他们已经放弃武装叛变的冒险手段。当时进步党正在各州各府组织一股合法的对抗势力，预备用控制选举，说服群众的方法达到目的。安古兰末的下城素来受上城的贵族压制，柏蒂－格劳既是激烈的进步党，又是乌莫出身的子弟，当然做了下城反对派的发起人，首脑和秘密顾问。他第一个指出，夏朗德州的报纸让戈安得弟兄操纵是危险的，反对派在本州应当有一份机关报，免得落在别的城市后面。

柏蒂－格劳说："咱们不妨各人拿出五百法郎交给迦纳拉，给他凑成两万多法郎盘进赛夏的铺子，咱们替老板垫了款子，就能支配印刷所了。"

代理人要在戈安得和赛夏面前巩固他两面派的地位，劝进步党接受了他的意见。他自然看中赛利才这样一个小人，预备叫他做反对派的死党。他告诉赛夏的前任监工："你要能打听出你老东家的下落，把他交在我手里，我们借给你两万法郎买他的印刷所，说不定再要办一份报，叫你当老板。你好好的去干吧。"

柏蒂－格劳觉得赛利才这种人干起事来，比无论哪个执达员都更有把握，所以早就向长子戈安得保证，逮捕赛夏绝无问题。等到柏蒂－格劳一心想当法官，知道日后不能不脱离进步党的时候，乌莫的人心已经受他煽动，盘进印刷所的资本也有了着落；柏蒂－格劳便决意把事情撂下，听其自然。

他想："没关系！反正赛利才会闹出乱子来触犯出版法，我正好借此显显本领……"

他走到印刷所门口，对站岗的高布说："上去通知大卫趁早走吧，你们小心一些！我回去啦，已经一点了……"

高布离开门口,玛利红过来接班。吕西安和大卫一同下楼,高布在前开路,玛利红在后护送,前后都相隔一百步。两弟兄沿着板墙走过去,吕西安很兴奋的和大卫说话。

"朋友,我的办法再简单没有;在夏娃面前可没法提,她从来不懂什么叫手段。我肯定路易士心中还对我藕断丝连,我能够挑起她的旧情,把她征服,主要是向那混蛋州长报仇。如果我们相爱,哪怕只有一星期,我就要她请求部里给你两万法郎作鼓励。据柏蒂-格劳说,我和她开始相爱的小客厅还是原来的样子。明天我要在那儿重新见到那女人,我要做一出戏。后天早上,我托巴齐纳给你一个便条,告诉你是不是成功……说不定你那时就自由了……为什么我需要巴黎的衣服,现在你明白了吧?扮一个年轻的男主角不能穿得破破烂烂的上台。"

清早六点,赛利才赶去见柏蒂-格劳。

"明天中午叫杜布隆布置定当,我保证他手到擒拿。"巴黎人对柏蒂-格劳说,"我可以利用格莱日小姐手下的一个女工,明白没有?……"

柏蒂-格劳听完赛利才的计划,急忙去找戈安得。

他说:"你去想法要杜·奥多阿先生今晚决定,把他财产的虚有权[1]给法朗梭阿士;你和赛夏的合伙契约,包你两天之内签订。我要立过婚书以后八天才结婚,所以这个办法完全合乎我们的协定:**有来有往**!今晚在特·塞农希太太府上,吕西安和杜·夏德莱伯爵夫人会面的情形,咱们要暗暗留意,这是关键所在……吕西安尽管希望靠州长夫人挽回局面,我可是把大卫抓住了。"

---

[1] 只有产业的主权而无收益权,在法律上称为虚有权。

戈安得道:"我相信你将来能做到司法部长。"

"为什么不?特·贝洛奈先生[1]不是当了部长吗?"柏蒂-格劳这样说,可见他还没完全改掉进步党人的脾气。

---

[1] 一八二一至一八二八年间的法国司法部长,年轻时也是律师出身。

07

吕西安在巴日东府上扬眉吐气

立婚书那天,特·拉海小姐的暧昧不明的身份,替她把安古兰末的大部分贵族都招来了。男的没有贵重的首饰送给女的,一对未来的夫妻这样穷,特别令人关切。世界上有些人做善事同喝彩一样,主要是满足自尊心。因此,特·比芒丹侯爵夫人,杜·夏德莱伯爵夫人,特·塞农希先生和两三个老朋友,送了法朗梭阿士一些礼物,城里也为之议论纷纷。这些漂亮的小东西,加上柴斐莉纳一年前就在准备的被褥内衣,干爹送的首饰,新郎照例不能不送的礼物,总算使法朗梭阿士略感安慰,而好几个带女儿同来的母亲看了也很感兴味。柏蒂-格劳和戈安得两人发觉,安古兰末的贵族允许他们踏进神圣的庙堂是迫不得已,因为一个是法朗梭阿士的财产管理人兼副监护人,一个是立婚书时必不可少的对手,好比行刑总得有一个吊死的囚犯。结了婚,柏蒂·格劳太太照样可以在干妈家出入,丈夫就不容易受到招待了;他却打定主意,非闯进那个骄傲的社会不可。诉讼代理人觉得父母出身低微,难以为情,叫住在芒勒养老的母亲推说有病,留在乡下,写了一份书面表示同意儿子的婚姻。柏蒂-格劳没有亲族,没有靠山,没有一个自己人在婚书上签字,心里很委屈,现在能带一个名流去充当体面的朋友,又是伯爵夫人愿意会面的人物,高兴极了,坐着马车去接吕西安。在那次值得纪念的晚会上,诗人的打扮毫无疑问把所有的男人都比下去了。特·塞农希太太事先透露消息,说有这位名流到场;两个反目的情人重新聚首,也是内地人极喜欢看的场面。吕西安变了时髦人物。大家夸他如何俊美,如何风流,和以前如何不同,安古兰末的贵族太太都想去瞧他一瞧。当时的装束正从扎脚裤过渡到现在这种难看的长裤,吕西安按照流行的款式穿一条全黑的贴肉裤。男人那时还卖弄身材,使瘦子和体格不美的人叫苦不迭;吕西安的身材却长的像阿波罗一样。他的灰色镂空丝袜,小小的皮鞋,黑缎子的背心,领带,没有一样不穿戴得服服帖帖,像粘在身上一般。浓密的淡黄头发全部烫过,额角更显得白净,四周的头发卷安排得妩媚动人。傲慢的眼睛闪闪发光。一双女人般的美丽的小手始终戴着手套。他的姿态是模仿巴黎有名的花花公子特·玛赛:一只手拿着手杖和永不离手的帽子,一只手偶然动一下,帮助说话的表情。

有些名人假装谦虚,低着头走过圣·但尼门,吕西安很想用这种方式溜进客厅。无奈柏蒂-格劳只有一个朋友,不能不尽量利用。他几乎带着夸耀的意味,在晚会上带吕西安去见特·塞农希太太。诗人一路听见唧唧哝哝的谈论,要是从前,他早就心慌意乱,此刻却冷静得很。他信心十足,知道他一个人抵得上安古兰末所有的英雄。

他对特·塞农希太太说:"太太,我的朋友柏蒂-格劳的确是做司法部长的材料,我说他福气太好了,能投在太太门下,不管干女儿和干妈的关系多么疏远(在场的妇女都体会到话中有刺,她们在旁窃听而神气好像并没有听)。至于我,我很高兴趁此机会回夫人致敬。"

几句话说得挺自然,气派像大贵族访问老百姓。吕西安听着柴斐莉纳支吾其词的回答,眼睛在客厅里扫了一圈,有心叫人注意。他同法朗西斯·杜·奥多阿和州长打招呼,神态殷勤,可是对两人的笑容略有区别。然后他装作忽然瞧见杜·夏德莱太太,迎上前去。一般重要人物正被法朗梭阿士或者公证人陆续请进卧室去签字,可是大家都忘了婚书,只注意两个情人的会面,作为当夜的一件大事。吕西安朝路易士·特·奈葛柏里斯走了几步,拿出巴黎式的风雅的态度,对路易士说来还是回来以后第一次看到;他声音相当响亮的说道:

"太太,是不是承蒙你的好意,后天州长公署请客才有我呢?……"

吕西安对以前的保护人故意用这个挑战的语调,杀她的威风;路易士听着有点恼恨,冷冷的回答:"先生,那是为了你的名气。"

吕西安又俏皮又自负的说:"啊!伯爵夫人,如果客人得不到你的好感,我就没有办法叫他出席了。"

他不等路易士回答,转身瞧见主教,大大方方鞠了一躬。

他声音很迷人的说:"大人简直跟先知差不多。将来我要使大人的话完全应验。今晚我到这儿来幸运得很,能够向您表示敬意。"

吕西安趁此和主教攀谈,一谈谈了十分钟。女士们都认为吕西安了不起。杜·夏德莱太太没有料到他这样狂妄,一时竟哑口无言,没有话好回答。她看见所有的妇人佩服吕西安,东一堆西一堆的交头接耳,把他们俩的谈话,吕西安装作瞧不起她,言语之间把她压倒等等，互相传说；路易士失了面子，十分气恼。

她想："他说了那句话，明天要不来吃饭，叫我怎么下台！他凭什么敢这样骄傲呢？……难道台·都希小姐爱上了他吗？……他长得多美！——听说在巴黎，女戏子死后第二天，台·都希小姐到他家里去过！……或许他是来帮助妹夫的，路上遭了意外，到芒勒的时候才蹲在我们车厢背后。那天早上，吕西安瞪着我和西克施德的神气真古怪。"

路易士千思百想，不知有多少念头，更糟糕的是，她还情不自禁的望着吕西安和主教谈话，仿佛他是全场的领袖。他对谁都不理不睬，但等人家去迁就他；他东瞟一眼，西瞟一眼，做出各式各样的表情，神态潇洒，不愧为特·玛赛的高足。特·塞农希先生在他近边出现，他也不离开主教去打个招呼。

路易士等到十分钟，忍不住了，起来走到主教面前，说道，"大人不知听到什么话，常常面带笑容？"

吕西安很知趣的退后几步，让杜·夏德莱太太和主教说话。

"啊！伯爵夫人，这青年聪明绝顶！……他和我解释，他的力量都是您鼓励出来的……"

"我不是忘恩负义的人，太太！……"吕西安眼中带着嗔怪的意味，叫伯爵夫人看着心里高兴。

"我们说说清楚好不好？"她把扇子一招，叫吕西安走近去，"同主教大人一块儿来，打这儿走！……请大人替我们评评理。"她指着小客厅给主教带路。

"哼！她叫主教当什么角色啊！"乡杜帮口里的一位女客有心把话说得相当响，要人听见。

吕西安望望主教，望望伯爵夫人，说道："评理？……难道有谁做错了事吗?"

路易士·特·奈葛柏里斯走进她从前的小客厅,坐在长沙发上,叫吕西安和主教一边一个坐在她两旁,然后开始说话。

吕西安只做动了感情,没有心思听她的,叫旧情人看着又得意,又奇怪,又欢喜。他的姿态,手势,有如巴斯达在《唐克勒第》[1]中唱:噢,祖国!……时的功架,脸上的表情好像在唱《但尔里佐》那一段有名的抒情曲。受过高拉莉训练的吕西安,最后还会挤出几滴眼泪来。

等到吕西安看出路易士发觉他流泪,便不管主教,也不管谈话的内容,凑着她耳朵说:"啊!路易士,我当初多爱你!"

她掉过身子说:"快点擦擦眼睛,你又要在这里害人了。"这两句舞台上的旁白使主教大吃一惊。

吕西安兴奋的回答:"对,一次已经够了。特·埃斯巴太太的大姑说出这句话来,便是玛特兰纳[2]听着也会止住眼泪。我的天哪!……我又想起了我的往事,我的幻想,我的青春,而你……"

主教觉得处在两个旧情人中间要损害他的尊严了,突然回进大客厅。大家有心让州长夫人和吕西安单独留在内客室。过了一会,闲话,笑声,不时有人在小客厅门口张望,使西克施德大不乐意,沉着脸走进去,吕西安和路易士正谈得高兴。

他附着妻子的耳朵说:"太太,你对安古兰末比我熟悉,你看是不是应当顾到州长夫人和政府的体面?"

路易士瞅着她的出面老板,傲慢的神气吓了他一跳,她说:

---

[1] 意大利十九世纪作曲家洛西尼作的歌剧。
[2] 圣女玛特兰纳向耶稣忏悔,痛哭流涕。现在有句俗语,叫作"哭得像玛特兰纳"。

"亲爱的，我和特·吕庞泼莱先生谈着一件事，对你很重要。有人用卑鄙的手段陷害一个发明家，我们要救他出来，希望你帮忙……至于那些太太对我做什么感想，你等会瞧吧，我自有办法堵住她们的嘴巴。"

于是她让吕西安扶着胳膊走出小客厅，先在婚书上签了名，旁若无人的气派完全像个贵妇人。

她拿笔递给吕西安，说道："一块儿签好不好？……"

吕西安听着她指点，在她的签字旁边写上自己的名字。

"特·塞农希先生，你还认得当年的特·吕庞泼莱先生吗？"伯爵夫人这么一说，傲慢的打猎专家不能不招呼吕西安了。

她带着吕西安回到客厅，要他和柴斐莉娜一边一个陪她坐在中央的大沙发上，一般人最怕坐的位置。她像王后升了宝座，先是放低着声音说了一些讥讽的话，几个老朋友和趋奉她的妇女也过来参加。吕西安一会儿便成了小圈子的主角，伯爵夫人逗他把话题转到巴黎生活，他想出许多挖苦的话，谈锋之健不可想象，还穿插一些名人的轶事，内地人最爱听的题材。刚才大家赞美他的相貌，现在佩服他的才华了。杜·夏德莱伯爵夫人好不得意，把吕西安当作心爱的玩具似的，玩得出神入化，很恰当的插进一言半语替他帮腔，甚至不避嫌疑，用眼色来要求人家赞许吕西安。好些妇女疑心路易士和吕西安同时回来，也许是他们之间本来爱情深厚，不幸闹了误会。也许路易士气愤之下，和杜·夏德莱结了不合式的婚姻，如今后悔了。

半夜过后一点钟，路易士动身之前轻轻对吕西安说："后天希望你准时……"

州长夫人神气怪亲热的向吕西安略微点点头；然后过去和西

克施德伯爵说了几句,伯爵正在拿帽子。

"亲爱的吕西安,只要杜·夏德莱太太说的是事实,我一定负责。从今晚起,你的妹夫可以说没事了。"州长说着,追出去陪太太回家,她按照巴黎的习惯,已经先走一步。

吕西安笑嘻嘻的回答:"伯爵帮我这个忙也是应该的。"

他们告别的时候,柏蒂-格劳正好在场,戈安得凑着他耳朵说:"喂!咱们**完蛋**啦……"

柏蒂-格劳看吕西安大出风头,愣住了,对他的才华,对他的风度,惊异不置。他望了望法朗梭阿士,她的神气完全是佩服吕西安,似乎对未婚夫说:"你应该学学你的朋友。"

柏蒂-格劳忽然喜洋洋的,回答戈安得:"州长要后天才请客,咱们还有一天时间,事情我可以保证。"

吕西安清早两点走回家,路上对柏蒂-格劳说:"朋友,**我来了,我见过了,我胜利了!**[1]再过几小时,大卫就要高兴死了。"

柏蒂-格劳心上想:"好啊,我就要知道这一点。"嘴里却回答说:"我只道你是诗人,原来你也是个洛尚[2],那就等于双料的诗人了。"他说完跟吕西安拉拉手。这是他们俩最后一次握手。

---

1 罗马帝国时代的恺撒大将,于公元四十一年于亚洲战胜蓬德王子法那西斯后,用这几句话告诉他罗马的朋友。
2 路易十四的宠臣,为了和路易十四的堂姊妹闹恋爱,轰动一时。

08

痛心之极

吕西安唤醒妹子，说道："亲爱的夏娃，告诉你一个好消息！一个月之内，大卫的债可以全部还清……"

"怎么还呢？"

"杜·夏德莱太太骨子里还是我当年的路易士，她比以前更爱我了，她要她丈夫报告内政部，推荐我们的发明！……我们只要再苦一个月，让我在这个期间报了州长的仇，叫他做一个天底下最幸福的丈夫……"

（夏娃听着哥哥的话，以为自己还在做梦。）

"那个灰色的小客厅，两年以前我见了像小孩儿一般发抖，今天又看到了，我把家具，图画，人物，打量了一下，不由得眼睛雪亮！上巴黎去了一趟，我们的观念完全变了！"

夏娃这才听清了哥哥的话，说道："变了可有好处呢？……"

吕西安道："哦，你还睡着，明儿吃过早饭再谈吧。"

赛利才的计划简单之极。那是内地执达员逮捕债务人常用的手法，而结果不一定有把握；赛利才却是成功了；因为他不但识透吕西安和大卫的性格，还利用两人的希望。名为戈安得的监工而那时负有特殊使命的赛利才，勾搭着好几个青年女工，为了便于控制，故意使她们对立。他特别看中巴齐纳·格莱日手下一个熨衣服的姑娘；差不多同赛夏太太一样漂亮，名叫亨利埃德·西诺。父母是种葡萄的，离安古兰末七八里，在往圣德去的路上有些田产。西诺夫妻同多数乡下人一样，并不富裕，不能把独养女儿留在身边，打算让她做女佣人。内地的女佣人对细软内衣都要能洗能烫。普利欧太太盘给巴齐纳的铺子名气很大，西诺夫妇贴了房饭钱送女儿去当学徒。普利欧太太是旧式的老板娘，自以为应当代替父母的职司；她和学徒们一起过活，带她们上教堂，尽心管教。亨利埃德·西诺脸蛋漂亮，身腰也好看，眼睛望起人来肆无忌惮，棕色头发又浓又长，皮肤白得跟南方姑娘一样，像木兰花的那种白。赛利才在女工里头早就看上了她；亨利埃德却是清白的种田人家出身，要不是心存嫉妒，看了别人的坏榜样，要不是赛利才当上戈安得印刷厂的副监工，拿"将来和你结婚"的话引诱她，她也不会轻易上钩。巴黎人打听出西诺家有些葡萄田，价值一万到一万二法郎，还有一所勉强住得的屋子，便赶紧下手，叫亨利埃德没法嫁给别人。俊俏的亨利埃德和赛利才小子的爱情发展到这一步，柏蒂-格劳和赛利才谈起有人愿意垫两万法郎，让他做赛夏印刷所的老板，所谓垫款当然等于拴马的索子。监工看到这个远景喜出望外，头脑发热了，觉得西诺小姐妨碍他的前程，对可怜的女孩子开始冷淡。亨利埃德心里发急，越是戈安得的监工想离开她，她越抓着不放。等到赛利才发现大卫躲在格莱日小姐家，他对亨利埃德又变了主意，可是作风照旧。他想利用女孩子们怕出丑而非要嫁给玷污她的男人的心理，把她做垫脚石。吕西安重新征服路易士的那天早上，赛利才向亨利埃德透露巴齐纳的秘密，说只要发现大卫躲藏的地方他们俩的前途和婚姻就好解决。亨利埃德毫不费事，立即肯定只有格莱日小姐的盥洗室可以做大卫的藏身之处。她不觉得这样刺探人有什么不对；事实上她一参加这件事就被赛利才拖下水了。

吕西安还在睡觉的时候，赛利才到代理人事务所去探问前一天晚上的情形，听柏蒂-格劳讲那些意义重大，不久轰动全城的琐碎事儿。

柏蒂-格劳讲完了，巴黎人满意的点点头，问道："吕西安回来之后，可曾写过什么便条给你？"

"只有这一张。"代理人说着，递给他一封吕西安的信，用的是他妹妹的信纸。

赛利才道："好吧，太阳下山以前十分钟，要杜布隆躲在巴莱门附近，把宪兵和他手下的人布置好，包你得手。"

柏蒂-格劳眼睛盯着赛利才问："你有把握吗？"

赛利才用巴黎野孩子的口吻回答说："我是碰运气，运气是个怪物，他不喜欢老实人。"

柏蒂-格劳冷冷的说："事情非成功不可。"

赛利才说："我一定成功。这些肮脏事儿都是你叫我干的，也该送我几张钞票遮遮羞了！……"巴黎人发觉柏蒂-格劳脸上有个表情，看着讨厌，便道："先生，你要是骗我，八天之内不替我买进印刷所……小心别弄出一个年轻的寡妇来。"巴黎的野孩子眼露凶光，说话的声音很轻。

"如果六点钟把大卫送进监狱，你九点到迦纳拉先生家，我们来办你的事。"代理人的话说得很肯定。

"行，包你满意，老板！"赛利才回答。

去掉字迹的方法如今使国库损失不赀,那时赛利才已经学会了,他把吕西安写的四行字洗掉,另外写上几行,笔迹模仿得惟妙惟肖,可是印刷监工的前途也大受损失。

亲爱的大卫,你可以放心大胆的去见州长,事情已经定局;而且在这个时间,你尽管出来,我半路上来接你,告诉你见了州长怎么办。

你的弟弟　吕西安

中午,吕西安写信给大卫,告诉他昨天晚上的成功,州长对他的发明非常热心,答应帮忙,据吕西安说,州长今天就打报告到部里去。

玛利红推说送吕西安的衬衫去洗,把信交给巴齐纳小姐。那时赛利才从柏蒂-格劳那儿知道可能有这封信,正带着西诺小姐在夏朗德河边散步。大概老实的亨利埃德推三阻四,争执很久,所以散步的时间直有两小时。问题不仅牵涉到小孩儿的利益,还同将来的幸福,整笔的家私有关;赛利才要她做的只是一件挺小的小事,后果当然不告诉她。可是这样的小差事有那么大的报酬,不免使亨利埃德害怕。赛利才终于说服情妇帮他一手。他要亨利埃德五点钟离开一会工场,再回进去报告格莱日小姐,说赛夏太太要她立刻去一趟。等巴齐纳走出一刻钟,亨利埃德上楼去敲小房间的门,把假造的吕四安的信交给大卫。后事如何,赛利才只能碰运气了。

夏娃受了一年多贫穷的压迫,第一次觉得生活的枷锁松开一些。她终于有了希望。她也想拿哥哥出去夸耀一下了,打算挨着一个受同乡欢迎,叫许多女人颠倒,使骄傲的杜·夏德莱伯爵夫人恋恋不舍的男子,公开露面!她打扮得漂漂亮亮,提议吃过晚饭陪哥哥到菩里欧去散步。每逢九月,安古兰末的人傍晚都在那儿纳凉。

有些人见了夏娃,说道:"噢!这不是有名的美人赛夏太太吗?"

一个女人说:"她会出来真是想不到的。"

"丈夫躲着,老婆抛头露面。"卜斯丹太太说话的声音有心叫可怜的女人听见。

夏娃对哥哥说:"噢!回去吧!我不应该出来的。"

太阳下山以前几分钟,往下到乌莫去的石扶梯那边传来一阵喧闹的声音。吕西安和妹子动了好奇心,朝那个方向走去,听几个乌莫来的人的口气,仿佛出了什么乱子。

前面的人越聚越多,一个过路人看兄妹俩往前奔去,便说:"大概捉到了一个贼……脸孔白得像死人一样。"

吕西安和夏娃毫不惊慌,只见三十多个小孩,老婆子和干活回来的工人在前开路,宪兵的镶边帽子在人堆里闪闪发亮。后面还跟着上百个人,像乌云一般黑压压的直冲过来。

夏娃道:"啊!是我丈夫!"

"大卫!"吕西安叫起来。

"呦!是他老婆!"众人说着,让出一条路来。

吕西安问道:"谁叫你出来的?"

大卫面无人色,回答说:"不是你写信来的吗?"

"我早料到了。"夏娃说着,倒在地下晕过去了。

吕西安扶起妹子,两个男人帮着抬到家里,玛利红安排她睡下。高布赶去请医生。医生来了,夏娃还没有醒。吕西安只得对母亲承认,大卫被捕是他促成的,他万万想不到中间有一封假信引起大卫的误会。吕西安被母亲恨恨的瞪了一眼,大吃一惊,上楼去躲在房里。

09

诀别

我们看了下面的信,不难想象吕西安心中的骚动;他在夜里写一会停一会,想一句写一句。

亲爱的妹妹,没想到刚才是你我最后一次见面。我的决心是不可挽回的了。许多人家都有个晦气星,对家族来说是一种瘟疫;而我就是这样的人。这不是我的意见,是一个阅世很深的人的意见。有一天我们几位熟朋友在仙岩饭店吃宵夜,正在说笑打趣,那外交家提起一个年轻的女子,大家看她没有嫁人觉得奇怪,其实是被父亲害了。外交家接着发表他所谓家庭瘟疫的理论,和我们解释,要没有某个母亲,某人家早就兴旺,某人家的儿子断送了父亲,某人家的父亲破坏了儿女的声名和前程。关于那个社会问题的见解虽然以谈笑出之,十分钟内举的一大堆例子着实使我吃惊。能听到这样的真理,记者们的议论尽管荒唐,也可以原谅的了——他们没有人可以捉弄的时候,往往以此消遣,把他们的怪论发挥得极有风趣。告诉你,我就是我们家的晦气星。我怀着一腔好意,行动像仇敌。我受了你们的恩惠,用灾难来报答。这一次给你们的打击尤其残酷,虽则是出于无心。我在巴黎自暴自弃,尽管潦倒,照样作乐,把酒肉朋友当作知己,把真正的知己当作剥削我的人;我忘了你们,只要拖累你们的时候才想起你们。你们在家埋头苦干,走着艰难而可靠的路挣你们的家业;我却痴心妄想抄近路。你们在上进,我把自己的生活糟蹋了。因为我的野心漫无节制,不愿意过清苦的日子。一想起某些嗜好,某些享受,我就瞧不起随手可得而我过去感到满足的快乐。亲爱的夏娃,我批评自己比谁都严厉,对自己毫不留情。在巴黎斗争要有始终不懈的毅力,而我的意志只是偶然的冲动,我的理智时断时续。我怕将来怕得厉害,只想回避,而对现状又不能忍受。我本想回来看看你们,其实还是永远流亡的好。可是没有办法谋生,流亡等于疯狂,我不愿在已有的疯狂上面再加上一桩。与其过残喘的生活,还不如死了干净,因为不论处境如何,我过分的虚荣总是要出乱子的。世界上有种人等于零,前面必须加一个数目,才能声价十倍。我要有价值,必须同一个意志坚强,铁面无情的人结合。特·巴日东太太的确是我理想的妻子,我没有为了她放弃高拉莉,把我的一生耽误了。大卫和你可以做我高明的指导,只是你们不够刚强,没法制服我怕受约束的脾气。我喜欢饱食终日,无所用心;为了摆脱一桩不如意的事,我可以变得卑鄙无耻,什么都做得出来。我生来是王孙公子。若要飞黄腾达,我的聪明只多不少,不幸我只能聪明一时;而群雄逐鹿的生涯,唯有不浪费聪明,走完全程还有充分的才智的人才会得奖。我尽管存着一百二十分的好意,将来仍不免损害别人,像这次在家里一样。有的人好比橡树,我也许只是一株苗条的灌木,偏偏以松柏自居。这便是我的总账。能力与欲望不调和,不平衡,我所有的努力都白费了。文人中间很多这样的人:聪明和性格,意志和愿望,老是不相称。将来我如何下场呢?只要想起巴黎一些被人遗忘的,过时的名流,就可知道。快到晚年的时候,我会未老先衰,没有财产,没有声望。我受不了这种晚境,不愿意在社会上变成一堆垃圾。亲爱的妹妹,不管在你对我竭尽温柔的早期,还是在你对我严厉的最后一个时期,我都同样爱你;这次重新见到你跟大卫,我快慰之至,虽然付了很高的代价;日后或许你们会觉得,让一个爱你们的可怜虫得到这些最后的快乐,无论什么代价都不算太高……你们不必四出寻访,不必追究我的下落;我的理智至少还能帮助我实现我的意志。所谓隐忍等于天天自杀,而我的隐忍只能维持一天,我要赶快利用……

  清晨二时。——我主意已定,亲爱的夏娃,我向你告别了。我感到安慰的是今后只生活在你们心中,那就是我的坟墓……别了。妹妹!……这是你哥哥最后一次的告别。

吕西安

吕西安写完信，悄没声儿的拿着下楼，放在小外甥的摇篮上。妹子睡熟了，他含着眼泪亲了亲她的额角，出去了。他在朦胧晓色中熄掉蜡烛，最后瞧了瞧老屋子，轻轻打开过道的门；虽然这样小心，在工场里打地铺的高布还是被他惊醒了。

"谁啊？……"

吕西安道："是我，高布，我走啦。"

"这次要不回来倒好了。"高布自言自语，声音相当响，吕西安听见了。他回答说："最好根本不生出来。再见，高布，我不怪你，你说的也是我心里的话。你告诉大卫，说我不能和他告别，很难过。"

亚尔萨斯人穿好衣服起来，吕西安早已关上大门，穿过菩里欧的林荫道，往夏朗德河走去。他身上的穿扮好像去赴宴会，他要用巴黎的衣衫，花花公子的漂亮行头，作为入殓的装束。高布听着吕西安的声调和最后几句话，心中一怔，想去问女主人是否知道她哥哥动身，有没有跟她告别；他发觉屋内寂静无声，只道吕西安出门是大家商量过的，便重新睡了。

10

大路上的奇遇

自杀虽是一个严重的问题，却很少讨论自杀的文章，可见没有人加以观察。或许这种病根本无从观察。促成自杀的心情，我们不妨称之为**对自己的重视**，免得和**荣誉**一词混淆。一个人一朝瞧不起自己了，被人瞧不起了，现实生活和他的希望抵触了，他就自杀，表示他重视社会，不愿丧尽了人格或者失去了荣华再活下去。不管大家怎么说，在不信上帝的人（在自杀的问题上应当把基督教除外[1]）中间，唯有毫无骨气的懦夫才肯觍颜偷生。自杀的性质有三种：第一是久病促成的，属于病理的范围；其次是由于伤心绝望，最后一种是出于冷静的思考。吕西安想自杀是绝望和思考的结果，这两种自杀都有挽回的余地，只有病理的自杀绝对不能劝解；可是也有三种原因合在一起的情形，例如约翰-雅各·卢梭[2]。

吕西安下了决心，便考虑方法，诗人想用富于诗意的方式结

---

1 自杀在基督教中是极大的罪孽，灵魂势必堕入地狱，万劫不复。
2 卢梭死于一七八八年七月二日，死亡证上的记录是脑溢血，但外间盛传他是用手枪自杀的。十九世纪中叶还有不少人相信此说。

束生命。他先打算投入夏朗德。可是走下菩里欧的石梯，已经想象出地方上为他的自杀闹得沸沸扬扬，看到许多丑恶的场面，自己的尸身浮在水上，变了样子，由法院来相验等等。他和某些自杀的人一样，还顾到身后的面子。他在戈多阿磨坊借宿那天，曾经沿河散步，发现离磨坊不远有一个圆形的水潭，像小河中常见的那种，水面一动不动，显得深不可测。水色非绿非蓝，既不透明，也不发黄，而像一面纯钢磨成的镜子。周围没有菖蒲，没有兰花，看不见阔大的荷叶，岸上的草又短又硬，疏落有致的杨柳在四周哀吟。一望而知那是一个险峭的深渊。谁要有勇气，口袋里装满石子跳下去，必定送命，永远没有人发现。当时诗人欣赏那一片幽雅的风景，心上想：*这地方叫人看了跃跃欲试，很想投河。*

他走进乌莫，忽然想起这段事，便往玛撒克进发，一路想着临死以前的凄惨的念头。他决意用这个方法隐藏他的死，不要法院调查，不要埋葬，不让尸体浮出水面，给人看到那个可怕的样子。不久他走到一个山坡脚下；法国很多这一类的高岗，尤其在安古兰末到博济哀的路上。从波尔多往巴黎去的班车正在风驰电掣而来，旅客都要下车步行，走一段长长的山路。吕西安怕人看见，走入一条低下去的小道，在葡萄田中采起花来。等他捧着一大束景天草，种葡萄的粗砂地上常有的一种黄花，重新绕上大路，前面正好有个旅客，头发扑着粉，穿着黑衣服，银搭扣的奥莱昂小牛皮鞋，紫堂堂的脸上全是疤瘢，好像小时候在火里跌过一跤。他模样明明像教士，抽着雪茄，慢慢的走着。陌生人听见吕西安从葡萄田里跳上大路的声音，掉过头来，一看诗人俊美的相貌，抑郁的神态，手里捧的象征性的花，漂亮的打扮，怔了一怔。旅客的神气仿佛一个猎人忽然找到了一种寻访已久的野兽。他让吕西安从后面跟上来，故意放慢脚步，只做向山下眺望。吕西安跟着他望去，看见山坡底下有两匹马驾着一辆小小的篷车，旁边站着一个马夫。

旅客招呼吕西安说："先生，班车走啦，你的位置丢了，除非搭我的小车追上去；包车总比客车快。"他说话带着很重的西班牙口音，邀他搭车的态度挺客气。

西班牙人不等吕西安回答，从袋里掏出雪茄烟匣，打开来递给吕西安。

吕西安回答："我不是旅客，而且马上要到达终点，没有兴致抽烟了……"

西班牙人说："你对自己太苛刻了。我虽是多兰特大教堂的教区委员，也还不时抽抽雪茄。上帝赏赐我们烟草，就为帮助我们驱除烦恼，排遣痛苦……我看你不大快活，至少手里有个忧郁的标记，像伤心的司婚神[1]一样。来，来……让你的苦闷跟着缕缕的青烟一齐吹散吧……"

教士带着诱惑的神气，又拿草编的烟匣递过来，望着吕西安的眼神非常慈悲。

吕西安冷冷的回答："谢谢你，神甫，世界上没有能消除我烦恼的雪茄……"

吕西安说着，眼睛湿了。

"噢！孩子，我因为早上坐车容易瞌睡，下来走走，活动活动，谁知上帝的意思要我来安慰你，尽我尘世的责任……你年纪

---

[1] 司婚神的形象是一个手持鲜花或果子的美少年，黄花在西方又是悲哀的象征，所以说伤心的司婚神。

轻轻能有多大的烦恼呢?"

"神甫,你的安慰对我完全没用,你是西班牙人,我是法国人;你相信教会的训诫,我是无神论者……"

"哎啊!**比拉的童贞女**[1]!……你不信上帝吗?"教士挽着吕西安的胳膊,像母亲对孩子一般亲热,"不信上帝这种怪事,我本想到巴黎去看看。我们在西班牙不相信世界上有什么无神论者……只有在法国,一个十九岁的青年才会有这种思想。"

"我是不折不扣的无神论者,既不相信上帝,也不相信社会,也不相信幸福。神甫,你仔细瞧我一下吧,因为几小时以内我就要消灭……这是我最后一次见到太阳了……"吕西安指着天空,夸大其词的说。

"啊!你干了什么事非死不可啊?谁判你死刑的?"

"最高法院判的,我自己判的!"

教士道:"孩子!你莫非杀了人吗?要上法场吗?咱们来谈谈好不好?既然你说要遁入虚无,世界上一切都对你无所谓了。(吕西安点点头)——那么何妨把你的痛苦说给我听听……大概是爱情受了挫折吧?……(吕西安意味深长的耸耸肩膀)——你想自杀是要逃避耻辱呢,还是对人生绝望?反正是死,死在博济哀或者安古兰末,死在都尔或者博济哀,还不是一样?洛阿河的动荡的沙土不会推你出来的……"

吕西安答道:"不,神甫,我有我的打算。二十天以前,我看到一片挺可爱的水,正好让一个厌恶这个世界的人渡到另外一个世界去……"

---

[1] 西班牙人习惯动辄以圣母或别的圣者的名字做惊叹词。

"另外一个世界？……那你又不是无神论者了。"

"噢！我说另一世界是指肉体死后转化为动物或植物……"

"你可有什么不治之症？"

"有，神甫……"

教士道："啊！问题来了，哪一种病呢？"

"穷。"

教士笑嘻嘻的望着吕西安道："身为无价之宝而自己不知道。"他说的时候好不温柔，笑容带着嘲弄的意味。

吕西安道："只有教士才会恭维一个马上要死的穷光蛋！……"

"你死不了的。"西班牙人的口气很有把握。

吕西安道："我只听见大路上有人打劫，不知道有人送你财帛。"

教士估计一下车子的距离，看他们是否还能单独走一段，接着说："你等会就知道了。"

11

一个亲信的故事

教士嚼着雪茄[1]说:"告诉你,你的穷不成其为自杀的理由。我需要一个秘书,原有的秘书在巴塞隆那死了。我的遭遇跟查理十二[2]的有名的大臣特·戈兹男爵相仿,他到瑞典去,经过一个小城,秘书出缺了,所不同的我是在前往巴黎的路上。男爵碰到一个银匠的儿子,长得挺漂亮,当然不能同你相比……戈兹发觉那青年很聪明,正如我在你的脑门上看出诗意;便带他上车,正如我预备带你上车;本来这孩子只能在一个像安古兰末那样的小城里打刀叉,造首饰,一下子变了男爵的亲信,正如你会做我的亲信。到了斯德哥尔摩,男爵安顿了秘书,把大批公事交给他办。年轻的秘书通宵动笔;像许多工作繁忙的人一样,他也养成一种习惯,专门咀嚼纸张。特·玛尔舍布先生[3]喜欢对人喷烟,有一回不知谁有桩案子要凭玛尔舍布的报告决定,玛尔舍布忽然向那人喷了一口烟。我们那位漂亮青年先嚼白纸,后来上了瘾,改嚼

---

[1] 抽雪茄的人常有咀嚼烟头的习惯,并非吞食。
[2] 查理十二(1682—1718),瑞典国王。
[3] 玛尔舍布(1721—1794),法国十八世纪的大法官。

字纸,觉得更有味道。那时不像现在,还没人抽烟。年轻的秘书口味逐渐改变,终于嚼起羊皮纸来,并且吃下肚去。当时议会正在强迫查理十二缔结瑞典和俄罗斯的和约,正如一八一四年时大家要拿破仑讲和。谈判以两国关于芬兰的条约做基础;条约的正本由戈兹交在秘书手里;临到法案需要提交议会的时候,发生了一点小困难:条约不见了。议会只道大臣讨好国王,有意消灭文件;特·戈兹男爵受到控诉,于是他的秘书承认条约是他吃掉的……案子经过调查,证实,秘书判了死刑。——你既然没有落到这个田地,先来抽一支雪茄,等咱们的车子过来。"

吕西安捡了一支雪茄,照西班牙的习惯凑着教士的雪茄点上了,心里想:"他说的不错,自杀用不着这么急。"

西班牙人接着说:"年轻人往往在毫无希望的时候开始交运。我不但要告诉你这一点,还要举出例子来证明。那漂亮秘书判了死刑,一点没办法,因为是瑞典国会的判决,国王无权赦免;但是他要逃走的话,国王可以不闻不问。年轻美貌的秘书带了几个钱,坐上一条小艇逃往库尔兰德[1]宫廷,随身还有特·戈兹男爵给库尔兰德公爵的介绍信,说明他的亲信有什么嗜好,闹了什么乱子。公爵派漂亮孩子在总管手下当秘书。公爵挥霍无度,加上一个美丽的太太,一个总管,这三个原因弄得他入不敷出。如果你以为那美男子吃掉芬兰的条约,判过死刑,从此戒掉他的坏习惯,你就不了解嗜好控制人的力量;一个人要作乐是不顾性命的!坏习惯的力量从哪里来的呢?是它本身的魔力,还是人性的软弱促成的?是不是有些嗜好接近疯狂的边缘?可笑一般道学家

---

[1] 今拉脱维亚西部行省,十八世纪初是一个公国。

想用冠冕堂皇的辞句消灭这种痼疾!……有一次公爵向总管支钱遭到拒绝,大吃一惊,命令总管报账,其实是多此一举。世界上再没有比报账更容易的事了,决计难不倒人的。总管把所有的单据交给秘书,叫他造一份库尔兰德宫廷的收支总账。半夜里,我们的吃纸专家工作快完了,忽然发觉自己在嚼一张公爵的收据,款子的数目很大;他吓得魂不附体,签字吃剩了一半停下来,跑去跪在公爵夫人脚下,说出他的怪癖,向公爵夫人求救,并且是在夜里求救。那女人见了青年秘书的相貌,印象深刻,后来守寡之后和秘书结了婚。你瞧,时代就在十八世纪,在一个讲究门第爵位的国家,一个银匠的儿子居然做了一国之主……不但如此,俄国女皇凯塞琳一世归天以后,他当上摄政,操纵安娜女皇,几乎成为俄罗斯的黎希留。告诉你,小朋友:你的相貌固然远胜皮隆[1],我的势力也高出特·戈兹男爵,虽然我只是一个教区委员。所以,来吧,跟我上车!让我到巴黎去替你找一个库尔兰德公国,就算公国找不到,找个公爵夫人总不成问题。"

西班牙人挽着吕西安的胳膊,差不多连推带搡的拉进车厢,马夫关上车门。

吕西安正在诧异,多兰特的教区委员又道:"现在你说吧,我听着。我是老教士,你讲什么都没关系。你大概只是吃掉了老家的产业或者妈妈的积蓄,大不了闹着亏空。咱们偏偏死讲面子,一直讲到咱们的靴尖上……好,你大胆说吧,比如说给你自己听。"

---

[1] 皮隆便是那位吃纸专家的名字。作者说的是库尔兰德公爵,俄罗斯女皇安娜的宠臣欧奈斯德-约翰·特·皮隆(1690—1772)的故事,但不见正史;皮隆的出身也与此不同。

不知在哪一个阿拉伯故事里，有个渔夫投海自尽，结果跌入海底世界，做了国王；吕西安当时的情形就是这样。看来西班牙神甫确是一片好心，吕西安便不再踌躇，吐露心腹。从安古兰末到吕番克的路上讲了一生的历史，说出所有的过失，最后一桩便是新近闯的祸。这个故事，吕西安半个月来讲过三次，所以讲得极有诗意；结束的时候车子快到吕番克，路旁正好是拉斯蒂涅家的田产。吕西安提起这个姓，西班牙人身子动了一下。

吕西安道："年轻的拉斯蒂涅就是这个地方出身；他明明不如我，只是运气比我好。"

"哦！"

"是的，这所起码的乡绅住宅便是他父亲的屋子。我刚才和你说过，拉斯蒂涅搭上有名的银行家的老婆，特·纽沁根太太。我样样凭幻想，他可是更精明，讲实际……"

教士要马夫停车；路旁有一条小小的林荫道直达屋子，他表示好奇，想在林荫道上走走；吕西安想不到一个西班牙神甫看着这个地方这样有兴趣。

他问："难道你认识拉斯蒂涅家的人吗？……"

西班牙人一边上车一边回答："巴黎的人我都认识。"

12

马基雅弗利的信徒专为野心家讲的历史课

"原来你短少一万到一万二法郎，就想自杀。你真是个孩子，既不了解人，也不懂事。一个人的前途有多少价值，全看他自己的估计，你估你的前程只值一万两千法郎；我要收买你就不止出这个价钱。你妹夫坐牢，有什么大不了？那位赛夏先生要是真有发明，将来必定是富翁。谁相信富翁欠过债，进过监狱？我看你对历史不大熟悉。历史有两部：一部是官方的，骗人的历史，做教科书用的，给王太子念的；另外一部是秘密的历史，可以看出国家大事的真正原因，是一部可耻的历史。让我三言两语再讲一桩你不知道的轶事给你听。有个野心勃勃的青年教士要进政界，卑躬屈节的拍上王后的一个亲信；那亲信赏识他，在国务会议中给他一个席位，相当于大臣的等级。一天晚上，有一个人自以为热心，（你记住：人家不开口，千万别自动帮忙！）写信给青年野心家，说他的恩人遭到危险了。王上觉得受人控制，怒不可遏，但等那亲信第二天早上进宫，取他性命。我问你，小朋友，你要是收到这封信，你怎么办？……"

"马上去通知我的恩人。"吕西安很兴奋的回答。

教士说:"你仍旧那么天真,像你讲的过去的作风一样。那家伙暗暗盘算:如果王上起了杀心,我的恩人就非死不可;这封信来得太晚了!于是他照旧睡觉,一直睡到那亲信被杀的时候……"

吕西安只道教士有意试他,说道:"那简直是禽兽!"

教区委员答道:"所有的大人物全是禽兽,我们谈的这一个名叫黎希留红衣主教,他的恩人叫作唐克尔元帅。你看,你就是不知道你的本国史。我说学校教的历史毫无内容,只是一些年月和事实,还极不可靠,这话说错了没有?知道世界上有过圣女贞德,对你有什么用?你可曾因之想到,如果法国当时接受了普兰塔哲内特一支的安日伐王朝[1],英法两个民族合在一起,今天就能称霸世界,而经常扰乱大陆政局的两个岛屿[2],可以变为法国的两个行省?……还有,梅提契家族从普通的商人一跃而为托斯卡纳大公,用的是什么手段,你研究过没有?"

吕西安道:"在法国,诗人不必像本多派教士那样博学。"

"唉!小朋友,他们做到大公爵,还不是跟黎希留当上首相一样?要是你不死记历史上的标签,在重大事故中研究一下人的因素,你不难学到处世的诀窍。从我刚才随便举出的几桩事实中间,可以得出一条规律:你只能把人看作工具,尤其女人;只是别让他们发觉。凡是地位比你高,可能对你有用的人,就该当作上帝一般膜拜,等他们对你的奴颜婢膝付足了代价,才离开他们。对付人要像犹太人一样的狠心,一样的卑鄙;他们为着金钱

---

[1] 普兰塔哲内特是十二世纪中叶至十五世纪末叶统治英国的王朝,在百年战争最后一个时期,认为英法两国的王位都应当属于安育一支的后裔,就是英王亨利五世与六世。
[2] 指英国本土:大不列颠和爱尔兰两大岛。

不择手段，我们为着权势也要不择手段……别理睬失势的人，根本当他不存在。你知道为什么要这样？……你不是想支配社会吗？那先要服从社会，把社会彻底研究过。学者研究书本，政治家研究人，研究人的利害关系，行事的动机。社会，人类，一般说来都是宿命论者；他们崇拜既成事实。你知道我为什么要替你上一堂小小的历史课？因为我相信你的野心非同小可……"

"是的，神甫！"教区委员接着说："我早看出了。现在你心里想：这个西班牙神甫杜撰许多掌故，歪曲历史，证明我过去太重道德……"

（吕西安发觉自己的心思被他完全猜中了，微微一笑。）

教士说："那么，小朋友，我们就拿家喻户晓的事情来说吧。有个时期[1]法国差不多被英国人征服，国王只剩一个省份了。忽然平民中间冒出两个人物：一个是穷苦的小姑娘，就是我们刚才提到的贞德；另外一个是布尔乔亚，叫作雅各·葛尔。一个出钱，一个出力，还发挥她童贞女的威望，国家得救了，可是那姑娘做了俘虏！……国王尽可以把她赎回，却让她活活烧死。至于那英勇的布尔乔亚，国王听凭一般朝臣诬告他犯下死罪，把他的财产瓜分。无辜的雅各·葛尔受着法律迫害，包围，打击；五家贵族靠他的产业发了一笔横财……布日日总主教[2]的父亲一辈子逃亡国外，留在国内的财产一个钱都拿不到，只剩交给阿拉伯人代管的一些款子。你还可以说：这些例子太古老了，这些忘恩负义的事已经做了三百年的教材；并且那个时代的人物根本荒唐无稽。——那么，小朋友，法国最后一个神道，拿破仑，总是实有

---

[1] 一四〇二年前后，正当百年战争的第三期。
[2] 雅各·葛尔得势的时候，他的儿子约翰做到布日日总主教。

其人了吧？他讨厌手下一个将军，迫不得已才升他做元帅，始终不愿重用。元帅名叫甘勒曼。你知道他为什么失宠？……因为在马楞哥一仗救了法国，救了首席执政，那次大胆的袭击便是在血泊和炮火中也受到喝彩。可是公报上一字不提。拿破仑冷淡甘勒曼的原因，便是冷淡傅希和泰勒朗亲王的原因：换句话说，就是查理七世的忘恩负义，黎希留的忘恩负义……"

吕西安道："这么说来，神甫，假定你救了我性命，帮助我发迹，我也用不着怎么感激你了。"

神甫拿出贵人的亲昵样子，拧着吕西安的耳朵笑道："小子，你要对我无情无义，倒是厉害角色，我要向你低头了；可惜你还到不了这一步，你才做小学生就想脱离师傅，未免太早了。你们这个时代的法国人都有这个毛病，都被拿破仑的榜样教坏了。你们指望的肩章得不到，便辞职不干……试问你有了一个念头，可曾把全部意志，全部行动，一齐放上去？……"

吕西安道："唉！就是没下过这工夫。"

教区委员笑道："你过去就像英国人所谓inconsistent（自相矛盾）。"

吕西安道："我不预备再做人，还管什么以前的事？"

"在你一切优秀的品质后面，只消加上一股**百折不回**的毅力，社会就听凭你支配。"教士特意表示他懂一些拉丁文[1]，"我已经很喜欢你了……"

（吕西安半信不信的笑了笑。）

陌生人接着说："真的，我关切你，像关切儿子一样。我有相

---

[1] 上面"百折不回"一词是用的拉丁文。

当势力,说话尽可像你一样坦白。你知道你在哪一点上使我感到兴趣?……现在你的成见一扫而空,可以听一堂道德课了;这堂课是无论在哪儿听不到的;因为人与人聚在一起,比他们为了利害关系而做戏更虚伪。所以,一个人大半生的时间都在清除少年时代种在脑子里的观念。这个过程叫作取得经验。"

吕西安听着,暗暗的想:"他大概是个老政客,有心在路上取乐,劝一个站在自杀边缘上的可怜虫回心转意;等他把我打趣完了就撒手不管……可是他很会说怪话,不亚于勃龙台跟罗斯多。"

吕西安尽管想得这样透,外交家的引诱已经把他倾向堕落的心深深的打动了,何况还有著名的例子作证,腐蚀的力量更大。吕西安受着玩世不恭的议论迷惑,尤其觉得自己被一条铁腕从毁灭的路上拉回来,对人生更有了留恋的意思。教士在这一点上显然成功了,怪不得他一边冷嘲热讽的谈论历史,一边带着俏皮的笑意。

13

埃斯科巴[1]的信徒讲的道德课

吕西安说:"如果你看待道德的态度同你看待历史差不多,我很想知道你对我这样慈悲是什么动机?"

"小朋友,这是我讲道的最后一部分,暂时保留;等到一提出来,咱们今天就不分手了。"教士因为狡计成功,回答得很俏皮。

"好,那就请你谈谈道德吧。"吕西安说着,私下想,"让我来逗他表演一番。"

教士说:"小朋友,道德是从法律开始的。如果单纯是宗教问题,法律根本没用,宗教情绪强的民族没有几条法律。在民法之上还有政治法。你知道在政治家心目中,你们十九世纪的门楣上写的是什么?一七九三年,法国人把平民的主权说做高于一切,结果产生一个专制的皇帝。这是你们民族的历史。至于私生活,塔里安太太[2]和菩哈南太太行事并没有分别。拿破仑娶了菩哈南太

---

[1] 埃斯科巴(1589—1669),西班牙诡辩家。
[2] 大革命时期的法国女子,行为不检,聪明绝顶,先赞成革命,后来参加反革命。嫁过三个丈夫,最后一个是特·希梅亲王。

太做皇后[1],却从来不愿接见塔里安太太,虽然她是公主。拿破仑在一七九三年是革命党,一八○四年戴上铁铸的皇冠。一七九二年时高呼**不平等毋宁死**的健将,从一八○六年起制造一个新兴的贵族阶级,后来路易十八也承认了。如今高高在上,住在圣·日耳曼区的贵族,在国外的行事要不得:有的放高利贷,有的做买卖,有的做小肉饼,有的做厨子,做农夫,做牧羊人。可见在法国,不论在政治方面还是道德方面,每个人走到终点都推翻他的出发点,不是用行为推翻主张,便是用主张推翻行为。政府也罢,个人也罢,根本谈不上逻辑。因为你们早已没有道德了。如今在你们国内,成功是至高无上的理由,可以替所有的行为辩护,不管哪一种。事实本身毫无作用,重要的是人家看待事实的观念。从这一点上,小朋友,我们得出第二条规则,就是:外表要好看!藏起你生活的内幕,只拿出灿烂的一角。行事机密是野心家必须遵守的规则,也是我们一派教会的规则,你得牢牢记住。大人先生干的丑事不比穷光蛋少,不过是暗地里干的,他们平时炫耀德行,所以始终是大人先生。小百姓在暗地里发挥美德,在光天化日之下暴露他们的倒霉事儿,所以被人轻蔑。你藏起你高尚的品质,叫人看到你的疮口。你公然爱上一个女戏子,和她同居;这是你们俩的自由,没人好责备;不过你同公众的意见对立,不服从社会的规则,也就得不到社会的尊重。要是不把高拉莉从加缪索手中抢过来,不给人知道你同她的关系,你就能娶到特·巴日东太太,一跃而为安古兰末的州长,特·吕庞泼莱侯爵。你何不改变一下行事,把你的美貌,风度,才智,诗意,

---

[1] 即拿破仑于一七九六年娶的第一个妻子约瑟芬。

统统摆在外面呢?要干不清不白的勾当,至少关着门偷偷的干,那就没人说你玷污这个社会大舞台上的布景了。这个办法,拿破仑叫作**躲在家里洗脏衣服**。从这第二条规则必然得出一个结论:形式最重要。我所谓形式是什么意思,千万要弄清楚。有些无知无识的人为饥寒所迫,抢了一笔钱,便成为刑事犯,不能不向法律负责。一个可怜的天才发明一样东西,办成企业可以发大财;你借给他三千法郎(按照那两个戈安得拿到你的三千法郎票据,盘剥你妹夫的办法),你尽量难为他,逼他出让发明的一部或全部,那你只对你的良心负责,你的良心可绝不会送你上重罪法庭。反对社会现状的人把这两种行为做对比,痛骂法律,代大众抱不平,指责法院不该把半夜里越墙偷鸡的贼送去做苦役,而一个诈欺破产,害许多人倾家的人,只监禁几个月。可是那些伪君子心里明白,法官把窃贼判罪是维持穷人与富人之间的壁垒,那壁垒是推翻不得的,否则社会就要解体;不比闹破产的商人,夺遗产的能手,为了自肥而扼杀一项企业的银行家,不过把财产换个地方罢了。所以,孩子,社会为它本身的利益,不能不在形式上有所区别,正如我为着你的利益劝你有所区别一样。最要紧是把自己看作和整个社会一样高。拿破仑,黎希留,梅提契家族,都自认为和他们的时代并驾齐驱。想不到你对自己的估价只有一万两千法郎!……你的社会不再崇拜真正的上帝,只崇拜金牛了[1]!那是你们的大宪章制定的宗教,在政治上只看你的产业。那不是鼓励所有的人民做富翁吗?……等到你用合法的形式挣到一笔财产,成了富翁,做了特·吕庞泼莱侯爵,你就好奢侈一下,

---

[1] 《旧约·出埃及记》载,古代希伯来人崇拜金犊,作为代表上帝的形象。今人以此譬喻拜金主义。

讲节操了。那时你尽可自命为高尚，清白，没有人敢反驳你，即使你挣家业的时候做过不高尚不清白的事——当然我不劝你这样做。"教士说到这里，拿起吕西安的手拍了拍。"你长得一表堂堂，脑袋里应当装些什么进去呢？……只要记住一点：定下一个辉煌灿烂的目标，藏起你的手段和步骤。你过去的行动完全像小孩儿，你应当做大人，做猎人，暗暗的躲在一边，埋伏在巴黎的交际场中，等鸟兽，等机会，别爱惜你的人格，别爱惜你的所谓尊严；因为我们大家都服从一样东西，不是服从嗜好，便是服从迫切的需要，可是必须遵守一条最高的原则，就是严守秘密！"

吕西安说："神甫，我听了你的话害怕，我觉得是强盗理论。"

教区委员回答："对，可不是我发明的。那是一切暴发户的理论，不论是奥地利王室还是法兰西王室。你此刻一无所有，你的处境跟梅提契，黎希留，拿破仑初有野心的时候一样。那些人啊，小朋友，是用无情无义，不忠不信，最强烈的反抗做代价，来衡量他们的前程的。要得到一切，就得不顾一切。你细细想一想吧。比如你坐下来玩蒲育德[1]，你会争论蒲育德的规则吗？规则摆在那里，你只有接受。"

吕西安心上想："呦！他会玩蒲育德。"

教士说："你在牌桌上是怎么行动的？……难道拿出最高尚的品德来，跟人家赤诚相见不成？你不但藏起手里的牌，还要在稳赢的时候叫人相信你会全军覆没。反正你弄虚作假，是不是？……你为了五个路易扯谎！……如果有人那么大方，抓了一

---

[1] 纸牌戏的一种。

手好牌老实告诉人家,你对他作何感想?所有的对手都不讲道德,偏偏有个野心家抱着一肚子道德观念跟他们竞争,那不是幼稚是什么?老于世故的人准会劝他们退出战场,好比老赌客告诉一个抓了好牌不会利用的人:先生,你还是不要玩蒲育德……争权夺利的规则可是你定的?我干吗要劝你自认为和社会一般高呢?……因为今日之下,小朋友,社会把个人的权利无形中霸占得太多了,个人不能不向社会反攻。现在无所谓法律,只有风俗习惯,就是说只有装腔作势,归根结底仍旧是形式问题。"

(吕西安做了一个惊讶的手势。)

教士唯恐吕西安太天真,听了他的话受不了,便说:"啊!孩子,我是斐迪南七世和路易十八的中间人,那两个大……大国之君……都是靠深……深谋远虑得到王位的;两个国王的卑鄙龌龊的斗争都经过我这个神甫的手,难道你把我当作加百利天使[1]不成?……我信奉上帝,可是更信奉我们的教派,而我们的教派只相信尘世的权力。为了要尽量扩张尘世的权力,我们拥护罗马教会,天主教会,就是说拥护一切迫使人民服从的思想感情。我们是近代的寺院派[2],我们有我们的主义。我们的一派和寺院派一样受到摧残[3],原因也一样,就是我们要跟社会并驾齐驱。你要愿意做士兵,我可以做你的长官。只要你服从我,像妻子服从丈夫,孩子服从母亲一样,我保证你不出三年成为特·吕庞泼莱侯爵,娶到圣·日耳曼区最高等的贵族姑娘,将来进贵族院。我问你,

---

1 加百利天使奉神命向玛丽亚宣告她怀胎,将来要生下耶稣。此处作神圣的使者解。
2 十二至十三世纪时半宗教半军事性质的团体,被法王腓列普四世迫害,团体于一三一二年解散。
3 暗示西班牙教士所隶属的一派是耶稣会。耶稣会于一七七三年被教皇格莱芒十四解散,一八一四年又由庇护七世准予恢复。

我要不和你谈谈说说,给你消遣,你此刻怎么样?不是变了一具沉在深水底下,永远找不到的尸首吗?……你不妨想象一下……(吕西安听到这里,不胜好奇的望着他的保护人。)在你面前的是卡洛·埃雷拉神甫,多兰特教区的名誉委员,斐迪南七世陛下的特使,奉命送一封信去给法兰西国王陛下,也许信里有这么几句:**您一朝帮我解决了困难,希望把我此刻竭力敷衍的人一律吊死,连同我的密使在内,使他成为真正的密使**……陪着教士坐在这辆车内的青年,和刚才死了的诗人已经大不相同。我从水里捞你起来,救了你性命,你变作我的附属品了,你跟我的关系正如万物之于造物主,妖精之于神仙,鬼怪之于撒旦,肉体之于灵魂!有我的铁腕支持,不怕你坐不稳权势的交椅;我给你享尽快乐,荣誉,连续不断的欢娱……永远不会缺少钱用……你在外边得意,夸耀,我蹲在泥地上打根基,保证你荣华富贵。我呀,我为权势而爱权势!我自己不能享受的东西,看到你享受我感到高兴。总而言之,我会变作你!……等到人跟魔鬼,小孩儿跟政治家订的协定对你不合适了,你仍可以找一个小地方,像你刚才描写的那样,跳水自杀。你此刻已经倒了楣,丢了脸,将来即使有点出入也没多大关系。"

14

西班牙人的侧影

车子到一个站上停下，吕西安叫道："你这番话可不像格拉那达大主教[1]的讲道。"

"我的孩子——我这样称呼你因为我要收你做养子，将来继承我的财产——不管你把这篇简单扼要的训导叫作什么，反正是一部争名夺利的法典。上帝的选民为数不多。我们没有选择的余地，不是进修道院，便是接受这部法典；而你在修道院中往往仍旧看到一个小型的社会！"

吕西安想探探这个可怕的教士的心，便说："恐怕还是少懂一些世故的好。"

教区委员回答说："怎么！你先是不懂赌博的规则就去赌；等你有了本领，再有一个可靠的帮手陪你上场，你倒反退缩了……连翻本的念头都没有！怎么！人家把你赶出了巴黎，你不想爬到他们背上去吗？"

吕西安直打寒噤，仿佛听到一件铜乐器，一面中国的锣，发

---

[1] 勒萨日小说《吉尔·布拉斯》第七卷第三章，提到一位格拉那达大主教的讲道，全是劝人为善的假道学。

出那种刺激神经的怪声。

"别看我是个卑微的教士,"那人说着,被西班牙的日光晒得乌油油的脸上凶相毕露,"一朝受了羞辱,伤害,折磨,欺骗,出卖,像你在巴黎吃的那些坏蛋的亏,我马上变作沙漠中的阿拉伯人!……我要拼着我的肉体,我的灵魂,去报仇泄恨!……我不怕在吊台上,在绞架上结束生命,给人用柱子撞开肚子也好,受土耳其式的毒刑也好,躺在你们的铡刀底下也好;不过我先要踩死了敌人,才肯送掉我的脑袋。"

吕西安一声不出,没有心思再逗神甫表演了。

教区委员最后还说:"有的人是亚伯的后代,有的人是该隐[1]的后代;我是混血种:对敌人是该隐,对朋友是亚伯;谁要惹起该隐的性子,算他活该!……可是放心,你是法国人,我是西班牙人,再加是教区委员!……"

吕西安望着这个上帝派给他的保护人,暗暗想道:"真是阿拉伯人的性格!"

卡洛·埃雷拉神甫身上没有一点耶稣会会员的气息,连修道士气息都没有。他个子矮胖,大手,阔胸脯,像大力士一般壮健,眼中凶光闪闪而特意装作温和;暗棕色的皮肤绝对看不出内心的思想;给人的印象不是可亲,而是可厌。漂亮的长头发像泰勒朗亲王那样扑着粉,使这个古怪的外交家外貌像主教,白边蓝缎带上挂的金十字也说明他是高级的教士。黑丝袜裹着一双运动员式的腿。衣服洁净无比,普通的教士不大会这样修饰,尤其在西班牙。车身上漆着西班牙的国徽,一顶三角帽放在车厢的倒座

---

[1] 亚当与夏娃生的第一个儿子叫该隐,第二个叫亚伯;该隐嫉妒亚伯受神宠爱,将其杀死。见《旧约·创世记》。

上。这教士虽然有许多地方引起你反感,又粗暴又软和的态度把他的相貌给人的印象冲淡不少;他在吕西安面前还装模作样,竭力讨好,怪亲热呢。吕西安心事重重,把一切都看在眼里。他觉得生死问题不能再拖下去了,他已经到了吕番克以后的第二个驿站。西班牙教士的最后一段话挑动了他好几根心弦,都是最要不得,最会同恶念起共鸣的心弦;老实说,这不但是吕西安的耻辱,对于那个用犀利的目光研究诗人美丽的长相的教士,也是耻辱。吕西安重新看到了巴黎,当初因手段笨拙而放下的缰绳又拿在手里了,他想报复了!促成他自杀的最有力的原因,巴黎生活和内地生活的比较,他完全忘了;他可以回到原来的天地中去,还多了一个深谋远虑,像克伦威尔那样恶毒的军师做保镖。

他心上想:"我以前是单枪匹马,今后是两个人了。"

吕西安愈暴露他从前的过失,教士对他愈关切。吕西安愈不幸,教士愈慈悲,而且对样样事情看得稀松平常。虽然如此,吕西安仍猜不透这个替王室牵线的家伙对他存的什么心。他先用最浅薄的理由解释,认为那是西班牙人的慷慨豪侠!大家都说西班牙人慷慨豪侠,意大利人嫉妒猜忌,动不动下毒药,法国人轻佻,德国人直爽,犹太人下贱,英国人高尚。其实这些话要反过来说才合乎事实。犹太人垄断黄金,写出《魔王劳贝》的音乐,能演《番特尔》,能唱《威廉-泰尔》,向画家定画,造巍峨的府第,写出《旅途小景》[1]和许多美丽的诗歌;他们的势力愈来愈大,他们的宗教控制着世界,连教皇也向他们借款!至于德国

---

[1] 写歌剧《魔鬼劳贝》的音乐家迈伊贝是德国犹太人;演《番特尔》及其他古典悲剧著名的女演员拉希尔是亚尔萨斯犹太;德国大诗人海涅也是犹太血统,《旅途小景》是他有名的散文集。

人，他们专会无事生非，甚至为一些极小的小事也得问外国人：你可有合同？说到法国，取笑本国人愚蠢的戏文五十年来一直有人叫好，式样莫名其妙的帽子始终有人戴在头上，政府尽管改组，只是换汤不换药！……英国人当着全世界的面做出背信弃义的勾当，和他们的贪婪一样可恶。西班牙有过东西印度的黄金，现在两手空空。要说下毒谋害的事，世界上没有一个地方比意大利更少，也没有一个地方的人情风俗比意大利更随和更文雅了。西班牙人的名声多半是沾的摩尔人[1]的光。

教士重新上车的时候，咬着马夫的耳朵说："给你三法郎酒钱，我要车子走得和驿车[2]一样快！"

吕西安三心二意，不敢上车，教士说了声"来吧"，吕西安才上去，自己暗暗譬解，说要抓住对方的矛盾批驳一顿。

他说："神甫，既然你能若无其事，说出一般俗人认为极不道德的主张……"

教士说："的确不道德；所以，我的孩子，耶稣－基督要那桩令人骇怪的事发生[3]，所以大家最恨令人骇怪的事。"

"我要提出一个问题，像你这样有魄力的人听了，不至于诧

---

1 摩尔人系阿拉伯人与巴巴利人之混血种，中世纪成为西班牙半岛的统治民族。十五世纪末被西班牙人战败，降为被压迫的少数民族。摩尔人勤劳朴实，过去对西班牙的经济发展极有贡献。
2 驿车是比班车更轻便更快的车子，原来专送邮件，有时亦搭载少数旅客。
3 耶稣被捕前夕在橄榄山上告诉门徒："你们今天夜里要为了我而骇怪，因为经上写明：我要打击牧人，驱散羊群。"（《马太福音》第二六章第三一节）——所谓骇怪，是指门徒看到素来公认的救世主会毫不抵抗的落在敌人手里。事实上犹大的出卖和耶稣的被处死刑，只应当加强众人的信仰。故耶稣又说："在事情未发生之前，我先告诉你们，使你们在事情发生的时候相信我是真主。"（《约翰福音》第一三章第一九节）又说："我先告诉你们这一点，免得你们临时骇怪。"（《约翰福音》第一六章第一节）。

异吧？"

卡洛·埃雷拉道："不用顾虑，我的孩子！……你不了解我。难道我没有弄清楚一个人是否可靠，是否不至于拿我的东西，就请他做秘书吗？我对你已经感到满意了。你还天真得很，所以年纪轻轻就想自杀。你要问什么呢？……"

"为什么你关切我？你说要我服从，到底要我付什么代价？……干吗你要给我一切？你自己又得到什么呢？"

西班牙人笑眯眯的瞧着吕西安。

"等会遇到山坡，咱们下车走过去的时候，在旷野中谈吧。车厢还不是机密的地方。"

两人一声不出，车子飞奔的速度使吕西安愈加神思恍惚，像喝醉了酒。

"神甫，前面就是山坡了。"吕西安如梦初醒的说。

"好，咱们走吧。"神甫说着，大声叫马夫停下。

于是两人迈开步子，往大路上走去。

15

为什么罪犯总要诱人堕落

西班牙人挽着吕西安的胳膊说："孩子，奥德威编的一出戏，《威尼斯转危为安》，可曾引起你什么感想？像比哀和耶非哀[1]那样，男人和男人的深厚的友谊，使女性的爱情变得毫无意义，使男人之间的一切关系都为之改变的交情，你可懂得？……这才合乎诗人的脾胃呢。"

吕西安心上想："这个教区委员居然也懂戏剧。"——接着问："伏尔泰的著作你念过吗？……"

教区委员回答："岂止念过，还实行他的主张。"

"那么你不信上帝吗？……"

教士笑道："照你说来，我倒是无神论者了。"他把手臂围在吕西安腰里，又道："孩子，咱们还是谈实际问题吧。我今年四十六岁，是个大贵族的私生子，我没有家族，只有一颗心……人可是怕孤独的，这一点你该记住，刻在你软绵绵的脑子里。在各种孤独中间，人最怕精神上的孤独。早期在旷野里静修的隐士

---

[1] 《威尼斯转危为安》一剧中的人物，两个极要好的朋友。

和上帝在一起，住的是人烟稠密的世界，精神世界。守财奴住的是随心所欲的快乐世界，他的全部欲望，连性生活在内，都可以在他脑子里得到满足。只要是人，不论是麻风病者还是苦役犯，是下流东西还是病人，第一个念头总是要找一个共命运的伴侣。这种心情是生命的表现，人拿出全部的力量，生命的精华，来满足这心情。要没有这股支配一切的欲望，撒旦怎么能找到同伴？……这个题目大可写成诗篇，作为《失乐园》的开场白，而《失乐园》也只是替叛逆[1]做辩诉。"

吕西安道："你那种诗篇简直是歌咏堕落的《伊利亚特》。"

"你看，我孑然一身，过着孤零零的生活。我只穿着教士的服装，没有做教士的心肠。我喜欢替别人尽心出力，我有这个怪癖。我不为人献身，过不了日子，所以做了教士。我不怕人家忘恩负义，我自己却知恩感德。教会对我毫无作用，不过是个空洞的观念。我替西班牙国王尽心出力，可是不能爱他，他是我的保护人，高高在上。我要创造一个人，给他生命，按照我的方式把他琢磨，塑造，因为我要像父亲爱儿子一般的爱他。我的孩子，将来你坐着双轮马车，就等于我自己坐着，你讨女人喜欢，我也跟着快活。我对自己说：这个美貌的青年就是我！这个特·吕庞泼莱侯爵是我创造的，是我送进贵族社会的；他的荣华富贵是我的成绩；我不出声，他也不出声；我开口，他也开口；他样样事情和我商量。特·凡尔蒙神甫[2]同玛丽·安多纳德的关系便是这样。"

"他把玛丽·安多纳德送上了断头台！"

---

1 指撒旦反抗上帝。
2 玛丽·安多纳德未出嫁前的教师，大革命前在法国宫廷中极有势力。

教士回答:"特·凡尔蒙神甫并不爱王后,他只爱他自己。"

吕西安道:"难道家里的人伤心,我可以不理不睬吗?"

"我有的是钱,你尽管拿。"

"只要能救出赛夏,我此刻什么都愿意干。"吕西安回答的声音表示他不愿意自杀了。

"孩子,你只消开一声口,赛夏明天就好收到他需要的款子,料清债务。"

"怎么!你给我一万两千法郎?……"

"哎啊!孩子,你看不见我们车子的速度一小时走十五六里吗?我们到博济哀吃晚饭。到了那儿,你要是愿意订约,要是能给我一个服从的证据,非常重要而我非要不可的证据,我就托波尔多的班车带一万五千法郎给你妹子……"

"钱在哪里呢?"

西班牙教士一言不答。吕西安心上想:"啊,被我揭穿了,他是拿我打哈哈。"

过了一会,教士和诗人不声不响重新上车。教士不声不响从车厢的夹袋里拿出一只出门人常用的皮包,里头分做三格;教士的大手在皮包中掏了三次,每次都是大把的黄金,总共有一百葡萄牙金洋。

吕西安看着大量的黄金眼花了,说道:"神甫,我跟你走。"神甫好不温柔的亲着吕西安的额角,说道:"孩子!这不过是我包里的三分之一,我总共有三万法郎,路费在外。"

"而你竟一个人赶路吗?……"吕西安叫起来。西班牙人回答:"这算得什么!另外还有三十多万法郎的汇票到巴黎去兑现。没有钱的外交家等于没有意志的诗人,像你刚才一样。"

16

斗争到了招架不住的时候

正当吕西安踏上自称为西班牙使节的马车的时候,夏娃起来给孩子吃奶,发现那封诀别的信,拿来念了。她早晨睡了一觉,身上有些汗湿,这一下变了冷汗。她一阵眼花,随即唤玛利红和高布上楼。

她问:"我哥哥可是出去了?"

高布说:"是的,太太,天还没亮就走了。"

夏娃嘱咐两个佣人说:"我告诉你们的话千万不能泄漏,我哥哥大概去自杀了。你们俩一齐去打听,说话小心,一路留心河道。"

夏娃一个人留在家里,如醉如痴,叫人看着害怕。早上七点光景,她正在六神无主,柏蒂-格劳上门来商量正事了。在这种情形之下,一个人听到无论什么意见都会接受的。

代理人说道:"太太,咱们亲爱的大卫进了监狱,他落到这步田地,案子一开始我就料到的。我当时劝他跟同行戈安得弟兄合作,共同经营。这桩事业在你丈夫手中不过是空想,两个戈安得却有办法实现。因此,昨天晚上一听见他被捕的消息,你知道我怎么办？我马上去看戈安得弟兄，想叫他们接受一些能够使你们满意的条件。若要保住大卫的发明，你们眼前这种生活势必要继续下去：官司纠缠不清，你们非拖倒不可，等到筋疲力尽，上气不接下气的时候，你们照样要找一个出钱的老板，照样要做一桩交易，和我建议你们同戈安得做的一样，说不定还是你们吃亏；那不如趁早跟戈安得弟兄合作，还有好处可得。省得发明家再忍饥挨饿，伤心绝望，同资本家的贪心和社会的冷淡挣扎了。你说吧！倘若两位戈安得先生代你们还了债……倘若除了还债以外，不论发明的东西价值怎么样，前途怎么样，希望大不大，叫他们再送一笔钱，将来事业办起来，让你们永远分一部分盈利……你们不是称心了吗？……太太，印刷所的生财机器变了你的产业，你以后必定要出让，那也值两万法郎，我保证替你找一个买主出到这个价钱。如果你们和戈安得弟兄订了合伙契约，到手一万五，连印刷所共有三万五，按照时下的利率，每年有两千法郎收入……两千法郎在内地也好过日子了。太太，别忘了你们和戈安得合伙以后，可能还有别的希望。我说可能，因为要防事业失败。现在我有把握做到：第一，还清大卫的债；其次，给大卫弄到一万五千法郎，酬劳他的研究工作，日后戈安得弟兄不得以任何理由要求收回，即使发明的东西没有出息，也不能讨还这笔款子；最后让大卫同戈安得弟兄合伙，等领到了发明执照，大卫的制造方法由双方共同秘密试验，成功以后，正式经营。条件是一切费用归戈安得弟兄负担；大卫名下的股款拿他的发明执照抵充，日后再分四分之一的利益。你是明白人，极有见识，这在漂亮太太中是少有的；你考虑一下这些办法，准会满意……"

可怜的夏娃伤心至极，直淌眼泪，叫道："哎！先生，干吗昨天晚上你不来提出这个和解的办法呢?那就免得我们出丑……也不至于闹出更大的乱子了……"

"我同戈安得弟兄的谈判到半夜才结束;你大概也猜到了,他们是拿梅蒂维埃做幌子。可是除了可怜的大卫被捕以外,昨天晚上还有什么更大的乱子呢?"柏蒂-格劳问。

"你看,我一早醒来就得到这个可怕的消息。"夏娃说着,把吕西安的信递给柏蒂-格劳,"现在你这样关切我们,的确是大卫和吕西安的朋友,保守秘密的话用不着对你多交代了。"

柏蒂-格劳看完信,还给夏娃,说道:"你一点不用着急。吕西安绝不会自杀。妹夫被他拖累,抓去了,他当然要找一个借口离开你们。在我看来,这是下台以前的一大篇说白,跟做戏一样。"

戈安得弟兄的目的达到了。他们先折磨发明家和他的家属,然后趁对方疲劳过度,需要歇一歇的时间下手。从事发明的人不一定都像斗牛狗那样的狠,会咬着野兽至死不放,戈安得把大卫一家的性格研究得很透彻。在长子戈安得心目中,逮捕大卫是这出戏的第一幕的最后一场。柏蒂-格劳提出的办法是第二幕开始。代理人精明透顶,认为吕西安的一时冲动是个意想不到的机会,可以决定大局。柏蒂-格劳早已发觉妻子对丈夫的影响,看见夏娃为着吕西安弄得六神无主,更想趁此骗取她的信任。所以他不再增加夏娃的绝望,而是竭力安慰,很巧妙的怂恿夏娃就在心乱如麻的时候到监狱去,知道她一定会说服大卫跟戈安得弟兄合作。

"太太,大卫告诉我,他想发财只是为了你和你哥哥。事实证明,想叫吕西安有钱根本是痴心妄想。别说一份,就是三份家私也不经他花。"

看夏娃的态度,她对哥哥的最后一点幻想也破灭了。代理人说到这里停了一会,有心让夏娃的缄默变成默认。

接着他又说:"所以,在这个问题上只要考虑到你和你的孩子。要快快乐乐的过活,两千法郎是不是足够,应当由你决定。不用说,你们以后还有老赛夏的遗产。你公公一年收七八千法郎进款,已经有好多年了,资金存放出去的利息还不算在内。归根结底,你们的前途大可乐观,干吗要烦恼呢?"

代理人辞了赛夏太太走了,让她考虑这个远景,这远景是前一天夜里长子戈安得很巧妙的设计的。

安古兰末的银钱老虎听见代理人报告抓住大卫的消息,说道:"你去透露一些口风,让他们知道可能有笔款子到手,只要有钱可拿的念头印进了他们的脑子,他们就逃不了啦;我们再讨价还价,一步一步的逼他们就范,接受我们愿意收买那个发明的价钱。"

这句话等于这出银钱剧的第二幕的纲领。

赛夏太太一边为着哥哥的下落心中忧急,一边换好衣服,下楼往监狱去。她想到要独自在安古兰末街上露面,好不惊慌。柏蒂-格劳退回来,说愿意陪她同去;他不是同情当事人的痛苦,而是另有一套老奸巨猾的打算;夏娃被他的体贴感动了,向他道谢,他也不道破夏娃的误会。那么生硬那么冷酷的人这时竟有这点儿心意,使赛夏太太改变了她以前对柏蒂-格劳的看法。

他对夏娃说:"我特意带你绕远路,免得碰到熟人。"

"先生,我第一次走在街上抬不起头来!昨天人家很不客气的点醒我了……"

"第一次,也是最后一次。"

"噢!这个城里我绝不再住下去……"

到监狱门口,柏蒂-格劳对夏娃说:"那些条件我和戈安得弟兄差不多讲定了,要是你丈夫同意,你叫人通知我,我马上带着卡乡的证明来接大卫,大概他不至于再回监狱的了……"

在监狱前面说的这几句话,便是意大利人所谓策略。他们用这个名词称呼一种很难说明的行为,或是半正当半奸诈的事情,或是时机恰当而无人指责的骗局,或是近乎合法而做得很妥帖的把戏;照意大利人的说法,圣·巴德莱米案[1]便是一项政治策略。

---

[1] 一五七二年八月二十四日法王查理九世下令屠杀新教徒首领的惨案。八月二十四日为圣者巴德莱米的节日,故称圣·巴德莱米案。

17

坐监的影响

上文已经解释过,债务人受到羁押在内地是极少见的事,所以法国大半城市没有拘留所。真要扣押的话,只能把债务人送往监狱,跟嫌疑犯,轻罪被告,重罪被告,判处死刑的囚徒,关在一起。这些在法律上各各不同的名称,在大众口里统统归入一类,叫作**刑事犯**。大卫被带往安古兰末监狱,暂时送进一间矮矮的牢房,也许是某个犯人刑期满了空出来的。羁押的手续,以及法律规定给监犯一个月伙食费的手续都办完了,大卫见到一个胖子,对犯人的权力比王上还要大的狱卒!内地从来没有清瘦的狱卒。第一,这是一个清闲的差事;其次,狱卒好比乡村客店的老板,不用付房租,自己吃得挺好,给犯人吃得挺坏;对犯人的住宿,狱卒也同乡村客店的老板一样,照来客的财力安排。那狱卒由于老赛夏的关系,对大卫闻名已久;大卫虽则一文不名,狱卒很放心,当夜给他一个好房间。安古兰末的监狱,后面跟从前的初级法院相连,还是中世纪的建筑,并不比当地的大教堂经过更多的改动,民间始终称为**司法衙门**。大门中间照例开着一扇便门,全部钉着钉子,外表坚固,又矮又旧,看上去像独眼妖赛克罗普斯,因为门上有一个洞眼,狱卒先在洞上认清了外面的人才开门。沿着底层的门面有一条走廊,廊下一排房间,高高的窗上装着漏斗形的木板,从里边的院子取光。狱卒住的屋子同牢房隔一条拱廊。拱廊把底层一分为二,拱廊尽头装着隔离院子的铁栅,一进大门就望得见。狱卒把大卫安顿在靠近拱廊的一间房里,房门正对狱卒的住屋。他有心和大卫做邻居,认为这个监犯地位特殊,可以跟他做伴。

狱卒看大卫瞧着屋子发愣,便道:"这一间是最好的了。"

房内墙壁是石砌的,相当潮湿。窗洞很高,装着铁栅。地下的石板冷气逼人。守卫在廊下踱来踱去,有规律的步伐在房内听得清清楚楚,像潮水一般单调的声音时时刻刻提醒你:你受着监视!你不得自由!这些细节和整个环境,对一般老实人精神影响极大。大卫看见卧床肮脏无比。可是进监的人第一夜心情特别紧张,要第二夜才发觉床铺硬不可当。狱卒很客气,告诉大卫天黑之前不妨在院子里散步。临到睡觉,大卫开始受罪了。牢房照例不给灯火。这条规则明明是对付罪犯的,若要把在押的债务人除外,必须得到检察官特准。狱卒让大卫在他屋中闲坐,临睡可不能不关进牢房。夏娃的可怜丈夫这才发现监狱的丑恶和野蛮的习惯,感到恶心。不过多思想的人自有办法同外界隔离,迷迷糊糊的出神,那是诗人睁着眼睛也办得到的。倒霉家伙终于集中精神,想起他的正事来。监狱最容易使人反省。大卫先问自己有没有尽他家长的责任,又想老婆不知伤心得怎么样了;为什么他不用玛利红说的办法,先挣了一笔足够的钱,再消消停停做他的研究工作呢?

他心上盘算:"闹了这样的乱子,怎么能再住在安古兰末?出了监狱，怎么办呢？上哪儿去呢？"他又怀疑他造纸的方法。这种苦恼只有发明家能体会。大卫从这一样疑心到那一样，终于看清了他的处境。以前戈安得弟兄告诉赛夏老头的话，刚才柏蒂－格劳告诉夏娃的话，大卫自己也提出来了："就算样样顺利，实地制造的成绩还不知道怎么样。领发明执照需要钱……还要有个工厂做大规模的试验，那等于把我的发明公开！……噢！柏蒂－格劳说的一点不错！"

（光线最暗的监狱也会把事情照得透亮。）

大卫躺在一张行军床上，底下铺着一条叫人恶心的棕色粗布垫子，临到睡熟的时候想道："暂且丢开！明儿早上大概就能见到柏蒂－格劳。"

可见夏娃带来的敌人方面的条件，大卫早已做好准备，有意思接受了。老婆拥抱了丈夫，房内只有一把粗糙的木椅子，她只能坐在床沿上，一眼之间看到屋角放着一只肮脏的铜盆，墙上涂满字迹，都是前任房客的签名和题词。夏娃通红的眼睛又湿了。她不知哭过多少回，看见丈夫落到囚犯一般的田地，又流出眼泪来了。

她说："这都是追求光荣的结果！……噢！亲爱的，我劝你把事业放弃了吧……咱们还是安分守己，别抄近路想发财了……要我快活也不需要什么享受，吃了这许多苦，我更看得淡了！……你还不知道呢！……你被人抓起来虽然丢脸，还不算咱们最倒霉的事！……你瞧！"

她掏出吕西安的信交给大卫，大卫很快的看完了。夏娃想安慰丈夫，把柏蒂－格劳说吕西安的两句尖刻的话告诉他。

大卫说："吕西安要是自杀，现在已经死了；现在不死，就不会自杀的了；他的勇气，正如他自己说的，不能维持到半天以上……"

"可是这样提心吊胆叫人怎么受得了呢？……"做妹子的一想到死，差不多一切都原谅了。

柏蒂-格劳所谓已经获得戈安得弟兄同意的条件，夏娃讲给大卫听了，大卫喜形于色，立刻接受。

他说："有了这笔钱，咱们可以住在乌莫近边的村子上，戈安得弟兄开纸厂的地方；从此我只求清静！如果吕西安受良心责备，寻了短见，咱们在没有拿到父亲的产业以前，也能维持生活；如果吕西安活着，可怜的孩子看我们手头不宽，也会想法适应……戈安得弟兄将来一定靠我的发明赚钱，可是归根到底，我在国内是怎样的人呢？……不过是一个普通的老百姓。只要我的发明对大众有益，我就快活了！告诉你，亲爱的夏娃，你我两人都不配做买卖。咱们既没有唯利是图的心，也没有那种啬刻的本领，把最应该付的钱拖延不付。这两种贪心也许是生意人的品德，大家把这个叫作精明，叫作经商的才干！"

遇到利害关系，两个相爱的人不一定意见一致；如今他们俩看法相同，当然是爱情的最美的果实；夏娃因之很高兴，央狱卒送了一个便条给柏蒂-格劳，说他们俩对和解的方案一致同意，要他来释放大卫。过了十分钟，柏蒂-格劳走进大卫那个可怕的牢房，对夏娃说："太太，你先回去，我们随后就到……"

"啊！亲爱的朋友，"柏蒂-格劳对大卫说，"你落在人家手里了！怎么你会这样糊涂，跑到街上来的？"

"叫我怎么不出来呢？你看吕西安对我说的什么话。"

大卫把赛利才的信交给柏蒂-格劳；柏蒂-格劳接过去，念了，看了看，捻捻纸张，一边谈着正事一边装作心不在焉的折起信纸，放进口袋。随后代理人挽着大卫的胳膊出去了，他们谈话的当口，狱卒已经收到执达员解除羁押的公事。大卫回到家里，好比进了天堂。经过二十天的幽禁（最后几小时在内地人心目中更是丢尽脸面），他回进卧房，亲着他的小吕西安，像小孩儿一般淌眼抹泪。高布和玛利红也回来了。玛利红在乌莫听说有人在到巴黎去的大路上看见吕西安，已经过了玛撒克。进城卖粮食的农夫注意到花花公子的装束。高布骑着马沿着大路赶到芒勒，知道吕西安坐着包车走了，玛隆先生亲眼看见的。

柏蒂－格劳道："我不是早说过吗？这家伙不是诗人，是一部连续不断的小说。"

夏娃道："坐包车？这一回他上哪儿去呢？"

柏蒂－格劳对大卫道："来，咱们去看两位戈安得先生，他们等着呢。"

赛夏太太叫道："啊！先生，希望你尽量保护我们的利益，我们的前途完全操在你手里。"

柏蒂－格劳道："要不要在你府上谈判？大卫不用去了，让他们今晚到这儿来，我能不能保护你们的利益，你自个儿瞧吧。"

夏娃道："啊！先生，这样我才高兴呢。"

柏蒂－格劳道："那么晚上见，就在这儿，七点左右。"

"谢谢你。"夏娃回答的口气和眼神，表示她对代理人信任多了。

柏蒂－格劳又道："你看，我叫你不用担心，没有说错吧？你哥哥早已把自杀的念头丢往九霄云外。再说，今天晚上你或许就有一笔小小的财产到手。你的印刷所有正式的买主上门了。"

夏娃道:"既然这样,干吗不等一下再同两个戈安得合伙呢?"

柏蒂-格劳发觉说了实话,差点儿露马脚,回答说:"太太,你忘了你的机器还受着法院扣押,你先要还清梅蒂维埃的钱,才好出卖印刷所。"

柏蒂-格劳回去把赛利才找来。赛利才走进办公室,柏蒂-格劳带他到窗下,咬着他耳朵说:

"明天晚上你可以买进赛夏的印刷所,还有后台老板帮你把印刷执照过户;你总不愿意弄到做苦役犯下场吧?"

赛利才道:"什么!……什么!做苦役犯?"

"你给大卫的信是假造的,此刻在我手里……亨利埃德上了法庭,你想她会怎么说?……"柏蒂-格劳看见赛利才脸色变了,便补上一句:"我可不想叫你栽跟头。"

巴黎人叫道:"你还要我干什么呢?"

柏蒂-格劳回答:"让我告诉你应当做些什么。你仔细听着!两个月之内,你是安古兰末正式的印刷商……盘进印刷所的本钱可是欠人家的,你十年也偿还不了!……你得替资本家长期当差!并且只能代进步党出面……你和迦纳拉的合伙契约将来由我起草,我有办法在合同上留好地步,使你有一天能变成印刷所的主人……可是,如果他们要办报,如果你做了报纸的经理,如果我在这里当上署理检察官,你必须听长子戈安得指挥,在你报上登些违禁的文字,让公家把你的报纸没收,查封……你帮了这个忙,戈安得准会重重的谢你……我知道你要判罪,要坐牢,不过你也变了被迫害的要人,在进步党内是个角色了,不是像迈尔西埃军曹和保尔-路易·戈里埃,便是成为小小的玛奴哀。我绝不让人吊销你的执照。等到你的报纸被公家查封的那天，我当你的面把你的信烧掉……你看，你发迹的代价并不算高……"

下层阶级的人弄不清合法文书和伪造文书的区别，赛利才仿佛已经到了重罪庭上，听着柏蒂-格劳的话松了一口气。

柏蒂-格劳接着说："不出三年，我便是安古兰末的检察官，你总有地方用得着我，你想想吧！"

赛利才道："好吧。可是你还不知道我这个人；请你现在就把我的信当面烧掉，相信我会感激你的。"

柏蒂-格劳瞧着赛利才，两人好像用眼睛决斗：一个是打量对方，眼睛赛过挖掘人心的手术刀；一个竭力表示自己忠诚可靠，用眼睛做戏。

柏蒂-格劳一声不出，点起蜡烛烧了信，心上想："他还要成家立业呢！"

赛利才道："从今以后你要我卖命都可以。"

18

晚了一天

大卫等戈安得弟兄来谈判，心里隐隐然感到恐慌。他牵挂的不是自己的利益，不是关于合同的争论，而是厂商对他的成绩如何评价。他的心情有如剧作家见了审查员。目的快达到的时候，发明家的忧急和自尊心把别的情绪都压下去了。晚上七点左右，夏德莱伯爵夫人听到有关吕西安的种种矛盾的消息，好不难受，推说头痛，上了床，叫丈夫独自招待客人吃饭；另一方面，戈安得弟兄俩，一个长子，一个胖子，跟着柏蒂-格劳来到他们的同行家里。这同行现在是束手就擒了。他们一开始就遇到一个难题：大卫的制造方法不说明，合伙契约怎么订呢？说明了，大卫在两个戈安得面前变得毫无保障。后来经柏蒂-格劳劝说，决定先订合同。长子戈安得要看大卫的样品，大卫拿出最后造的一批纸，保证成本的数字绝对可靠。

柏蒂-格劳道："哦！这不是订合同的基础吗？你们可以根据这些样品合伙，在契约上订明，万一出品做不到发明执照上写的条件，合伙关系就取消。"

长子戈安得对大卫说："在房间里用小模子做出少数样品是一

回事,大量生产又是一回事。拿一桩现成的事来说:我们造颜色纸买的是同样的颜料,比如把贝壳纸染成蓝色,用的是原箱的靛青,其中每块颜料都是同一批的货色。结果怎么样?纸浆的色调从来没有两锅一样的……原料配制过程中,有些情形我们始终没弄清。纸浆的质地,数量,立刻会改变问题的性质。你在铜盆里放进一份配料——我并不问你放些什么——你完全能控制,你能掌握各个部分,可以照你的心思拌啊,搅啊,捏啊,做到全部均匀……但是换了五百令一锅的纸浆,谁保证你的情形完全相同,谁保证你的方法一定成功?……"

大卫,夏娃和柏蒂-格劳面面相觑,彼此的眼神包含很多意思。

长子戈安得停了一会又道:"再举一个相仿的例子。你在草原上割下两捆草,扎紧了放在屋内,照乡下人的说法,不让它们发热;干草照样发热,只是并不出事。试问你会不会根据这个经验,在一间木板盖成的谷仓里堆两千捆干草?……你明知那些草要起火,把你的谷仓像一根火柴似的烧掉。你是有学问的人,你说吧!……此刻你只割了两捆干草,我们就怕纸厂里堆了两千捆烧起来。换句话说,我们可能损失一锅又一锅的纸浆,花了大量的钱,结果两手空空。"

大卫听着怔住了。干实际事务的人讲话句句着实,不像理论家开口闭口脱不了将来两字。

胖子戈安得口气粗暴的说:"我要签这样的合同才见鬼呢!鲍尼法斯,你不怕赔钱由你,我不愿意受损失……我只能代赛夏先生还债,另外给六千法郎……"他又赶紧声明:"其中三千付一年到一年三个月的期票……这样已经够冒险了……我们和梅蒂维埃的往来账上还要挂欠一万二。总数已经到一万五……要我买下发明权来独自经营,我不能出更多的钱了。鲍尼法斯,你和我说的新发明原来是这么回事……真是天晓得!我只道你头脑还要清楚一些呢。老实说,这不是生意经……"

柏蒂-格劳听了这些火气十足的话并不着慌,说道:"你们的问题只是愿不愿意担两万法郎风险,买一样能使你们发财的秘诀?一个人冒的危险总是跟好处成比例的……你们是用两万法郎博一笔财产。人家拿一个路易去押轮盘赌,希望到手三十六路易,可是他明知道一个路易是送掉的。你们如法炮制就是了。"

胖子戈安得道:"让我想一想:我不像我老哥精明。我是老实人,只晓得花一个法郎印的祈祷本子,卖两个法郎。我觉得这个发明还在初步试验的阶段,会叫你破财的。第一锅成功了,第二锅失败了,接二连三的做下去,弄得欲罢不能,等到一条胳膊卷进了这复杂的玩意,整个身体都会拖下去的……"随后他讲波尔多有个商人,听信一个学者开垦荒地,弄到倾家荡产;他随口举了五六桩相仿的例子,有的在夏朗德州,有的在陶陶涅州,有的在工业方面,有的在农业方面。他越讲越激动,别人无论说什么都听不进了,柏蒂-格劳的意见非但不能使他平静,反而刺激他火气更大。他望着哥哥说:"我宁可多花一些钱,买一样比这个发明更可靠的东西,利益少一些也情愿的。"末了又说:"据我看,事情还没成熟,不能作为一桩企业来经营。"

柏蒂-格劳说:"你们到这儿来不是预备做交易的吗?你们出什么价钱呢?"

胖子戈安得急忙回答:"代赛夏先生还清债务,事业成功的话,保证他分三成好处。"

夏娃说:"那么,先生,做试验的时期我们靠什么过活?我丈夫被捕,已经丢了脸,再回进监狱也不过如此。债务我们也能还清……"

柏蒂-格劳拿手指按着嘴唇,望着夏娃。

"你们这是不讲理了。"柏蒂-格劳对两兄弟说,"你们见过样品;赛夏老头也告诉你们,儿子被他关在屋里,用不值钱的原料一夜工夫造出了上等好纸……你们来收买发明权,你们到底要买不要买?"

长子戈安得说:"好吧,不管我兄弟愿不愿意,我来冒一下险,替赛夏先生还债,另外给他六千法郎现金,以后再分三成好处;可是有一点请你们注意,如果赛夏先生在合同上提供的条件一年之内不能实现,必须退还六千法郎,发明执照仍旧归我们,由我们自由处理。"

柏蒂-格劳把大卫拉到一边问道:"你有没有把握?"

"有把握的。"大卫回答。他中了两兄弟的计,唯恐胖子戈安得破坏谈判,影响他的前途。

柏蒂-格劳对戈安得弟兄和夏娃说:"那么,好吧,我回去起草合同;今天晚上给你们各人一份副本,你们可以考虑整整一天,明天下午四点,等我出庭完毕,大家签字。你们两位去撤回梅蒂维埃的控告。我写信去叫人停止上诉,然后我们把撤销诉讼的公事彼此交换。"

以下是大卫承担各项义务的说明:

立合伙契约人　　××××××
　　　　　　　　××××××

> 兹因安古兰末印刷商大卫·赛夏确称,能纯粹采用植物原料,或以植物原料与习惯采用之破布混合,做成纸浆,使各种纸张成本降低一半以上,并能在锅内平均上胶;大卫·赛夏与戈安得兄弟公司协议合伙,凭日后领到之发明执照,按照上开方法共同经营造纸工业。双方议定条款如下……

这个文件经过长子戈安得周密考虑,并征得大卫同意;其中有一条规定,倘大卫不能履行诺言,即丧失全部权利。

下一天早上七点半柏蒂-格劳送合同来,告诉大卫夫妻俩,赛利才肯出两万两千法郎现款接盘印刷所,当夜可以立契。

柏蒂-格劳说:"戈安得弟兄要是知道这件事,可能不签合同,再来难为你们,要求拍卖……"

这笔交易如果早三个月成功,一切都好挽回;夏娃看见久已绝望的事忽然实现,觉得很奇怪,问道:"付款没有问题吗?"

"钱存在我那里了。"柏蒂-格劳毫不含糊的回答。

大卫说:"这竟是魔术了!"他要柏蒂-格劳解释事情怎么会如此顺利。

柏蒂-格劳说:"不是魔术。事情很简单,乌莫有些商人打算办一份报。"

大卫说:"我可没有办报的权利。"

柏蒂-格劳说:"对你是一回事,对接盘的人又是一回事……不用担心,尽管收钱,卖契上的条款让赛利才去对付,他有办法的。"

夏娃说:"对啊!"

柏蒂-格劳又说:"你答应人家不在安古兰末发行报纸,赛利才的后台老板可以在乌莫发行。"

夏娃眼看不久能拿到三万法郎,不用再为生活发愁,心里飘飘然,已经把合伙契约看作次要的希望。因此对于合同上最后一点争执,赛夏夫妻俩也让步了。长子戈安得坚持发明执照要用他的名字。理由是大卫的权利在合同上写得明明白白,执照无论用哪个合伙人的名义都没有关系。他兄弟还说:"领执照的钱是我老哥的,旅费也是他的,加起来又是两千法郎!要不用他的名字,这笔生意根本不谈了。"可见银钱老虎在每一点上都如愿以偿。四点半左右,合伙契约签了字。长子戈安得很大方,送给赛夏太太六打刻花刀叉,一条丹诺织的漂亮羊毛披肩,代替佣金[1],戈安得的意思是要人忘掉过去的争论!一式两份的契约才交换完毕,卡乡把收清债款的凭据,各种文件,连同吕西安假造的三张该死的本票,交给柏蒂-格劳。忽然驿车公司的一辆货车轰隆隆的开到门前停下,接着高布在楼梯上大声叫起来。

"太太!太太!一万五千法郎!……吕西安先生叫人从博济哀带来的,全是现洋。"

夏娃举起胳膊叫道:"一万五千法郎!"

驿车公司的送货员说道:"是的,太太,波尔多的班车捎来一万五千法郎,嘿!分量不轻呢!底下还有两个人替你搬钱袋。寄款人是吕西安·特·吕庞泼莱先生……我先给你一个小皮袋,里头有五百法郎,恐怕还有一封信。"

夏娃念着信只道是做梦:

---

[1] 买主除正价外,照例要送一笔小费给卖主的家属,原文叫作"别针费"。我国旧社会中亦有此例,名目笼统的称为中金(或中费)。

亲爱的妹妹,兹寄上一万五千法郎。

我没有自杀,而是把自己出卖了,失去了自由。我不仅做了一个西班牙外交官的秘书,而且身体和灵魂都交给他了。

我要开始一种可怕的生活,也许投河死了倒反干净。

再见了。大卫可以恢复自由,他不难花四千法郎买一个纸厂,挣一笔家私。

但望永远不再想起——

你可怜的哥哥　吕西安

夏同太太进来瞧着工人堆放钱袋,嚷道:"我这个可怜的儿子真是晦气星,他说的不错,他即使有心做好事,也得不到好结果。"

长子戈安得走到桑树广场上说道:"好险啊,事情只差一点儿!再过一小时,这些金子准会照亮赛夏的眼睛,看出合同的毛病。现在他答应三个月为期,到时我们就有办法了。"

晚上七点,赛利才盘进印刷所,付了钱,最后一季的房租也归他负担。第二天,夏娃拿四万法郎交给税局局长,托他用大卫的名义买进年息两千五百法郎的公债。接着写信给公公,请他在玛撒克物色一个价值一万法郎的小庄园,作为她个人的投资。

19

合伙经营的故事

长子戈安得的计划简单得可惊。他一开始就认为锅内上胶不可能；真正的唯一的发财秘诀，是在破布做的纸浆中羼入不值钱的原料。于是他决意把降低纸浆成本的办法说做毫无价值，他一心追求的是锅内上浆。当时安古兰末的厂家差不多专造书写用纸，所谓**银圆纸**，**阉鸡纸**，**学生纸**，**贝壳纸**，全是上胶的[1]。安古兰末的造纸业在这方面素负盛名。那是当地厂商的特产和多少年来的独行生意；根据这一点来说，戈安得弟兄的要求自然无可批驳。其实，我们等会可以看到，上胶的纸同戈安得的投机买卖根本没有关系。书写用纸的销路极其有限，不上胶的印刷用纸，市场几乎广大无边。长子戈安得到巴黎去用自己的名义申请发明执照的时候，打算做成几笔生意，让他能彻底改变造纸的方式。戈安得住在梅蒂维埃家，对他面授机宜，要他一年之内把供应报馆的纸生意从原来的纸商手中抢过来，办法是削减每令的定价，减到任何厂家做不到的价钱，同时保证纸张的洁白和质地，超过

---

[1] 上胶是防止吸墨过多。

报馆以前用的最好的货色。报馆和纸商订的是定期合同,所以要同报馆的经理部门暗中联络一个时期,才能独家垄断。在梅蒂维埃和巴黎几个主要的报馆——用纸总量达到两百令一天——达成协议之前,戈安得觉得尽有时间摆脱赛夏。不消说,戈安得答应在这些交易中分一部分固定的利润给梅蒂维埃,以便在巴黎有一个能干的代理人,自己也省得出门,浪费时间。梅蒂维埃在纸商中是资产最大的一个,原来就靠戈安得这桩生意起家的。十年之内,他承包巴黎各报馆的纸,没有人能和他竞争。

长子戈安得把销路安排妥当,回到安古兰末,正赶上柏蒂-格劳的婚礼。柏蒂-格劳的事务所盘出去了,但等后任领到委任状[1],他就可补弥洛先生的缺,这是夏德莱伯爵夫人替他钻谋的。安古兰末的副署理检察调往利摩日当首席署理;司法部长派了他的一个门下到安古兰末检察署来,首席署理的职位空了两个月。那段空隙的时间正好给柏蒂-格劳度蜜月。

长子戈安得出门期间,大卫做了一锅不上胶的白报纸,质地比当时报馆用的好得多;又做了第二锅出色的仿小牛皮纸,专为讲究的印刷用的,戈安得拿去印了一版教区用的祈祷手册。原料由大卫亲自调配,他身边除了高布和玛利红,不要别的工人。

长子戈安得一回来,形势大变。他瞧着纸样并不怎么满意。

他对大卫说:"亲爱的朋友,安古兰末的生意主要靠**贝壳纸**。我们先要造出最漂亮的**贝壳纸**来,成本比现在降低一半。"

大卫为**贝壳纸**试了一锅上胶的纸浆,做出来的纸像刷子一般粗糙,上的胶结成一颗颗硬块。试验完毕那天,大卫拿着纸样躲

---

[1] 法国的诉讼代理人全国各地都有定额,事务所只能向前任代理人盘下,但仍须获得政府许可,领到委任状后方可开业。

在一旁,不让人家看见他伤心;长子戈安得却跑去鼓励他,安慰他,恳切得了不得。

"别灰心,"戈安得说,"你尽管试验!我不急,我懂得你,我一定干到底!……"

大卫回去和老婆吃晚饭,说道:"真的,我们碰到了好人,没想到长子戈安得这样豪爽!"

他把奸刁的合伙人的话讲了一遍。

试验做了三个月。大卫宿在厂内,观察各种纸浆的效果。一会儿觉得失败的原因在于破布和原料的混合,便做了一锅纯粹植物原料的纸浆。一会儿又用纯粹破布做的纸浆上胶。他不屈不挠的干下去,不再提防长子戈安得,当着他的面把性质相仿的原料一样一样试过来,各种原料和各种胶水的配方都试到家了。一八二三年上半年,大卫·赛夏带着高布在纸厂里过活,倘若不在乎饮食,衣着,身体,也算过活的话。他拼命和困难斗争,要不是戈安得那样的人,看了准会感动,因为这个勇猛的战士从来不想到自己的利益。有一个时期他什么都不想要了,只求事情成功。物质被人制成了物品,内在的抵抗消失以后,另有一些奇怪的作用;大卫用他敏锐的目光随时留意,得出一些工业方面的重要规律,认为要获得我们需要的产品,必须服从事物在后面几个阶段中的相互关系,服从他所谓物质的第二天性。八月中,大卫终究造出一种锅内上胶的纸,同此刻印刷所打校样用的纸完全一样;可是质地不匀,上胶也没有把握。拿一八二三年的造纸业来说,成绩已经很好了,本钱却花到一万,而大卫还希望解决最后一些困难。那个时期,安古兰末跟乌莫流行一些莫名其妙的话,说戈安得弟兄被大卫拖累,损失不赀;大卫花掉三万法郎试验费,只造出很坏的纸。别的厂商听着害怕,愈加相信他们的老方法;他们还嫉妒戈安得弟兄,散布谣言,说这家野心勃勃的厂不久要破产了。长子戈安得买进一些造卷筒纸的机器,仿佛是给大卫做试验的。事实上老狐狸撺掇大卫只管研究锅内上胶,他自己却用大卫告诉他的原料羼入纸浆,把成千令的白报纸运出去,交给梅蒂维埃。

到九月,长子戈安得找大卫·赛夏谈话。大卫说正在考虑做一次成绩圆满的试验,戈安得劝他不必再挣扎。

他很亲热的说:"亲爱的大卫,到玛撒克去看看你太太吧,你太辛苦了,应当休息一下;我们也不愿意弄到倾家荡产。你认为了不起的成功只不过是事情的开端。现在我们要等一等,再做新的试验。你得说句公道话,看看结果。我们不光是造纸,还做印刷,还放款,外边已经在说你把我们弄穷了……"

(大卫做了一个极天真的手势,表示他确是好心好意。)

戈安得看到大卫的手势,回答说:"五万法郎丢在夏朗德河里,还不至于叫我们破产;我们只是不愿意为了那些中伤我们的话,样样要用现款支付,使我们的买卖停顿。我们都受着合同约束,双方都得考虑一下。"

"他说的不错!"大卫心上想,他平时心思完全集中在大规模的试验上面,根本没留意厂内的情形。

于是他回到玛撒克。最近半年,他每星期六晚上回去看夏娃,星期二早上离家。夏娃听着老赛夏的指点,买下一所屋子,正好在公公的葡萄园前面,附带三个阿尔邦[1]的园子和一小块嵌

---

[1] 合四千二百至五千一百平方公尺,视地区而异。

在老赛夏田地中的葡萄田。她同母亲和玛利红过着十分俭省的生活，因为这块美好的产业，玛撒克最漂亮的庄园还剩五千法郎的买价没有付。屋子坐落在园子和院子中间，材料用的是白凝灰石，屋顶盖着石板，上面有不少雕塑，凝灰石质地松软，不用花多少钱就好做成大量的装饰品。安古兰末的漂亮家具，搬到乡下显得更漂亮了，那时当地还没有人讲究奢华。屋子前面，园中有一行柘榴，橘树和一些名贵的植物，是以前的业主，由玛隆先生送终的一位老将军亲手种的。

有一天，大卫陪着父亲在橘树底下同夏娃和小吕西安玩儿，芒勒的执达员亲自送来一份通知：戈安得弟兄要他们的合伙人选任一个仲裁庭，按照契约规定解决他们的争议。戈安得弟兄要求收回六千法郎，保留发明执照的所有权和以后的利润，作为他们付了巨额费用而毫无结果的赔偿。

赛夏老头对儿子说："人家说你把他们弄穷了！那才好呢！你干的事只有这一桩叫我看了高兴。"

第二天早上九点，夏娃和大卫走进柏蒂-格劳先生家的穿堂。他如今变了孤儿寡妇的保护人[1]，大卫夫妇觉得只有请教他才是办法。法官见了从前的主顾，满面春风，一定要留他们吃中饭。

他微笑着说："戈安得弟兄要讨还六千法郎吗？你们买屋子的钱还欠多少？"

夏娃回答："五千法郎，先生；我已经有两千存起来了……"

柏蒂-格劳道："你的两千留着吧。呃！还欠五千！……你们的屋子好好收拾一下，还得一万。好吧，两小时以内叫戈安得给

---

[1] 检察官是孤儿寡母的法定保护人。

你们送一万五千法郎来……"

夏娃做了一个诧异的手势。

法官接着说:"……在这个条件之下,你们协议拆伙,放弃你们合同上的全部权益。你们看行不行?"

夏娃道:"我们拿这笔钱是不是合法呢?"

法官笑道:"完全合法!戈安得弟兄把你们摆布得够了,我要一劳永逸,不让他们再生枝节。听我说:现在我是法官,应当告诉你们事实。戈安得弟兄此刻明明是欺骗你们,可是你们被他捏在手里。他们要提起诉讼,你们不怕麻烦的话,当然可以胜诉。只是你们愿不愿意再打十年官司?什么仲裁啊,专家鉴定啊,尽可来了一次又一次,你们会听到极端矛盾的意见……并且,"他微笑着说,"这里也找不出一个代理人替你们辩护,我的后任没有本领。听我说:与其打一场稳赢的官司,不如吃些亏和解……"

大卫道:"只要让我们太太平平的过日子,无论什么性质的和解我都接受。"

柏蒂-格劳大声唤他的当差,吩咐道:"保尔,去把我的后任赛谷先生请来……"又对两个以前的主顾说:"我们只管吃饭,让赛谷去看戈安得弟兄;再过几小时,你们俩动身回玛撒克的时候,财产是损失了,可是太平了。到手一万法郎便是多五百法郎进款;在你们那个美丽的小庄园上,尽可快快活活的过日子!"

柏蒂-格劳说的不错,两小时后,代理人带着正式文件回来了,两个戈安得签了字,还有十五张一千法郎的钞票。

赛夏道:"这一次多亏你帮忙。"

柏蒂-格劳看见两个老主顾表示惊奇,回答道:"什么帮忙,我叫你们吃了大亏呢。我再说一遍,我叫你们吃了大亏,时间久了,你们自会发觉,不过我知道你们的性格,你们宁可受损失,不想等一笔遥遥无期,也许来得太晚的财富。"

夏娃道:"先生,我们不贪图财富,谢谢你使我们能够快快活活的过日子,我们永远感激你。"

柏蒂-格劳道:"天哪!你这么说,我要良心不安了;可是我相信,我今天把事情补救了。我做到法官是靠你们;应当表示感激的是我……再见。"

20

结 局

日子一久，高布对赛夏老头的意见改变了，赛夏老头也对高布有了感情，发现他跟自己一样一字不识，也容易喝醉。退休的大熊教退伍的装甲骑兵管理葡萄田，出卖产品，他训练高布，存心留一个头脑清楚的汉子帮孩子们管家；因为他最后一个时期为着他的产业担惊受怕，简直可笑。他把磨坊老板戈多阿当作心腹。

他说："我闭了眼睛，孩子家里变成怎么样，你等着瞧吧！啊，我的天，想到他们的将来我就心惊肉跳。"

一八二九年三月，老赛夏死了，留下价值二十万左右的田产，和大卫的庄园联起来确是一份挺好的产业，高布已经井井有条的管了两年。

大卫夫妻俩还在父亲屋子里找到一批黄金，大约值三十万法郎。外边的传说照例大大的夸张，老赛夏的家私在整个夏朗德州估到一百万。夏娃和大卫的小小的产业，同老人的遗产加起来，一年有近三万的收入；因为他们自己的资金过了一个时期才安排，在七月革命的当口买进公债。

到那个时候，夏朗德州的人和大卫·赛夏方始知道长子戈安得的家业有多大。他一共有几百万,当上议员,不久又进贵族院,传闻他在下一届内阁中可能当商业部长。一八四二年,长子戈安得娶了包比诺小姐,她的父亲安赛末·包比诺先生是七月王朝最有势力的一个政治家,巴黎选区的国会议员,兼某区区长。

自从有了大卫·赛夏的发明,法国的造纸业好比一个巨大的身体得到了养料。因为采用破布以外的原料,法国造的纸比欧洲无论哪一国都便宜。荷兰纸绝迹了,不出赛夏所料。大势所趋,恐怕早晚需要办一个王家纸厂,像高勃冷、赛佛、萨伏纳里[1]和王家印刷所一样,这些企业虽然被摧残艺术的布尔乔亚一再打击,至今没有动摇。

大卫·赛夏生了两男一女,夫妇的感情始终如一。他胸怀高洁,绝口不提以前的尝试。夏娃也很聪明,劝大卫把发明家的可怕的志愿放弃了。所谓发明家原是摩西一流,受着何烈山上的荆棘煎逼[2]。大卫拿文艺做消遣,过着懒洋洋的快乐的地主生活,经营自己的产业。求名的念头永远放弃了,甘心情愿做一个耽于幻想和蒐集标本的人:他从事昆虫学,研究虫类的奇妙的变化,现代科学在这方面还只知道变化的最后阶段。

人人听到检察长柏蒂-格劳的政绩,和有名的普罗凡的维奈[3]不相上下。他的雄心是要做博济哀高等法院的院长。

赛利才常常在政治上触犯禁令,一再判罪,着实有点名气。在进步党的哨兵中间,他是最大胆的一个,外号叫作勇将。他被

---

1 高勃冷和萨伏纳里都是法国王家办的地毯厂。赛佛是法国的官窑。
2 摩西在何烈山上看见荆棘燃烧,听到耶和华命令他去拯救人民,免于奴役(见《旧约》)。此处用以譬喻发明家的志愿坚强,好像奉了神的命令一般。
3 巴尔扎克另一部小说《比哀兰德》中的人物,也是恶讼师出身的检察官。

柏蒂－格劳的后任[1]逼得没有办法，把安古兰末的印刷所卖掉了，加入内地戏院另谋出路，好在他天生会表演，不难在舞台上走红。后来他吃了一个青年女主角的亏，上巴黎去请教科学帮他对付爱神，同时想靠进步党帮忙，捞些好处。

至于吕西安，他回到巴黎的情形在"巴黎生活栏"[2]内另有交代。

一八三五——一八四三年　原作
一九六一——一九六四年　译

---

[1] 指柏蒂－格劳后任的署理检察官。
[2] 《人间喜剧》分为"风俗研究编""哲学研究编""分析研究编"三大部门，第一编又分为六栏，"巴黎生活栏"即其中的第三栏。吕西安的结局详见"巴黎生活栏"中的一部长篇《交际花荣枯记》。

欢迎你从《人间喜剧》进入
读客精神成长文库
不同的精神成长书单,为你提供更多选择

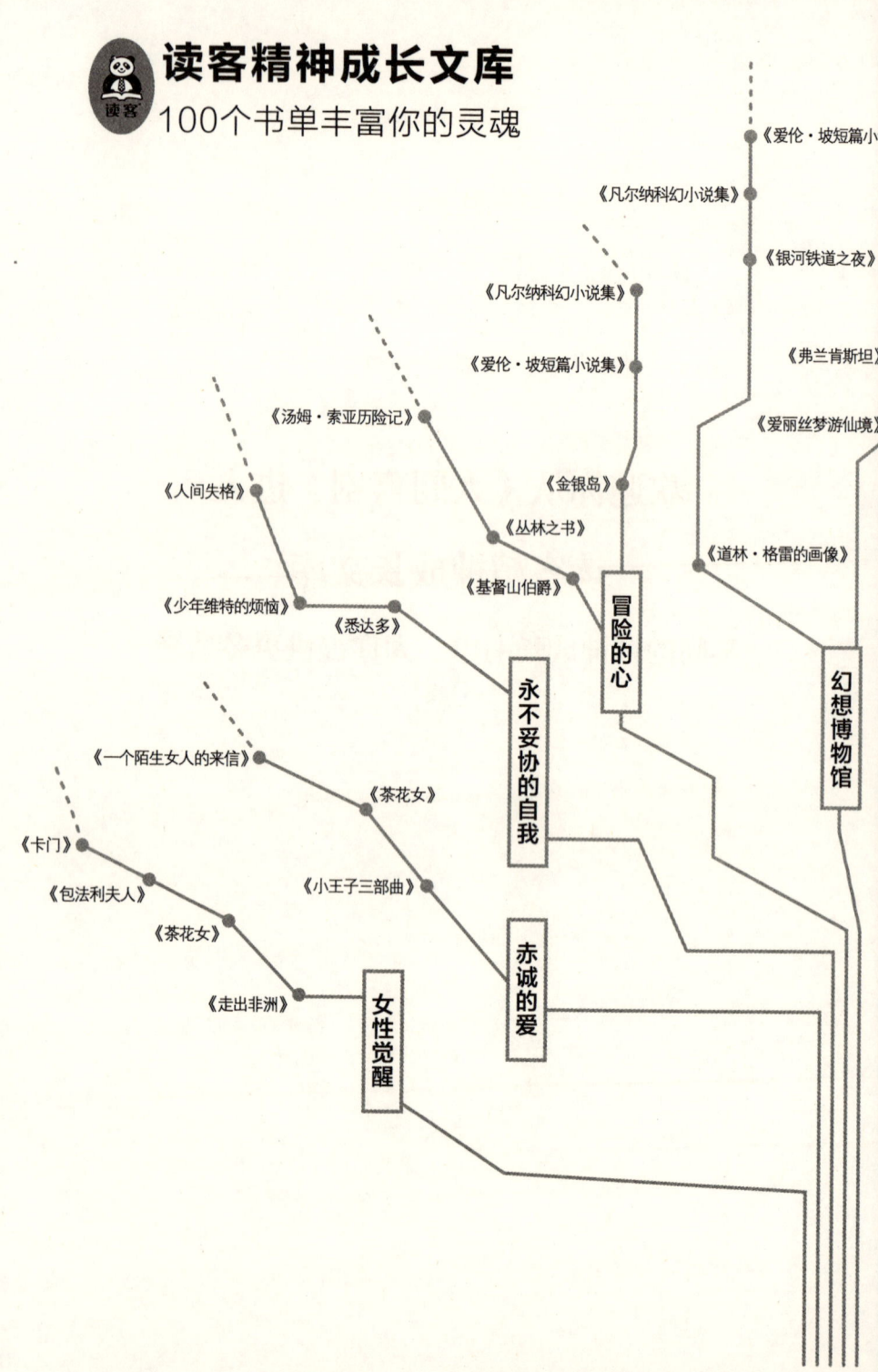

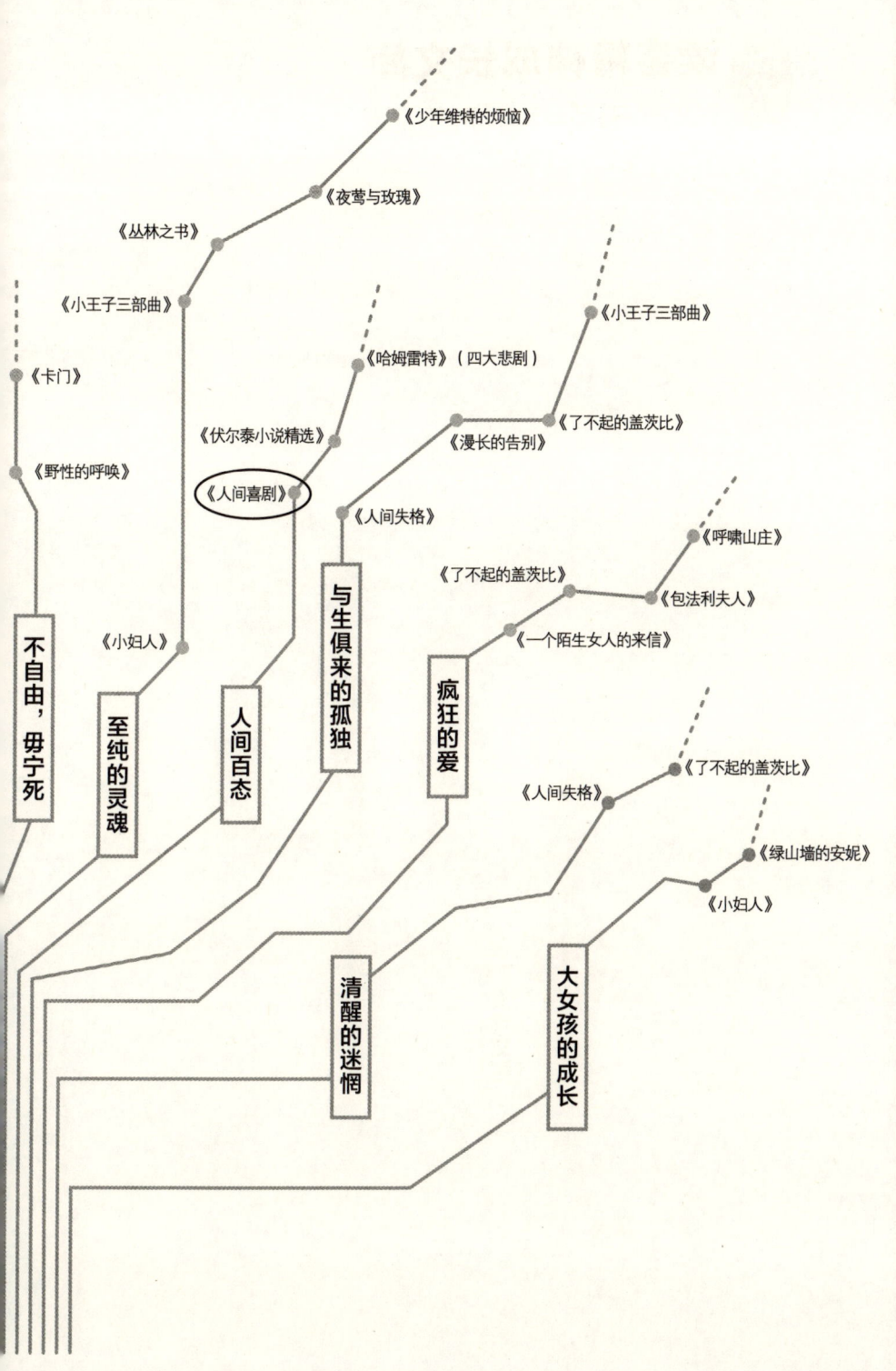

激发个人成长

多年以来,千千万万有经验的读者,都会定期查看熊猫君家的最新书目,挑选满足自己成长需求的新书。

读客图书以"激发个人成长"为使命,在以下三个方面为您精选优质图书:

1、精神成长

熊猫君家精彩绝伦的小说文库和人文类图书,帮助你成为永远充满梦想、勇气和爱的人!

2、知识结构成长

熊猫君家的历史类、社科类图书,帮助你了解从宇宙诞生、文明演变直至今日世界之形成的方方面面。

3、工作技能成长

熊猫君家的经管类、家教类图书,指引你更好地工作、更有效率地生活,减少人生中的烦恼。

每一本读客图书都轻松好读,精彩绝伦,充满无穷阅读乐趣!

认准读客熊猫

读客所有图书,在书脊、腰封、封底和前后勒口都有"**读客熊猫**"标志。

两步帮你快速找到读客图书

1、找读客熊猫

2、找黑白格子

马上扫二维码,关注"**熊猫君**"

和千万读者一起成长吧!

图书在版编目（CIP）数据

幻灭. 下 /（法）巴尔扎克著；傅雷译. -- 上海：文汇出版社，2018.3
（人间喜剧）
ISBN 978-7-5496-2326-6

Ⅰ. ①幻⋯ Ⅱ. ①巴⋯ ②傅⋯ Ⅲ. ①长篇小说－法国－近代 Ⅳ. ①I565.44

中国版本图书馆CIP数据核字（2018）第071787号

幻灭（下）

作　　者 /（法）巴尔扎克
译　　者 / 傅　雷

责任编辑 / 周小诠
特邀编辑 / 周　娇　叶启秀
封面装帧 / 李子琪　刘　倩

出版发行 / 文汇出版社
　　　　　上海市威海路755号
　　　　　（邮政编码200041）
经　　销 / 全国新华书店
印刷装订 / 北京盛通印刷股份有限公司
版　　次 / 2018年5月第1版
印　　次 / 2018年5月第1次印刷
开　　本 / 890mm×1270mm　1/32
字　　数 / 257千字
印　　张 / 12

ISBN 978-7-5496-2326-6
定　　价 / 489.90元（全十册）

侵权必究
装订质量问题，请致电010-87681002（免费更换，邮寄到付）